本书为2022年度教育部人文社会科学研究青年基金项目
“中国司法回应社会诉求的理论架构与优化路径研究”(22YJC820010)最终成果

中国司法回应社会的理论架构与优化路径

侯明明 / 著

北京大学出版社
PEKING UNIVERSITY PRESS

图书在版编目(CIP)数据

中国司法回应社会的理论架构与优化路径/侯明明著. --北京:北京大学出版社,2024.12.-- ISBN 978-7-301-35255-7

Ⅰ. D920.5

中国国家版本馆 CIP 数据核字第 2024MT1002 号

书　　名	中国司法回应社会的理论架构与优化路径 ZHONGGUO SIFA HUIYING SHEHUI DE LILUN JIAGOU YU YOUHUA LUJING
著作责任者	侯明明　著
责任编辑	姚沁钰
标准书号	ISBN 978-7-301-35255-7
出版发行	北京大学出版社
地　　址	北京市海淀区成府路 205 号　100871
网　　址	http://www.pup.cn　　新浪微博:@北京大学出版社
电子邮箱	zpup@pup.cn
电　　话	邮购部 010-62752015　发行部 010-62750672 编辑部 021-62071998
印 刷 者	大厂回族自治县彩虹印刷有限公司
经 销 者	新华书店
	965 毫米×1300 毫米　16 开本　15 印张　209 千字 2024 年 12 月第 1 版　2024 年 12 月第 1 次印刷
定　　价	68.00 元

序

侯明明是我指导的 2017 级、2020 届的博士，在读期间非常用功，多年来一直深耕司法基础理论，并积累了一定的学术成果。如今，他撰写的博士学位论文经过反复修改，即将出版，我作为导师，为他感到高兴。下面，我就本书谈几点阅读感想。

第一，从司法供给和社会需求的结构性供需关系来看，司法对于社会的回应问题体现了司法系统开放性的一面，是一个值得重点关注的问题。如果司法不能很好地回应社会诉求，那么司法和社会的融洽相处就不能实现，我们一直强调的司法公信力提升和司法权威塑造也就无从谈起。其实，司法系统从来不是一个完全封闭的系统，它与外部社会一直进行着信息沟通。从这个意义上讲，本书的主题具有很强的现实意义。

第二，本书在“司法回应社会诉求”这一大的问题意识下，将“通过司法的社会回应”这一命题进一步划分为中国司法回应社会的理论架构和中国司法回应社会的优化路径。其中，理论架构又囊括了中国司法回应社会的基本问题指向（回应原因、方式、机理、策略等）、关键性构成要素（司法的社会回应力）、过程实质（社会问题司法化）以及核心价值取向（司法正义与社会正义的互惠）等内容。优化路径则包括回应能力提升和回应力度控制等内容。可谓自成体系，逻辑自洽。从这个角度看，本书对于司法与社会互动的一般司法理论有一定的知识增量贡献。

第三，本书在第四章还对“天津大妈摆摊射击案”这一个案进行了细致入微的剖析，以此对司法与社会诉求的互动进行了非常鲜活、生动的展示，透过个案来审视司法在回应社会中存在的结构性、系统性以及普遍性问题。这弥补了只是纯粹学理论证的抽象性和一般性，实现了理论与实践的真正结合、融通。此外，读罢此章的分析，能够明显地感受到作者背后的法治情怀、法治理想和对个体权利的充分关切。这相较于学术研究本身而言也许更为可贵。

第四，虽然本书在“通过司法的社会回应”这一命题下，突出了司法对于社会诉求的回应，但是它并未舍弃处理司法的自治性和司法的社会回应性之间的关系。作者恰恰将司法的自治性和司法的社会回应性的关系处理贯穿全文，处处注意平衡二者之间的关系，在平衡的基础之上力求实现司法与社会的和谐相处。进而避免了过分偏向一方的极端。也正因如此，本书具有很强的可读性。

第五，也是最后，在法理学界，一提到“回应”二字，首先想到的就是塞尔兹尼克和诺内特的“回应型法”以及诸多学者就此引申出的“回应型司法”。侯明明博士所撰写的本书就与此有关。但他并不满足于简单地介绍观点或局限于单一的理论模型，而是在综合分析国内外既有的各种司法理论模型（治理型司法、司法多边主义、法民关系型司法、回应型司法、自治型司法、能动型司法等）之利弊的基础上，提出了“反思性司法”这一新的概念或模式，并适当地展开了论述。阐释了“反思性司法”的开放性和封闭性，且结合中国具体的司法情境进行了关于司法改革的方向性前瞻。但是这一展开还是一个初步的分析框架，有待进一步细化。希望侯明明博士在未来能够对这一新概念或新模式不断地拓展，争取产出更多有价值的学术成果。

是为序。

李拥军

2024年6月16日于长春

目　录

绪　论

一、缘起:为何研究司法回应社会

(一)本书的选题依据与问题意识

第一,“多重转型”时期的特殊性是中国司法回应社会之理论架构得以提炼和实践展开的时代背景。当下中国处于转型时期,不仅社会面临转型,司法也处在转型的过程之中,即中国司法与社会处于“双转型”的状态。转型,其实就是不断现代化的过程,也是不断将当下以及未来欲求建立的理想化秩序逐步通过各种路径加以落实和不断演进、调试的过程。对当下的中国而言,用“转型”一词来加以形容也许比以往任何时刻都更加贴切。转型时期意味着一种传统、现代与后现代的时间结构的混合,而这种时间结构的混合不仅使得历时性问题共时性解决的司法任务得以凸显,而且展现了司法转型所面对的社会环境的复杂性。换言之,在这样一个兼具“长时段”[①]特色的“多重转型”时期,中国社会、法律以及司法同时面临着法治建设的历时性问题共时性解决的难题。而在这样的大难题下,中国的社会治理又面临着地方性与普适性、个体性与群体性、多发性与疑难性、结构性与非结构性以及情理面与法理面等不同类型的困境格局与隐性陷阱。在如此背景下,我们必须经验性地审视中国司法当下与未来的功能发挥,以及与中国社会的“诉求—回应”关系。当社会诉求涌入司法场域时,中国司法之于社会的回应问题就不再仅是法理学的一个基础性问题了,它也是一个亟待从实然上加以实证梳理以厘清其中回应理路的时代使命与重大课题。

---

① 关于长时段的论述,见〔法〕费尔南·布罗代尔:《资本主义论丛》,顾良、张慧君译,中央编译出版社1997年版,第202页。

第二，新时代社会主要矛盾的变化对司法回应社会提出了新的时代要求，因此司法亦需要不断提升回应社会新需求的能力与质量。社会转型带来的社会结构的开放，也要求司法增强司法产品的社会效益。在新时代，人民群众对司法工作提出了一系列新需求和新期待，不仅期待更多地参与司法过程以保障司法民主，也更加关切司法活动中的知情权、表达权和监督权，而且尤其重视司法的实体正义，强调实体正义的彰显。人民群众对于司法民主、司法公正、司法效果、司法过程、司法公信力、司法权威的新需求显著增长。新时代人民对于司法的新需求，构成了人民美好生活需要的重要内容，人们愈益期待司法机关通过高质量的司法实践来有力地回应和满足人民的司法新需求。[①] 此外，在中国司法与社会同时但不同步转型的历程中，司法面临着社会因变迁而不断涌现出的新技术、新情势、新气象，社会对于司法的诉求也是日益呈现出多元化、多层次的样态。人民日益增长的司法诉求与司法回应能力和回应力度之间的矛盾愈加突出。在此语境下，如果司法欲求与社会融洽相处，缓解新时代人民日益增长的社会诉求与司法回应之间愈加突出的供需矛盾，就不得不考量自身对于社会的回应能力与回应力度，承认并尊重社会多元价值的合理性，将自身嵌入社会系统加以审视，接受社会系统的"激扰"[②]。

第三，当下政法改革、司法改革的各项措施积极助推司法与社会的互动，成了当代中国司法回应社会的实践动力系统。2019 年 7 月召开的政法领域全面改革推进会将包括司法改革在内的各项政法改革推向了系统性、整体性和重构性的新阶段，为司法与社会的互动奠定了坚实的政治环境基础。[③]《最高人民法院关于深化人民法院司法体

---

① 公丕祥：《新时代中国司法现代化的理论指南》，载《法商研究》2019 年第 1 期；公丕祥：《社会主要矛盾变化：新时代人民司法的高质量发展》，载《浙江大学学报（人文社会科学版）》2019 年第 1 期。

② 关于"激扰"的详细论述，见陆宇峰：《社会理论法学：定位、功能与前景》，载《清华法学》2017 年第 2 期。

③ 《谱写政法领域全面深化改革新篇章》，载《法制日报》2019 年 7 月 20 日第 1 版。

制综合配套改革的意见——人民法院第五个五年改革纲要(2019—2023)》(以下简称《五五纲要》)也提及,不管是积极回应农业供给侧结构性改革、农村土地制度改革中的司法需求,诉讼各方对案件法律适用存有争议或者法律含义需要阐明的,法官应当逐项回应法律争议焦点并说明理由,还是进一步强化诉权保护意识,积极回应人民群众合理期待,有力保障当事人依法合理行使诉权等,都在一定程度上处理着司法的社会回应性与自治性、回应能力与回应力度之间的关系问题。而当下的政法改革、司法改革的系列举措无疑都为中国司法回应社会提供了强大的动力机制和现实素材。反之,这些司法实践动力机制和现实改革成果又在不同程度上助推了司法回应社会理论研究的必要性和紧迫性。

总之,一方面,社会的多元诉求需要得到司法的回应;另一方面,司法确实在社会资源配置、利益界分中发挥着越来越重要的作用。尤其是在司法改革取得一定成效的情形下,司法体制和工作机制的相对确立,也要求司法学的研究焦点逐步转到司法对社会所产生的各种影响以及司法与社会的各种互动机制与互动效果上。①

那么在这样的背景下,如何平衡司法的社会回应性与司法的自治性、司法的社会回应能力与回应力度之关系,则是一个亟待解决的现实问题。应然而言,中国司法该如何回应社会?在实践中,中国司法又是如何回应社会的?中国司法在回应社会的过程中,都有哪些基本方式?又彰显了哪些运作机理?中国司法是否有能力回应社会的任何诉求?回应力度又该如何把握?回答这些问题我们需要从问题出发,从理论架构与实践开展两个维度切入,既对中国司法回应社会进行理论的提炼,又对其实践加以描述性关照,进而对中国司法回应社会的相关理论架构、现实样态、个案开展、未来完善路径加以描述、阐释、反思与建构。

---

① 侯猛:《知识结构的塑造——当代中国司法研究的学术史考察》,载《现代法学》2019年第4期。

（二）本书的研究价值

1. 本书的理论价值

第一，司法之于社会的回应问题不仅是一个基础性问题，也是司法理论中的一个重大问题。本书以“司法的社会回应性与司法的自治性之关系处理”为思考中心，概括阐释了当代中国司法回应社会的理论架构，并尝试提出“反思性司法”这一司法新模式，对完善和创新司法与社会的互动理论有所助益。

第二，对国内法学界多种典型司法理论模型——“治理型司法”“回应型司法”“能动型司法”“司法多边主义”“法民关系型司法”等进行了借鉴式反思，指出了学术界现有司法理论模型的缺陷，更加全面、辩证地看待现有司法理论模型。

第三，对国外法学界的典型理论，如诺内特、塞尔兹尼克提出的“压制型法”“自治型法”和“回应型法”、以弗兰克、卢埃林为代表的法律现实主义者提出的“事实怀疑论”和“法律预测论”、达玛什卡提出的司法权力类型学说等进行了反思和批判，同时指出这些理论不符合中国司法与社会现实语境之处，为适合中国国情和社情的司法理论模型的诞生提供帮助。

2. 本书的实践价值

本书以中国司法实践作为思考背景，有助于深化司法实务界对司法与社会互动关系的理解，进而有效回应社会诉求，弥合因司法与社会之间由于存在罅隙而产生的司法正义与社会正义的错位，夯实司法制度的社会基础。同时，本书可以为今后的政法改革、司法改革和司法回应能力的提升以及回应力度的控制提供智力支持，有助于实现规范正义和个案正义的统一，防范、规避和化解司法回应社会中可能存在的风险，有效应对公安机关因选择性执法而转移的审判风险，减少司法机会主义行为，提升司法自主性，促进司法与社会在实践中达到良性互动基础上的融洽相处，并进而明确中国司法的自主道路选择，走适合中国国情和社情文化的司法实践之路，最终提升司法权威性和司法公信力。

二、超越：司法回应社会的研究何以创新

（一）国内研究现状及评价

总体而言，目前关于“中国司法回应社会”这一具体论域，国内的研究可以分为两大模块：一是宏观式地阐释司法如何回应社会，着重分析司法回应社会诉求的一般问题和部分原理；二是相对微观化地具体分析司法如何回应民意/社会舆论/公众意见/公众判意，并呈现出从注重概念界定、理论论争到侧重实践考察、方法探讨的研究趋势。

对前者而言，研究者较少。以“司法回应社会”为主题在“中国知网”（www.cnki.net）进行检索，得到115篇文献检索结果（检索日期截至2023年3月30日）。其中，有学者分析了司法回应社会的理据、风险及应对；[①]有学者从“系统—功能”视角将司法视为一种回应外部社会需求的“制度性、累积性、平和可控的、有计划的”社会变迁工具；[②]还有学者将“回应”“回应性”“社会性”等词语作为文章标题的组成部分，简单地谈及了司法对社会的回应问题。但这些研究或只是就事论事，局限于对个别案例的分析与政策式呼吁，或并未系统性地展开理论探讨。[③] 此外，虽有一篇学位论文以“论司法的回应性”为标题，[④]但该研究只是对司法与民意、司法与政治、法官能动性等具体问题进行了分析，没有区分司法的回应性和回应型司法，也并未提到司法的社会回应力，而且“回应性”本身的囊括度与内容是否契合也值得商榷。

---

① 王文玉：《司法回应社会的理据、风险及其应对——基于热点案件的分析》，载陈金钊、谢晖主编：《法律方法（第34卷）》，研究出版社2021年版，第226－243页。

② 申伟：《中国司法的“系统—功能”定位》，载《环球法律评论》2021年第5期。

③ 杨迪菲：《流动女性溺婴案件的社会关切与司法回应》，载《中国检察官》2016年第18期；郭敬波：《以平民化的方式传播司法回应关切》，载《人民法院报》2015年8月26日第2版；蒋惠岭：《司法改革须准确回应人民群众司法需求（上）》，载《人民法院报》2012年4月6日第2版；徐石江：《我国司法理念回应性探微——以和谐社会的构建为目标》，载《贵州民族学院学报（哲学社会科学版）》2011年第1期；蒋银华：《功能视角下司法规律性与社会性的调和》，载《江西社会科学》2017年第4期；申伟：《政治—社会语境中的司法》，载《理论月刊》2015年第1期；李晟：《回应乡土社会的司法需求》，载《人民法院报》2015年4月3日第5版。

④ 褚皓安：《论我国司法的回应性》，华东政法大学2015年硕士学位论文，第9页。

而对于司法如何回应民意/社会舆论/公众意见/公众判意这一问题，学界则研究得比较多，[①]法学界关注此问题的热度更是从未消减，这一研究主题对讨论司法与民意的关系具有很强的借鉴意义，为本书的研究提供了一定的基础。但是，有些学者将民意诉求局限于具体的案件判决当中，将社会诉求化约为了具体案件中的公众判意，从内容上简化或者掩盖了社会诉求的复杂性，[②]有待将研究拓展至立案、诉中调解、审判、裁判说理、执行等司法的全流程中，并关照其中社会诉求的多元表达；也有学者只是集中于司法回应民意之方法论的探讨和回应模式的分析；[③]还有学者只看到了司法回应社会的个别化渠道，如诉讼内的程序性回应，[④]对其他回应路径的论述不够充分，缺乏宏观系统的阐释思维，对于人民陪审员制度以及法官发挥自由裁量以回应社会的反驳也缺乏力度；还有学者阐释了法理在司法回应民意中的作用，[⑤]但是该研究只将法理作了一种非常泛化的、概括性的理解，并未揭示出法理与情理、常理、法律之间的关系，同时文章所提出的"通过修辞

---

① 陈杰：《基于裁判理由的民意判决的正当性探析》，载《河北法学》2018 年第 4 期；陈杰：《"民意审判"及其法治应对》，载《甘肃政法学院学报》2018 年第 5 期；尹奎杰：《司法回应民意的限度与途径》，载《长白学刊》2016 年第 2 期；许娟：《中国司法与民意的沟通——基于主体间交往理性的认知》，载《北方法学》2014 年第 3 期；周国兴：《审判如何回应民意——基于卢埃林情景感理论的考察》，载《法商研究》2013 年第 3 期；徐阳：《"舆情再审"：司法决策的困境与出路》，载《中国法学》2012 年第 2 期；陈林林：《公众意见在裁判结构中的地位》，载《法学研究》2012 年第 1 期；孙笑侠、熊静波：《判决与民意——兼比较考察中美法官如何对待民意》，载《政法论坛》2005 年第 5 期；孙笑侠：《公案的民意、主题与信息对称》，载《中国法学》2010 年第 3 期；苏力：《法条主义、民意与难办案件》，载《中外法学》2009 年第 1 期；顾培东：《公众判意的法理解析——对许霆案的延伸思考》，载《中国法学》2008 年第 4 期。

② 郭晓红：《影响性刑事案件中的权利诉求及其实现— 以〈南方周末〉评选的 78 个影响性刑事案件为例》，载《政法论坛》2019 年第 4 期。

③ 陈洪杰：《民意如何审判：一个方法论上的追问》，载《法律科学（西北政法大学学报）》2015 年第 6 期；褚国建：《法院如何回应民意：一种法学方法论上的解决方案》，载《浙江社会科学》2010 年第 3 期；梁迎修：《论民意的司法考量——基于方法论的分析》，载《法学杂志》2014 年第 3 期；杜健荣：《论司法回应民意的模式转换》，载《理论导刊》2014 年第 6 期。

④ 肖仕卫：《刑案民意的诉讼内表达与回应研究》，法律出版社 2018 年版，第 20—32 页；肖仕卫、刁其怀：《刑案民意的回应之道：两大主要方案的反思与未来路径的选择》，载《昆明理工大学学报（社会科学版）》2015 年第 2 期。

⑤ 于晓青：《司法裁判中的法理与民意》，载《法商研究》2012 年第 5 期。

来弥补法理的局限性”的观点也值得进一步商榷。

因此,以上两个方面的研究虽有一定的细节启发意义和方法论借鉴意义,但综合来看,法学界对于“当代中国司法回应社会”这一问题仍缺乏综合性、系统性、专门性的研究,总体上呈现出以司法回应社会的宏观倡议方案来代替司法回应社会涉及的理论架构、基本原理及其构成要素的局面。

除此之外,司法对于社会的回应问题还以研究其他相关司法理论模型的形式分散化地呈现。纵览法学界的研究成果,针对中国社会和司法“双转型”时期的复杂情境,许多中国学者也曾试图而且正在努力构建不同的司法理论模型,希冀能够实现二者之间的契合。概括来说,就目前国内的研究现状而言,相关性比较高的司法理论模型如下:

第一,相关性最高且国内分析较多的是“回应型司法”。关于“回应型司法”的研究主要集中于以下五个方面:(1) 对回应型司法的理论基础、基本内涵以及基本特征进行分析;[①](2) 对中国回应型司法的实践样态进行总结、归纳和提炼;[②](3) 对中国回应型司法的制度建构进行阐释;[③](4) 在回应型司法的理论框架下就某个具体问题进行微观分析,试图阐释二者之间的关系;[④](5) 少数学者对“回应型司法”或

---

① 高志刚:《回应型司法制度的现实演进与理性构建——一个实践合理性的分析》,载《法律科学(西北政法大学学报)》2013 年第 4 期。

② 赵然、刘连义:《回应型司法的实证与运行——以法院工作报告对热点刑事案件的回应为研究文本》,载《山东审判》2013 年第 2 期;肖仕卫:《刑事法治实践中的回应型司法——从中国暂缓起诉、刑事和解实践出发的分析》,载《法制与社会发展》2008 年第 4 期;张天白:《回应型司法:兴起、正当性及中国的实践选择》,载刘艳红主编:《东南法学(2014 年辑·总第 6 辑)》,东南大学出版社 2014 年版,第 152—163 页。

③ 吴建国:《中国回应型司法的理论逻辑与制度建构》,东南大学 2015 年博士学位论文,第 89—179 页;王怀财:《论当代中国“回应型司法”的确立与建构》,吉林大学 2013 年硕士学位论文,第 37—43 页。

④ 肖建国:《回应型司法下的程序选择与程序分类——民事诉讼程序建构与立法的理论反思》,载《中国人民大学学报》2012 年第 4 期;朱德宏:《回应型司法与刑事契约》,载《国家检察官学院学报》2005 年第 6 期;陈旭:《回应型司法下的巡回审判运行研究》,载《上海政法学院学报(法治论丛)》2012 年第 3 期。

“自治型司法”的选择作了司法模式与法律方法上的反思和检视。[①]

第二，相关性次高的是“司法多边主义”，我们可以将它称为“多边型司法”。这种“多边型司法”主张司法对社会各阶层的分化利益诉求以及精细化需求进行总体性权衡式的回应。这时，司法对于正义的供给不再局限于“均码正义”，而是成为“特殊正义”。该模型主张对司法的运行机制进行研究，不再只是局限于制度性的解释；它建议通过程序化解可能造成司法碎片化的“结构性利益冲突”，坚持特殊利益保护的渐进立场和因循利导地消化阶层利益冲突，认为裁判所产生的“系统性结果”相对“具体个案后果”的考量权重应有所提高；但是不可逾越司法权作为一种判断权的本质，从而排除任意的权宜。[②]

第三，相关性较高且国内也有较多学者加以阐释的是“能动型司法”。能动型司法是能动司法、司法能动主义等的概括，当然其内部对于能动司法与司法能动主义的理解有很大的差异。[③] 受到中国能动司

---

① 周海源：《回应型行政审判的方法论指引》，载陈金钊、谢晖主编：《法律方法（第22卷）》，中国法制出版社2017年版，第321－331页；刘斌：《“自治”与“回应”：中国法院司法风格调整的评估与反思》，载贺荣主编：《公正司法与行政法实施问题研究——全国法院第25届学术讨论会获奖论文集（上）》，人民法院出版社2014年版，第34—41页。

② 杨力：《司法多边主义：以中国社会阶层化发展趋势为主线》，法律出版社2010年版，“导论”第1—6页。除此之外，还有学者提出“均衡司法”和“和合司法”。“均衡司法”强调通过司法实现城乡之间、传统与现代之间等各个领域的均衡；“和合司法”坚持结构/功能意义上的本位主义，主张法官回归审判本位，防止司法的功能负荷超载，进而保持权力结构和功能上的和谐。在过程/方法意义上坚持柔性，通过运用各种方式和调动各类资源，人性化地化解纠纷，实现过程和方法上的和谐。在程序/技术意义上追求司法裁判和司法说理以及各级法院在审级上的平衡，进而实现程序和技术之间的和谐。廖奕：《转型中国司法改革顶层设计的均衡模型》，载《法制与社会发展》2014年第4期；蒋剑鸣：《转型社会中的“和合”司法：目标定位与方法策略》，载蒋剑鸣等：《转型社会的司法：方法、制度与技术》，中国人民公安大学出版社2008年版，第11—18页。

③ 有学者认为二者之间存在根本性的差异，没有必然的联系。郑成良、王一：《关于能动司法的格义与反思》，载《吉林大学社会科学学报》2012年第2期；公丕祥：《能动司法：当代中国司法的基本取向（上）》，载《光明日报》2010年6月24日第9版；公丕祥：《能动司法：当代中国司法的基本取向（下）》，载《光明日报》2010年7月1日第9版；王一：《我国“能动司法”的含义与限定——与“司法能动主义”的比较辨析》，载《当代法学》2012年第3期。

法政策的推动,[①]学界关于能动型司法的研究多集中于 2010—2012 年前后。随着司法政策和时代认知的改变,关于能动型司法的研究出现了波动。新时代能动司法的提出在一定程度上再次引发了法学界对能动型司法研究的兴趣。总体来看,能动型司法的研究主要集中于以下四个维度:(1) 厘清能动型司法的基本内涵和理论定位;[②](2) 阐释能动型司法的合理性和正当性所在;[③](3) 探求能动型司法的实践样态和运行边界;[④](4) 质疑和反思能动型司法模式。[⑤]

第四,具有一定相关性且被很多学者提炼为"通过司法的社会治理"的模型,我们也可以称它"治理型司法"。"治理型司法"的研究兴盛于《中共中央关于全面深化改革若干重大问题的决定》提出"全面深化改革的总目标是完善和发展中国特色社会主义制度,推进国家治理体系和治理能力现代化"之际,而随着党的十九届四中全会通过《中共中央关于坚持和完善中国特色社会主义制度 推进国家治理体系和治理能力现代化若干重大问题的决定》以及"中国之治"的提出,关于司法治理的研究再次热烈起来。"治理型司法"彰显出司法的治理功能,

---

① 杨建军:《变革时代政法人的司法使命——沃伦与王胜俊能动司法哲学观比较》,载《政法论丛》2012 年第 4 期。

② 陈实:《实质与实现:论社会管理创新语境下的能动司法》,载徐汉明主编:《社会治理法治前沿(年刊)(2012)》,湖北人民出版社 2012 年版,第 151—166 页;周祖成、祁娜娜:《能动司法:型构"善政"政治图景的司法哲学——从沃尔夫〈司法能动主义〉的民主与善政谈起》,载《政法论丛》2013 年第 3 期;关倩:《法官视角中的能动司法》,载《法律科学(西北政法大学学报)》2012 年第 1 期。

③ 杨建军:《重访司法能动主义》,载《比较法研究》2015 年第 2 期;解永照、王国龙:《能动司法与规则治理》,载《学术界》2012 年第 7 期;方乐:《能动司法的模式与方法》,载《法学》2011 年第 1 期。

④ 李明耀、黄金梓:《我国法院环境能动司法模式及完善》,载《江西社会科学》2016 年第 10 期;马荣春、蔡道通:《能动司法语境下的刑事审判模式》,载《南京社会科学》2014 年第 12 期;姚莉、显森:《论能动司法的程序规制》,载《法商研究》2012 年第 2 期;娄正前:《诉求与回应:当今中国能动司法的理论与实践——主要以江苏法院司法实践为例》,法律出版社 2011 年版。

⑤ 周永坤:《能动司法有违司法常识》,载《北京日报》2017 年 2 月 27 日第 18 版;张榕:《对地方法院司法创新之初步反思——以"能动司法"为叙事背景》,载《法学评论》2014 年第 4 期;孟欣然:《双重结构化视域下的能动司法与审判独立》,载《求索》2014 年第 12 期。

在一定程度上区分了司法治理与行政治理,同时着重探求制度优势向治理效能的转化,以及司法在推进国家治理体系和治理能力现代化中的作用。①

第五,具有相关性且被有关学者称呼为“法民关系”的模型,我们也可以称它为“法民关系型司法”。这种司法理论模型将法官与社会民众的关系作为基本出发点,其中最为核心的是关于法律解释权的分享程度。该模型也据此将法民关系划分为“消极法民关系”和“积极法民关系”,前者分享程度较低,后者则较高。在不同的法民关系中,法官法律思维的内容、裁判说理的方式以及处理案件的方式等都存在差异。研究该模型的学者认为,要在中国处于“积极法民关系”的阶段找寻中国的法治道路,而不是在以美国为代表的英美法系和以德国、法国为代表的大陆法系中寻求未来中国的法治之路。②

以上这些司法理论模型反映了学者对中国不同时段司法实践所进行的不同程度的考察和运行状态的总结,但是他们各自的侧重点不同,也都有自身的表达语境和特殊含义,而且多是对司法与社会关系的不同预设和定性。抛开法学界对五个理论模型相关内涵界定的差异性不谈,“多边型司法”特别注重转型时期中国社会各阶层利益诉求的多样化,而且开出了属于“司法多边主义”的药方,对于本书所涉及的司法与社会的互动研究有很大的启发意义。但它的关注点主要集

---

① 杨建军:《通过司法的社会治理》,载《法学论坛》2014 年第 2 期;侯明明:《以司法回应时代:通过司法的社会治理——以卡多佐司法实用主义哲学为导引》,载《政法学刊》2015 年第 3 期;Hu Ming, The Resolution of Social Contradictions and Attainment of Societal Governance through the Justice System at the Present Stage—Using the Analytical Framework of Rational Choice Theory, *Social Sciences in China*, Vol. 37, 2016, pp. 124-141;陈江:《从行政治理到司法治理——中国社会治理模式的新选择》,载《人民法治》2017 年第 7 期;汪庆华:《通过司法的社会治理:信访终结与寻衅滋事》,载《浙江社会科学》2018 年第 1 期;王国龙:《基层社会治理中的司法治理》,载《渭南师范学院学报》2018 年第 7 期。

② 凌斌:《当代中国法治实践中的“法民关系”》,载《中国社会科学》2013 年第 1 期;凌斌:《法治的两条道路》,载《中外法学》2007 年第 1 期;凌斌:《“法民关系”影响下的法律思维及其完善》,载《法商研究》2015 年第 5 期。

中于最高人民法院，过度聚焦于最高人民法院的规则创制、政策制定、案例指导等功能，忽视了其他多数法院的审判属性和功能的发挥，而且学者虽然试图对他提倡的“综合式权衡下的特殊正义”如何进行整合，以及如何防止司法制度碎片化等问题进行解答，但是通过商谈达成共识与正当性论证的法政策学和法解释学的整合进路是否可以完成这一使命，仍需要进一步分析。“法民关系型司法”的研究虽看到了司法对社会诉求的关照，倡议一种主体间的人与人的关系，也试图运用情法兼顾的方式协调好二者之间的紧张关系，且在司法实践的日常运作中具有一定的解释力，但是此研究将“法民关系”这一事实性的存在过分地视作一种不加论证的价值上的正当，且常常将其作为不可置疑的大前提加以演绎推理，没有对中国当下所呈现的“法民关系”进行价值上“可欲”的正当性论证，也忽视了法律本身对社会公众法治观念的塑造意义。此外，此研究过分聚焦于司法行为和司法产品的生产，忽视了对“法民”关系之“民”诉求的多元考察，进而也就缺少了对“法”和“民”的平衡式关照，最终导致对“法民关系”的分析偏向了一种纯粹逻辑化的阐释，相对脱离了社会诉求的复杂性和多样性，在分析的精细化和微观化上有所欠缺。

“能动型司法”和“治理型司法”与本书研究的司法回应社会的问题虽有一定的关联，对本书的部分研究有一定的参考价值，但是这两种模型局限于强调司法的某个“能动”侧面或者“治理技术”维度，都存在一定话语沉浸式的“工具性迷失”，缺少法治价值和法治理念的指引和制约，容易导致忽视司法本身的内在理念、规律和独立价值追求。特别是“能动型司法”甚至有突破司法规律、侵蚀立法之嫌，所以其参考价值也相对有限。学界对于“回应型司法”理论模型的探讨，对本书的研究有很强的借鉴意义，但是目前多是对“回应型司法”的证成性研究，缺少对“回应型司法”的反思式研究。此外，对于“回应型司法”的缺陷也少有指出者，这造成目前司法对社会回应问题的研究在一定程度上迷失于“回应型司法”的理论模型和司法话语中，欠缺对“自治型司法”和“回应型司法”之内涵厘清和理论定位的反省，这进一步导致对中国司法实践样态上所欲求的司法模型之考察处于缺失状态。

因此，未来的研究恰恰需要从新时代中国司法改革的背景下出发，以司法的社会回应性与司法的自治性之关系处理为中心线索，从“诉求—回应”的关系性视角来审视中国司法与社会的关系，对中国司法回应社会诉求进行宏观的、全流程的考察和梳理，从而归纳、提炼出司法回应社会诉求的理论架构，阐释出背后的基本原理，再结合当下司法实践中的热点案例进行微观的个案剖析，最终在对国内各种司法理论模型进行反思与整合的基础上，找出既适合中国国情又符合司法规律的司法道路。

（二）国外研究现状及评价

国外关于法律与社会关系的理论框架建构同样丰富，这些理论选择从不同的立场和角度出发来审视法律/司法与社会的关系，特别是司法与民意的关系。但是国外学界也缺乏对“司法回应社会（社会的司法回应）”这一问题的专门性、系统性研究，相关内容散见于各种法律/司法与社会关系的理论模型或学说当中。即便如此，国外的研究成果对于“中国司法回应社会诉求的理论架构与优化路径”问题的解决依然有较大的理论参考价值。其中代表性的理论可以归结为：

第一，以诺内特、塞尔兹尼克为代表的伯克利学派的“回应型法”理论。诺内特、塞尔兹尼克将法律类型化为“压制型法”“自治型法”和“回应型法”，并且预测了法律发展的趋势是迈向“回应型法”，而作为落实国家法秩序的司法部门也应该在不同程度上“延伸”法律回应社会的使命，从而逐步成为目的支配下的具有回应能力、选择能力、适应能力的法律机构，以便寻求社会变革下制度改进式的一般性正义和普遍性公平。① 国内对“回应型司法”的研究也大多是借此理论模型作为

① 〔美〕P. 诺内特、〔美〕P. 塞尔兹尼克：《转变中的法律与社会：迈向回应型法》，张志铭译，中国政法大学出版社 2004 年版。

分析工具而展开分析。

第二，以弗兰克、卢埃林、霍姆斯为代表的法律现实主义者的“事实怀疑论”和“法律预测论”。[①] 弗兰克、卢埃林、霍姆斯敏锐地察觉到了实体法与司法判决之间的差别。法官在这中间发挥了很强的主观能动性，带有浓烈的“自我建构化”色彩，进而将事实视作“关于过去的猜测性重构”，将法律定格为了“法官即将作出的判决预测”，强化了“情境”下的个案正义。[②]

第三，以卡多佐和波斯纳为代表的实用主义者的“社会福利最大化和效益最大化”的司法哲学观。卡多佐认为，通过司法对社会的适当回应，社会福利处于不断生长的状态，所有的司法行动都应该以社会福利的增加为终极目的。[③] 而波斯纳认为，经济学视角下的财富最大化是符合正义的，也是讲求实用主义的，司法裁判就是在各种现有

---

① 国内就有学者基于卢埃林的情境感理论对司法如何回应民意进行了探讨，相关研究很有启发意义。但是此阐释局限于一种理论模型，没有进行多种理论模型之间的比较，也并未揭示出卢埃林情境感理论的局限性。此外，这种情境感理论虽然关照了作为“内在法则”的社会经验的重要性，但是社会经验作为一种存在性的事实本身并不一定在价值上是完全“可欲”的，特别是在现代法治国家建设的转型背景下，法律规范和经验认知很可能存在脱节，类型化的社会事实并非具有天然的正当性。同时，通过司法正义适当地引领社会正义也是一种必要的考量路径。关于情境感的运用阐释，见周国兴：《审判如何回应民意——基于卢埃林情景感理论的考察》，载《法商研究》2013 年第 3 期；关于情境感理论局限性的论述，见 Patrick J. Rohan, The Common Law Tradition: Situation Sense, Subjectivism or"Just-Result Jurisprudence?", *Fordham Law Review*, Vol. 32, 1963, pp. 51-72。

② 〔美〕杰罗姆·弗兰克：《初审法院——美国司法中的神话与现实》，赵承寿译，中国政法大学出版社 2007 年版；〔美〕卢埃林：《荆棘丛：关于法律与法学院的经典演讲》，明辉译，北京大学出版社 2017 年版；〔美〕卢埃林：《普通法传统》，陈绪纲等译，中国政法大学出版社 2002 年版；Karl. N. Llewellyn, *Jurisprudence: Realism in Theory and Practice*, The University of Chicago Press, 1962；〔美〕霍姆斯：《法律的道路》，载〔美〕霍姆斯：《法律的生命在于经验——霍姆斯法学文集》，明辉译，清华大学出版社 2007 年版。

③ 〔美〕本杰明·卡多佐：《司法过程的性质》，苏力译，商务印书馆 1998 年版；Harlan F. Stone, Book Review: The Nature of the Judicial Process, *Columbia Law Review*, Vol. 22, 1922.

知识——既包括法律却又超越法律——基础上的司法应对。[①]

第四，以达玛什卡为代表的司法权力类型学说。达玛什卡利用韦伯的“理想类型”框架将司法镶嵌入政治结构当中。根据“回应型国家”的“纠纷解决型程序”和“能动型国家”的“政策实施型程序”，以及“科层型权力组织”与“协作型权力组织”对应的“科层理想型程序”与“协作理想型程序”，他将司法划分为“协作型权力组织的纠纷解决型司法”“协作型权力组织的政策实施型司法”和“科层型权力组织的纠纷解决型司法”“科层型权力组织的政策实施型司法”，这种分类反映出当事人参与、程序的启动、律师的地位以及判决的可更改性等都处于一种不同控制的相异状态。[②]

第五，以巴拉克法官为代表的处于司法能动主义和司法克制主义之间的中和理论。巴拉克坚持认为，当法官弥合法律与不断变化的社会现实的差距时，他必须考虑制度的约束，这包括改革的偶发性与必然性、可能获得的不完全信息以及是否缺乏足够的法律工具。他认为完全的司法能动主义和司法克制主义都是不可取的。[③]

第六，以卢曼、托依布纳[④]为代表的系统论者。总体而言，法的社会系统理论认为，法律系统在规范上是封闭的，但是在认知上是开放的(cognitively open)。[⑤] 认知上的开放使法律系统与社会环境并未完全隔断，法律系统会因为受到其他系统或者环境的“激扰”而不断地进行反思，通过自反性(reflexivity)实现自身系统的完善。换言之，法律系统能够

---

① 〔美〕理查德·A. 波斯纳：《正义/司法的经济学》，苏力译，中国政法大学出版社2002年版；〔美〕理查德·A. 波斯纳：《超越法律》，苏力译，中国政法大学出版社2001年版。

② 〔美〕米尔伊安·R. 达玛什卡：《司法和国家权力的多种面孔——比较视野下的法律程序（修订版）》，郑戈译，中国政法大学出版社2015年版。

③ 〔以〕巴拉克：《民主国家的法官》，毕洪海译，法律出版社2011年版，第253—254页。

④ 因翻译不同，Teubner有托依布纳和图依布纳两种译名，本书正文统一翻译为托依布纳，但为便于读者查找相关文献，脚注部分不做统一，译名与原书保持一致，特此说明。

⑤ Niklas Luhmann, The Unity of Legal System, in Gunther Teubner (ed.), *Autopoietic Law: A New Approach to Law and Society*, Walter de Gruyter, 1987, p. 20.

实现一种“开放的闭合”，二者并非矛盾，只不过中间要进行转换。[①]

除此之外，在21世纪借助于经验研究、跨学科研究而蓬勃发展的新现实主义法学/新法律现实主义（New Legal Realism，NLR）也给本书的研究提供了大量的理论资源。根据新法律现实主义的理论动向，[②]其研究重心可以被划分为政治科学或行为经济学视域下的新法律现实主义与制度主义视域下的新法律现实主义。其中，前者有很大一部分指向司法决策的模式研究，侧重于研究法官在决策时所遵循的思考模式和行为模式；[③]后者则注重通过经验研究揭示法律文本制度与现实运作制度的内在张力与差别，进而找出不同制度以及制度运行在法律价值实现中的意义。[④] 相比于旧法律现实主义者，新法律现实主义者

---

① Niklas Luhmann, *Social System*, Stanford University Press, 1995, p. 37.

② Hanoch Dagan, Roy Kreitner, The New Legal Realism and The Realist View of Law, *Law&Social Inquiry*, Vol. 43, 2018, pp. 528-553. Victoria Nourse, Gregory Shaffert, Empiricism, Experimentalism, and Conditional Theory, *Southern Methodist University Law Review*, Vol. 67, 2014. Mark C. Suchman, Elizabeth Mertz, Toward a New Legal Empiricism: Empirical Legal Studies and New Legal Realism, *Annual Review of Law and Social Science*, Vol. 6, 2010, pp. 555-579. Victoria Nourse, Gregory Shaffert, Varieties of New Legal Realism: Can a New World Order Prompt a New Legal Theory, *Cornell Law Review*, Vol. 95, 2009.〔美〕斯图尔特·麦考利：《新老法律现实主义："今非昔比"》，范愉译，载《政法论坛》2006年第4期；范愉：《新法律现实主义的勃兴与当代中国法学反思》，载《中国法学》2006年第4期；邓矜婷：《新法律现实主义的最新发展与启示》，载《法学家》2014年第4期；刘玉伟：《新法律现实主义运动研究》，西南政法大学2016年硕士学位论文。

③ Stephenson MC, Legislative Allocation of Delegated Power: Uncertainty, Risk and the Choice Between Agencies and Courts, *Harvard Law Review*, Vol. 119, 2006, pp. 1036-1070. Frank B. Cross, Political Science and the New Legal Realism: A Case of Unfortunate Interdisciplinary Ignorance, *School of Law Northwestern University Law Review*, Vol. 92, 1997. Frank B. Cross, *Decision-making in the U. S. Circuit Courts of Appeals*, Stanford University Press, 2007. D. A. Farber, Toward a New Legal Realism: Reviewing Behavioral Law and Economics, *University of Chicago Law Review*, Vol. 68, 2001, p. 279.

④ Gregory Shaffer, Comparative Institutional Analysis and a New Legal Realism, *Wisconsin Law Review*, Vol. 1, 2013. T. C. Halliday, B. G. Carruthers, The Recursivity of Law: Global Norm Making and National Lawmaking in The Globalization of Corporate Insolvency Regimes, *American Journal of Sociology*, Vol. 112, 2007. N. Komesar, The Essence of Economics: Law, Participation and Institutional Choice (Two Ways), in S. S. Batie, N. Mercuro (eds.), *Alternative Institutional Structures: Evolution and Impact*, Taylor&Francis, 2008.

的立场更加中立，研究方法更加科学化、跨学科化，研究对象也更加综合，研究重心不再是突出揭示法律的不确定性，而是找寻法律的局限性。但是这并不意味着旧法律现实主义的观点失去了意义，其实旧法律现实主义从心理学的视角对法律与事实之不确定性的揭示具有深刻的一面，同样值得借鉴和反思，二者甚至有一定的互补性。

国外的这些理论资源可以在某种程度上作为研究当代中国司法回应社会诉求之理论架构的理论支撑，但是也必须反思性地加以参考，因为这些理论模型除却时空境遇的适应性以外，还要有"片面深刻"的侧面，在当代中国的场域下，其欲求的很可能不是一种纯粹的逻辑类型存在，而是司法日常现实的共存状态。而且任何一种单一的理论模型可能都无法为中国司法回应社会提供整全性的图景。基于此，我们必须要尝试在自治型司法和回应型司法之间、法律形式主义和法律现实主义之间、司法能动主义和司法克制主义之间，以及政策实施型司法与纠纷解决型司法之间努力实现司法的自治性和社会回应性的调适与平衡。新法律现实主义虽然在研究领域有一定的弥散性，其中还潜伏着学科之间新还原论的危机，但它对司法决策模式、制度动态运行的研究对本书有较大的理论启示意义。此外，法的社会系统理论所区分出来的运作封闭性与认知开放性为中国处理法治建设的运作封闭性（法律的自主性）与认知开放性（法律回应社会变迁的能力）之间的关系，提供了极好的理论借鉴。① 因此，当代中国司法回应社会诉求的理论架构和优化路径研究并非基于一种单一的理论模型，而是立足于博采众长之后的司法与社会良性互动的理论建构。

（三）本书的可能创新

一方面，本书以司法的社会回应性与司法的自治性之关系处理为思考中心，从"诉求—回应"的互动关系视角建构出中国司法回应社会

---

① 泮伟江：《托依布纳法的系统理论评述》，载《清华法律评论》编委会编：《清华法律评论（第五卷·第一辑）》，清华大学出版社 2011 年版，第 84—105 页。

诉求的理论架构，并从宏观司法实践和微观司法个案的视角对中国司法回应社会的现实运作进行考察，语境化地对中国司法回应社会的现实样态进行了阐释，揭示了其中的逻辑转向、内在缺陷以及结构性制约；另一方面，在前文分析的自然延伸下，在借鉴现有司法理论模型的基础上，基于系统论的启发，本书尝试性地提出了“反思性司法”模式，试图找出适合中国国情和社情的司法与社会互动的理论模型。

三、展开：如何进行司法回应社会的研究

（一）本书的研究思路

如图 0-1 所示，司法与社会的互动可以从宏观、中观和微观三个维度来进行研究，在宏观层面着重强调司法系统和社会环境的互动，中观层面重在阐释司法决策和社会诉求的互动，在微观层面着重分析法官在个案审判中进行的法律解释、法律推理等活动与社会诉求、公众意见、社会情势等之间的关系。本书主要从宏观和中观层面对司法之于社会的回应进行关照，同时兼顾微观层面。

具体而言，本书把中西方涉及的司法与社会关系的理论模型放到司法回应社会之“诉求—回应”的互动关系性视角下加以思考，并通过司法的社会回应能力、回应力度等内容加以表达。意在于自治型司法与回应型司法、法律形式主义与法律现实主义、司法能动主义与司法克制主义、政策实施型司法与纠纷解决型司法等司法理论之间找到一条适合中国国情和社情的道路。

更细致地讲，本书以当代中国司法回应社会的理论架构和优化路径作为思考的两个基点，同时以司法的社会回应性与司法的自治性之关系处理为中心线索，贯穿全文，试图建构出司法回应社会的基本理论架构，并以此为分析框架，从宏观层面和微观个案深描出司法回应社会的现实样态。在此基础上，对中国司法回应社会的境遇进行总体性反思，并尝试性地提出解决思路与完善路径。

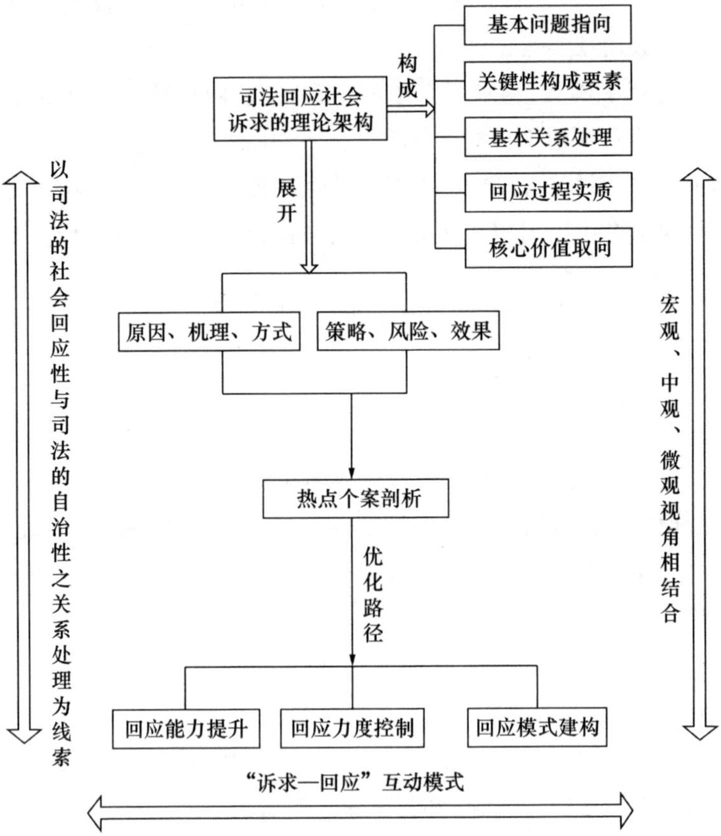

图 0-1　本书研究思路

(二) 本书的基本结构

总体而言,除绪论外,本书共分为五章,基本上是总—分—总的结构。第一章从宏观应然的视角抽象概括了司法回应社会的分析框架和理论架构;第二章、第三章、第四章分别从不同的维度和侧面对当代中国司法回应社会的现实样态和实践开展进行讨论,三个章节之间是并列关系;第五章对中国司法回应社会进行总结和完善。具体而言:

第一章,中国司法回应社会的理论架构。在这一章,笔者以中国司法回应社会之“诉求—回应”的双向互动模式为基本立场,对中国司法回应社会的理论架构进行搭建，试图分析出其六大基本问题指向、关键性构成要素、回应过程的实质以及核心价值取向。这一章对后面四章的阐释起到了纲领性、基础性、铺垫性的作用，既为第二章、第三章的分析提供了基本的写作框架，也为第四章的阐释和第五章的总结奠定了基本的价值基础。

第二章，当代中国司法回应社会的原因、机理与方式。笔者以司法回应社会的理论架构为思考框架，将中国司法回应社会的实践开展划分成了六个维度：多维原因、运作机理、基本方式、回应策略、可能风险和回应效果。由于篇幅以及整体布局的合理性，在本章，笔者先阐释前三个维度，即当代中国司法回应社会的原因、机理和方式，第三章则阐释了其他三个维度。在原因部分，笔者从四个方面具体阐释了司法回应社会所涉及的多维原因；在运行机理部分，笔者从六个方面具体解释了司法回应社会之实际运行的内在机理；在基本方式部分，笔者根据不同的标准将当代中国司法回应社会的基本方式进行了多种类型化的归纳总结。

第三章，当代中国司法回应社会的策略、可能风险及效果。本章续接当代中国司法回应社会之实践开展所涉及的其他三个维度，即中国司法回应社会的策略选择、策略选择可能衍生的风险、回应效果的显现与评估。在策略选择部分，笔者重点分析可能会导致中国司法在回应社会过程中面临风险的部分策略选择；在策略选择可能衍生的风险部分，笔者根据前一部分的分析，有针对性地阐释各种可能风险是如何衍生的及其可能造成的危害；在回应效果的显现与评估部分，笔者对中国司法回应社会的效果显现进行了分析，重点讨论了中国司法回应社会之回应评估的两个维度及其与既有法治评估成果的关系。

第四章，审判风险视域下司法回应社会的个案考察。在本章，笔者选择“天津大妈摆摊射击案”为剖析素材，从微观上阐释司法是如何在个案中回应社会诉求的，以及它所呈现的回应理路是什么。同时，本章还对司法回应社会的基本图式、逻辑转向、内在缺陷以及结构制约进行了反思并提出优化建议。

第五章，中国司法回应社会的路径完善与未来指向。在本章，笔者在总结第二章、第三章以及第四章的基础上，从回应能力之提升、回应力度之控制以及司法模式转型升级三个维度展开论述，除却阐释回应能力提升与回应力度控制之外，本章还加入了对反思性司法模式的探讨，试图为分析司法与社会的良性互动提供一个初步的框架，进而对本书关于司法回应社会的研究进行总结和完善。

（三）本书的研究方法

第一，案例分析的方法。小样本的个案是定性研究的对象之一，也是法社会学的研究进路之一。[①] 本书第四章以"天津大妈摆摊射击案"等热点案例为分析素材，从个案切入，通过对案例的剖析和语境化分析，尝试透视其背后所反映的一般性启示和制度性缺陷，并在此基础上提出关于司法回应社会的问题解决之道与完善建议。

第二，系统论的方法。系统论是社会理论法学/社会理论之法[②]里比较重要的一个理论脉络，它以卢曼、托依布纳的系统理论为代表。系统论既是一种理论范式，也可以被视为一种研究的进路和方法。在本书第五章中，笔者试图在借鉴系统论的基础上，提出一种"反思性司法"理论模型，以实现司法和社会的良性互动以及回应模式的转型升级。具体而言，笔者运用卢曼系统论"规范上封闭，认知上开放"之基本观点以及托依布纳所提倡的"反思性法"的构想，对中国司法的裁判依据和认知信息进行了二元的划分，提出了司法裁判依据上的规范封闭性和司法场域的适度社会开放。换言之，卢曼的社会系统理论所区分的运作封闭性与认知开放性以及托依布纳所提倡的反思理性，为处理中国司法运行的封闭性（司法的自治性）与认知的开放性（司法回应

① 吴元元：《司法无言之知的转化机制及其优化——案例研究的知识社会学反思》，载《法学》2019 年第 9 期；杨锦程：《个案，抑或修辞——对法律社会学个案研究的审视》，载苏力主编：《法律和社会科学（第 14 卷 · 第 2 辑）》，法律出版社 2015 年版，第 194—215 页。

② 陆宇峰：《社会理论法学：定位、功能与前景》，载《清华法学》2017 年第 2 期；鲁楠：《社会理论之法：学源、学理与学问》，载《北京航空航天大学学报（社会科学版）》2019 年第 1 期。

社会诉求和社会变迁的能力与力度)之关系提供了可供借鉴的成熟的理论模型。

第三,比较的方法。比较的方法常常是通过比较各种要素来透视某个概念、命题或者理论的异同之处。本书对“司法的回应能力”“司法的回应力度”,以及“自治型司法”“回应型司法”“治理型司法”“能动型司法”“法民关系型司法”等概念或理论进行了比较,进而从构成上、功能上对这些概念、理论有了深刻的差异化认知。

第四,视域融合的方法。视域融合这一术语出自伽达默尔的哲学解释学,他提倡从理解者和被理解者的双重视角来审视彼此,从而加深理解。[①] 视域融合既可以被视为一种理论,也可以被看成一种研究方法。就方法而言,可以从司法与社会的融合视角来回答中国司法回应社会这一问题。本书将司法与社会进行了视角的互换,在司法对社会的回应中评价司法,在社会对司法的诉求中看待社会,实现了司法与社会之间的视域融合,意在追求一种二者在具备“同理心”基础上的互相理解。

四、澄清:与既有司法理论模型的关系厘定

一提到司法回应社会,大多数人可能下意识地就会想起以诺内特、塞尔兹尼克为代表的伯克利学派的“回应型法”理论以及国内学者研究的“回应型司法”模型。这也是笔者在文献综述部分重点总结的多种司法理论模型之一。本书所要讨论的司法回应社会问题与此模型到底是何种关系,在文献综述的评论部分,笔者已经有所解释,此处再次给予宏观的说明与澄清。

本书研究的司法对社会的回应问题与回应型司法关注的是同一个问题域,亦即司法和社会的关系与互动,因此对回应型法和回应型司法的内容也有所借鉴,但是本书研究的内容并非局限于回应型司法

---

① 〔德〕汉斯—格奥尔格·伽达默尔:《真理与方法——哲学诠释学的基本特征(上卷)》,洪汉鼎译,上海译文出版社 2004 年版。

理论模型所涉及的问题，而且借鉴的司法理论模型也并非只有回应型法或回应型司法，而是将自治型司法、回应型司法、司法多边主义、治理型司法、能动型司法、法民关系型司法以及国外的法律现实主义、司法实用主义、系统论法学、新法律现实主义等多种理论模型加以批判性地借鉴、吸收和整合。因为笔者经过文献梳理，发现以上理论其实都在不同程度上、从不同侧面解答着司法的社会回应性和司法的自治性的关系问题，而这些理论不同程度地反映在本书的第一章到第四章当中。在本书末尾，笔者尝试性地指出了回应型司法的缺陷，并试图用“反思性司法”来综合自治型司法、回应型司法以及系统论等理论资源。关于这一论述会在第五章第三节详细展开。但是，“反思性司法”模式的提出只是前文分析的自然延伸或者未来司法回应社会的尝试性开端，只是初步的分析框架，而不是一种非常成熟的理论模型，更不是以此为分析模型来贯穿全文。

此外，本书除了注重理论资源的整合以外，还跳出了纯粹“理想类型”的窠臼，深入关注了中国的司法实践。换言之，本书关注的焦点不偏重单纯的某种司法理想模型的建构，而是更倾向于深刻理解中国司法实际的日常运作，并试图总结出司法与社会互动和现实演进的基本规律，找到未来可能的互动增长点。

总之，当代中国司法回应社会的理论架构和实践开展不等于回应型司法，更与回应型司法理论模型的研究不同。本书不是在回应型司法这一单一理论的指导下研究司法对社会的回应问题，而是在厘清各种司法理论模型关于司法回应社会之理论脉络的基础上，尝试找到各个理论模型是如何回答“司法如何回应社会”或“如何处理司法的社会回应性与司法的自治性之关系”这一问题的，并试图整合各种有利的理论进路，在中国司法的场域下来回答司法回应社会所涉及的各种理论和实践问题。

第一章

中国司法回应社会的理论架构

法治实践不仅仅局限于法律职业内部，还涉及法律职业者与社会公众共同在场的主体间的“法民关系”问题。就法民关系而言，能否达成主体间的彼此理解和相互协调，恰恰是法律这个“共同世界”能否获得美好意义的关键所在。[①] 当代中国司法之于社会的回应问题考虑到了司法产品和司法行为的受众——社会公众，两者不再是纯粹的主体与客体之间的关系，而是在一定程度上变为了主体间的关系。社会诉求在一定程度上成为司法决策的重要考量因素，而司法本身的特性也在积极争取社会公众的理解，从而开启了一种关系性视角下“诉求—回应”的互动模式。

具体来讲，诉求是某个主体（诉求主体）向另外主体（回应主体）提出某种期待、意愿或要求的过程；回应则是一个回应主体对诉求给予回复、反馈、反应、应答的过程，虽然回应不可避免地涉及承诺转化为实践的过程，但是回应并不完全等于迎合诉求，也可能引领、调整诉求。中国司法回应社会，简言之，就是中国司法作为回应主体对社会诉求主体的期待、意愿或要求给予反馈、回复、反应、应答的互动过程。回应和诉求是相对应的，诉求方提出诉求，回应方进行回应，是一个关系性互动的过程。[②] 当然这个过程可以是多次循环的，即可以进行多次的诉求提出和回应给予。法治框架内通过司法的社会纠纷解决与司法职权和自由裁量之下的社会性情势改造都可以被视为司法对社会的回应，只是回应的方式和力度有差异。当然，社会诉求可能以个体诉求的方式得以表达，也可能以集体诉求的方式得以显现；可能以一种肯定的方式加以表达，也可能以一种否定的方式得以呈现；可能

① 凌斌：《当代中国法治实践中的“法民关系”》，载《中国社会科学》2013 年第 1 期。

② 甚至有学者将“回应”(response)上升为一种托马斯·库恩意义上的范式，将它归入社会科学研究的范畴当中，从政治社会学意义上探究作为研究范式的“回应”，并将它视为现实社会中一类社会互动现象、关系及过程的理论规制。戚攻：《论“回应”范式》，载《社会科学研究》2006 年第 4 期；戚攻等：《社会回应机制研究》，人民出版社 2009 年版，第 19—25 页。

以一种涉诉的方式加以表达，也可能以一种非涉诉的方式得以呈现；可能以一种明确精细的方式得以表达，也可能以一种模糊不清的方式得以显现；可能以一种程序性诉求的方式得以表达，也可能以一种实体性诉求的方式得以呈现。社会诉求有多种呈现方式。而“诉求—回应”的互动关系则是诉求和回应给予彼此换位思考的过程，[①]亦即中国司法对社会的回应并非只是单向度的司法对社会的考量，而是二者之间在保持一颗“同理心”[②]、能够互相理解基础之上的彼此期待和反应。社会对于司法的期待应该建立在理解司法能力的基础之上，不应给予司法过多甚至过分的期待；而司法在回应社会时，也应该对社会的诉求给予某种情景式的理解和自身能力范围内的支持。不仅要考量司法原理等教义层面的因素，还需要深入洞察诉讼案件本身的实践特点。[③] 在这种互相理解的互动模式下，中国社会的司法回应命题虽着重强调了司法对于社会诉求的回应，但是这一命题也是司法和社会互相形塑、双向建构的过程。一方面，社会转型下的现代化进程为司法实践提供了崭新的社会环境，迫使现代司法必须不断重塑价值理念并重构制度体系以适应社会关系的新型状况；另一方面，司法实践总是不断受到关于这种实践本身的新认识的检验和改造，从而在结构上不断改变着自己的特征。[④]

由此，笔者以中国司法回应社会之“诉求—回应”的双向互动关系为基本立场，对中国社会的司法回应这一命题的理论架构进行搭建，试图分析出其基本的问题指向、关键性构成要素、回应过程的实质以及核心价值取向。换言之，本书将重点讨论以下几个问题：中国司法回应社会都囊括了哪些基本问题？其逻辑关系和功能定位是什么？中国司法回应社会都由哪些要素构成？其中最为关键的要素是什么？

---

① 有学者对关系思维给予阐释，提到的特征之一就是立场上的换位性。这种关系性思维对于重新理解法与社会、司法与社会之间的关系意义重大。刘风景：《关系思维的法学意义》，载《法商研究》2019 年第 5 期。

② 有学者提出了“同理心正义”，见杜宴林：《司法公正与同理心正义》，载《中国社会科学》2017 年第 6 期。

③ 苏力：《制度是如何形成的（增订版）》，北京大学出版社 2007 年版，第 181 页。

④ 韩德明：《司法现代性及其超越》，人民出版社 2011 年版，第 9—10 页。

如何诠释和理解这种关键性构成要素？中国司法回应社会的过程实质是什么？都有哪些基本表征？从价值层面看，中国司法回应社会的过程对于社会正义和司法正义的关系持有何种态度？这种态度表达了双方什么样的立场？为何持有如此立场？对以上这些问题的讨论构成了当代中国司法回应社会的理论架构，为本书第二章、第三章司法回应社会的实践开展提供了基本的思考框架和切入视角，也为第四章、第五章的分析提供了基本的价值立场。

第一节 六大问题：中国司法回应社会的基本问题指向

中国司法回应社会从逻辑上讲，至少包含了六个基本问题：为何回应、能否回应、如何回应、回应如何、回应提升和回应控制。其中，为何回应，指向中国司法回应社会的原因（简称回应原因），回应原因的存在使得中国司法回应社会具有一定的现实性和紧迫性，从而成为中国司法回应社会的现实推动力和理论思考的逻辑起点。能否回应，指向中国司法回应社会的能力（简称回应能力），具备回应能力是中国司法回应社会的前提条件，否则中国司法将无法回应社会，也将无从谈及此命题所涉及的其他问题。如何回应，指向中国司法回应社会的力度（简称回应力度），其包括回应的速度和幅度，速度追求的是时间长短，注重的是效率，幅度讲求的是尺度大小，侧重的是质量。同时，回应力度也囊括了司法对社会多元诉求所进行的理性判断，因为理性判断的存在才使得司法能够保持清醒的判断力和对诉求的筛选能力，回应力度与回应能力在司法回应社会的过程中起到关键性的作用。回应力度之下又涉及三个更加微观、细致的问题：中国司法回应社会的基本方式（简称回应方式）、中国司法回应社会的运作机理（简称回应机理）、中国司法回应社会的策略选择（简称回应策略）。回应力度通过这三个维度得以不同程度地体现，几乎贯穿于司法回应社会的全部过程。在此意义上讲，回应方式、回应机理和回应策略进而成为如何回应或回应力度的次级构成要素；回应如何，指向中国司法回应社会的效果如何（简称回应效果），回应效果主要通过回应评估得以彰显，其中最重要的就是回应风险的评估以及社会满意程度的评估。回应提升，指向中国司法回应社会的能力提升，它在司法回应社会能力不足时才得以启动。回应控制是指当中国司法回应社会的力度过大或者司法过于能动时，需要对司法的社会回应力度加以控制，使其保持在法治基本原则和司法基本规律的制约之下。表 1-1 是关于中国司法回应社会的基本问题指向的汇总。

表 1-1　中国司法回应社会的基本问题指向

命题	问题指向	次级指向	功能定位	次级构成
中国社会的司法回应	为何回应	回应原因	逻辑起点	
	能否回应	回应能力	前提条件	
	如何回应	回应力度	回应过程	回应方式 回应机理 回应策略
	回应如何	回应效果	效果显现	风险评估 满意度评估
	回应提升	回应能力提升	能力提升	
	回应控制	回应力度控制	力度控制	

这六大问题构成了中国司法回应社会的基本问题指向，也衍生出了思考中国司法回应社会问题的基本架构。从逻辑起点到前提条件，再从回应过程到效果显现，最后到能力提升和力度控制，这六大问题已经基本构成了中国司法回应社会过程中一个相对完整的链条。从功能定位上讲，如何回应，即回应过程的核心体现在中国司法回应社会的运作机理、基本方式以及回应策略当中。换言之，回应的运作机理、基本方式和回应中的策略表达是中国司法如何回应社会的三个核心面向，围绕这三个核心面向基本可以透视出中国司法回应社会的基本情势。特别是可以显露出这些回应方式和回应策略可能会衍生的相应风险，继而在对这些风险进行预估和掌握的基础上，采取相应的防范、规避和化解措施。此外，回应能力提升和回应力度控制的加入

使得此回应链条更加完善,凸显了司法在原有回应状态基础上的回应能力的提升和理性判断能力的增强,并促使司法对社会的回应从一个静态的既有状态演变为一个动态的互动过程,最终呈现出一个逐步随着社会诉求变化而得以不断演化的理性司法样态。

第二节 司法的社会回应力:中国司法回应社会的关键性构成要素

虽然在法理学、司法学领域,"社会回应力"一词在相关学术研究当中使用较少,但是"回应力"一词已经在现代教育学、行政管理学和公共管理学领域使用得非常普遍,[①]多用于表达政府的社会回应力,意在突出政府对于社会的回应能力及公权领域对于私权领域的回应情景。而这为司法之社会回应力的法学研究提供了一定的语义学和语用学层面的借鉴意义。因此,笔者将该词进行了语词的位移,将其纳入司法学的视野,并对其含义进行了部分重构,不再只是原始意义上强调的回应能力,而是加入了回应力度的维度,并且极力提倡处理好二者之间的关系。同时需要说明的是,语词的借用并不意味着司法过分追求行政中的效率,而是回应力本身依然要受到司法规律、法治原则和法治原理的约束、制约和控制(这一部分的详细论述将在本书第五章第二节展开),即不仅注重司法回应社会的效率,同时还注重质量,而且回应力本身也并不等同于效率优先,需要辩证地加以理解,所以无须担心在司法领域谈及回应力就一定会造成司法的异化。此外,回应型司法虽然提及了司法回应社会的问题,但并未触及司法回应社会的力度问题以及如何处理司法回应能力和回应力度的关系问题。

---

① 高娟:《责任政府导向下的政府回应力研究》,中国社会科学出版社 2015 年版,第 28—59 页;原丁:《服务型政府回应力研究》,中央编译出版社 2013 年版;张新文、张国磊:《危机管理中的政府回应力研究》,载《行政论坛》2013 年第 6 期;晏晓娟:《政府回应机制的创新:从回应性到回应力》,载《重庆社会科学》2015 年第 4 期;叶方兴:《论提升思想政治教育的社会回应力》,载《思想理论教育》2015 年第 3 期;刘志筠:《提升农村中学生教育的社会回应力》,载《中学政治教学参考》2016 年第 9 期;戚攻等:《社会回应机制研究》,人民出版社 2009 年版,第 318—335 页。

因此,提出司法的社会回应力概念有助于整全性地阐释司法对于社会的回应问题(见图 1-1)。

一般而言,中国司法的社会回应力涵盖了三个层面的问题:一是何谓司法的社会回应力;二是司法的社会回应力的基本构成性要素是什么;三是构成性要素之间的关系如何。司法的社会回应力指向中国司法回应社会的能力和力度,由上文提及的回应能力和回应力度两个基本要素构成,前者属于能力维度,后者定性为理性(认知)维度。由于二者是司法回应社会中的关键性构成要素,所以作为其上位概念的中国司法的社会回应力也就自然成了司法回应社会的关键性构成要素。而在中国司法的社会回应力中,最核心的就是要处理好回应能力和回应力度的关系问题,既要关照到司法的“力所能及”,也要聚焦司法的“力所不及”。司法回应力度掌控的理性维度与托依布纳所讲的反思结构很相似,“在任何社会子系统中,反思结构的任务是通过对既定子系统施加内在限制来解决功能与实施之间的冲突,从而使它们适合于作为其他子系统的外在环境的构成要素”[①]。换言之,能力和实施之间还需要反思理性的调和以掌控好实施的力度。[②]

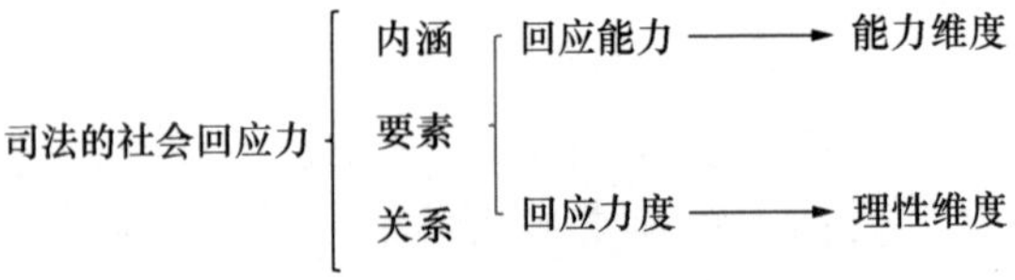

图 1-1　司法的社会回应力之基本构成图式

具体而言,对于社会的多元司法诉求,如果中国司法有能力回应社会,即力所能及,那么还要面临如何回应的问题。换言之,即使司法具备回应社会的能力,回应力度的掌握与把握程度也是对司法决策者的严峻考验。如果司法回应力度过大,则如上所言,需要对其加以控

① 〔德〕图依布纳:《现代法中的实质要素和反思要素》,矫波译,载《北大法律评论》编委会编:《北大法律评论(第 2 卷 · 第 2 辑)》,法律出版社 1999 年版,第 615 页。

② 如果从规范视角看,我国诉讼法中诉讼时效、审限、举证责任、举证时限等具体司法制度的设置,都是平衡司法回应能力、司法回应力度与回应社会之间关系的产物。

制,如果司法不能回应社会的诉求,此时则要分情境地来看待这一问题。如果司法不能回应社会诉求是因为结构性原因,[①]那么考虑到中国司法所嵌入的政法体制环境和司法资源条件,这时司法应该谨慎地保持自身量力而行的现状,即继续处于一种结构性司法产品诉求[②]供给不能的状态,持有这种态度不仅是对中国司法处境的深刻认识,也是对司法在面临"通过司法引领社会制度发展"命题时的"孱弱"而作出的妥协,更是谨慎对待司法不可承受之重而良性发展的理性选择。[③]因为司法在多大程度上承担回应社会的使命并不是一成不变的,而是必须结合司法所处的有关外部状况或者深深嵌入的结构境遇进行考虑。司法行为是一种制度行为,并非只是一种孤立的纠纷解决行为,

---

① 结构性诉讼(structual litigation)由欧文·费斯提出,它表达的是由于社会的结构性问题而提起的诉讼。结构性诉讼的重心不在于传统诉讼中一对一的个人,而在于并非可辨识个体集合的团体,这个团体在完全脱离诉讼的情况下,依然可以在诉讼中通过"代言人"来寻求身份定位,并可能受到侵害。并且,结构性诉讼致力于根除现有的对于宪法价值的威胁,具有较强的公共性,是在吸收公共理性基础上的面对未来的结构性改革,如果不消解社会结构上的对立就无法彻底解决纠纷。〔美〕欧文·费斯:《如法所能》,师帅译,中国政法大学出版社 2008 年版,第 1—74 页。在这里,笔者将引起这种结构性诉讼的原因称为结构性原因,即其成因指向了社会结构性基础。比如,教育不平等、种族歧视、中小企业融资制度、就业歧视以及其他公共政策引发的问题等。美国的典型案件就是"布朗诉教育委员会案"(Brown v. Board of Education),中国的典型案例就是高考生状告教育部的案例。但是,笔者与费斯有一个明显的不同观点,费斯从美国联邦最高法院的立场以及司法体制出发,认为这些结构性原因可以通过司法判决的路径加以解决,去除威胁宪法价值的社会结构性根源以及重构官僚组织,并且将司法的过程理解为诠释、释放宪法价值的过程。但是这些所谓的"结构性改革"在中国司法的语境下是难以完成的任务,中美国情不同,不能等同视之。此外,田中成明教授将这种"结构性诉讼"称为"现代型诉讼",并且总结出了现代型诉讼的如下特征:第一,现代型诉讼往往产生于"结构"立场缺乏互换性的主体之间;第二,现代型诉讼具有政策形成或者变通的目的;第三,当事人的不确定性以及利害关系人具有潜在性。〔日〕田中成明:《现代社会与审判——民事诉讼的地位与作用》,郝振江译,北京大学出版社 2016 年版,第 222 页。

② 关于结构性司法产品诉求的理解,详见本书第三章第一节"结构性司法产品诉求与个体性司法产品诉求置换策略"部分的分析。

③ 关于中国司法在整个政治结构中的从属地位的分析,见左卫民:《中国法院院长角色的实证研究》,载《中国法学》2014 年第 1 期;郑智航:《最高人民法院政治话语的变迁及双向调适策略——以 1980—2010 年〈最高人民法院工作报告〉的话语分析为主线》,载《甘肃社会科学》2013 年第 5 期。

它牵涉司法机关在整个国家权力结构中的定位,以及司法职能与立法职能、行政职能之间的界分与关联,法官的司法行为必须放到整个国家权力体系中加以考察,才能对其作出准确的功能定位。① 如果不顾情境地只是一味强调提升司法的回应能力,那么很可能会造成司法的迷失和资源的浪费、损耗。但这并不意味着司法系统在自主性受到诉讼权力的结构性制约时是无所作为的(这些内容将在本书第四章作重点阐释)。所以需要注意司法遭遇的结构性诉讼与自主性受到诉讼权力的结构性制约之间的细微差异,因为这将导致两个不同的司法行动方向。当然,在重叠区域,如果在后者的努力中实现了提升前者回应的效果,自然算是一举两得,但是不可强求此类效果的出现。因为即使司法的自主性再强,面临结构性司法产品诉求时,也可能在很大程度上是超过其能力范围的。

同时也要敏锐地观察到这样的极端现象:其他系统对于纠纷解决的有效作用以及对司法功能的期待越来越少,社会政治体系反倒健康运行。② 换言之,如果司法权认清自身的现实处境,界定好结构限制下的功能发挥,保持一种清醒下的克制,那么其他权力很可能会自觉地尽力挽救这种结构性因素所带来的矛盾恶化或者社会失范,而事实上很可能是后者的权力行使效果要远远好于前者。

如果司法回应社会的力所不及是由于非结构性的原因,③那么它需要不断提升自身的回应能力。又因为回应力度的大小属于理性判断的范畴,所以当回应能力处于一种由孱弱转变为强势状态时,回应力度仍然需要接受其他法律规则和法治原则的控制。但是,不管是回应力度控制还是回应能力提升,最终都要归位到回应能力和回应力度

① 秦策、张镭:《司法方法与法学流派》,人民出版社 2011 年版,第 110—111 页。

② 〔日〕田中成明:《现代社会与审判——民事诉讼的地位与作用》,郝振江译,北京大学出版社 2016 年版,第 283 页。

③ 比如,在"于艳茹诉北京大学撤销博士学位决定案"中,当事人于艳茹虽然在法律上胜诉,但北京市第一中级人民法院的回应只是处于"判决程序违法"的书面状态,并未对被诉行政行为的合法性进行审查,而且对论文是否涉嫌抄袭等实体问题也没有给予回应,此争议其实最终并没有得到解决,很容易造成循环诉讼,导致当事人诉累。这一案例凸显了当下中国法院之社会回应力不足的一面。北京市第一中级人民法院(2017)京 01 行终 277 号行政判决书。

的基本关系框架中加以考察(见图 1-2)。回应力度的控制只有建立在回应能力充足饱满的状态下才能进行,因为连回应能力都不具备就更无从谈及回应力度控制的问题。只有把回应力度的控制和回应能力的强弱关系加以比较,才能清晰定位:哪些司法能力需要提升;哪些司法能力虽然不足,但是不需要提升;哪些司法能力提升到了一定高度需要加以回应力度方面的控制;哪些司法能力虽然得到了提升,但是仍未达到需要控制的地步,亟待进一步提升。

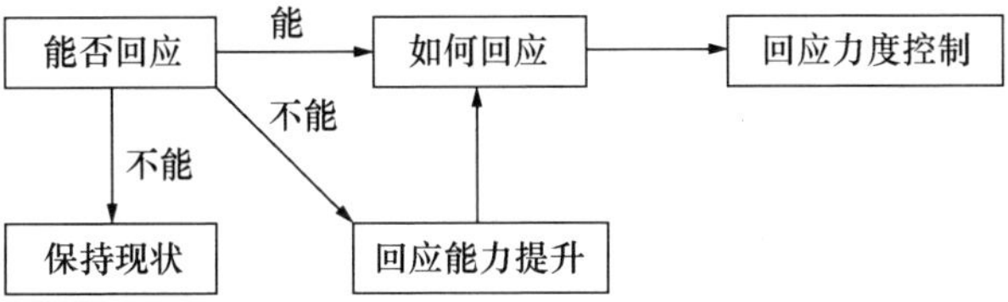

图 1-2 回应能力和回应力度关系

此外,因为中国司法回应社会最为核心的方式就是司法权行使下的司法裁决,而司法裁决承载着以权利和义务为话语体系的司法正义,所以作为中国司法回应社会的关键性构成要素的中国司法的社会回应力,其核心就在于清晰厘定司法正义输向社会的边界。而作为中国司法的社会回应力之核心,恰当地处理好司法回应能力与回应力度之间的关系也就是厘定司法正义边界的过程。边界的厘定在于确定司法正义输向社会的广度和深度,即面对社会主体的多维期待,司法正义在多大程度上能为社会的诉求提供法律体系内的评价。既然是模糊边界的清晰化,如果将其放在正义的天平上给予称量,那么可能左边高一些,也可能右边高一些,这是一个综合各种社会信息基础上的理性判断的过程。正如法谚所表达的:“司法是一种平衡的艺术。”既然是理性判断与平衡的过程,那么法院可能最终作出不予提供司法正义的决定，[①]也可能作出提供某种程度、某种类型的司法正义的决定。换言之，哪些案件应该受理，哪些案件不应该受理，受理后又该如何处理，处理时又该进展到何种程度，应不应该贯穿一种司法家长主义或者父母视觉的态度等问题都需要法官加以权衡。由此可见，司法正义输向社会的边界厘定也是司法对社会问题进行筛选、加工程度把握的过程。

至于影响司法正义边界确定的因素则是复杂和多元的，其中最为根本的确定依据是现行的制定法，当然裁判理由则是多种法律规则和社会规范的集合。也只有在多种资源论证下确定司法正义的边界，才能具有更强的说服力和社会认同感。此外，在法治的框架内，这个边界的确定又与司法自身回应能力的自我衡量以及回应力度的理性判断密切相关。如果细致地考察社会，就会发现，现在的社会在形式上虽然可以作为一个统一的整体，但在实质内容上，它正在逐步分化为不同样态、不同类型的社群组构，也正在演化出不同的社群诉求。由于回应能力的有限性，司法不可能允许所有的社会诉求都进入其场域；即使司法具备足够的回应能力，也非所有进入司法场域的社会诉求都能得到同样力度的回应。司法通过对社会诉求的识别进而作出分类处理，可能是予以立案进入庭审程序，也可能是作出隐退的姿态不予立案，将其划入其他非诉讼纠纷解决机制的范畴或者社会道德规范的调控领域。总之，司法通过司法资源的合理调配进而掌控司法回应社会的力度。[②]

当然，司法正义如何输向社会最终仍要归结到法院的具体个人或

---

① 有学者将在面对某些依据现行法律规范应当由司法权解决的权利义务纠纷时，法院拒绝行使审判权的现象称为“退隐式治理”。但是，法院治理的退隐并不意味着治理的缺位，而是法院系统根据情势对介入社会事务之深度与广度的自我约束。鲁篱、凌潇：《论法院的非司法化社会治理》，载《现代法学》2014 年第 1 期。

② 而这在我国的具体司法制度、司法理念、司法政策中有明显的体现。比如，立案登记制、裁定不予受理、裁定驳回起诉、调解优先与调判结合的原则、认罪认罚从宽制度等；再比如，司法建议制度的设立与司法专业能力的彰显有一定关系，与司法欲求参与社会管理创新和延伸司法审判职能也不无关联。

者集体协商，从而厘定某种边界，所以决策者的自身境况也是非常重要的衡量因素。也正是这种个人化或者集体化，让决策多多少少带有了个体偶然性①、集体无意识②、集体无责任③的色彩。

第三节 社会问题司法化：中国司法回应社会的过程实质

中国司法回应社会的过程是社会问题司法化的过程，司法对社会的诉求通过司法技术、司法程序、司法制度、司法方法、司法裁判、司法价值等方式予以回应。质言之，司法回应社会的实质体现在它本身所包含的社会问题司法化的过程中，即司法通过司法场域依据现代法律规范而对社会问题的反映和集中进行诊断与解决，司法通过司法权以及司法功能的正当发挥来处理社会诉求，从而推动司法对社会的调控。换言之，司法为作为公共制度的法律与社会主体诉求之间的联结提供了勾连式的桥梁。正如有学者所言："立法活动只是初步赋予了法律规范的社会意义，法律规范的确切意义是法官和当事人在建构法律事实和审判规范的过程中发现的。"④

社会问题司法化的命题预设了司法在现代社会纠纷解决中的重要地位和巨大作用，一个社会中社会问题司法化的程度也彰显着这个社会的司法需求程度和司法的可接近程度。因为诉讼体系的存在本

---

① 例如南京彭宇案的一审判决，其他法官作出的判决可能会不同。关于此点更详细的论述，见侯明明：《司法正义与社会正义的错位：类型、因素与启示——以热点案例为例证的分析》，载《学术论坛》2017 年第 6 期。

② 集体无意识最早由瑞士著名心理学家荣格(Carl Gustav Jung)在 20 世纪初提出。与个体无意识相对，集体无意识是超越个人后天生活经验，不依赖于经验而存在，甚至超越民族、种族而具有全人类的普遍性和集体性的心理活动。它反映了人类群体在精神生活中具有某种一致性，虽然未被人类意识到，但却潜移默化地影响着集体的行为轨迹，比如同情心的存在对案件办理的影响。〔瑞士〕荣格：《集体无意识的原型》，载〔瑞士〕荣格：《荣格文集——让我们重返精神的家园》，冯川译，改革出版社 1997 年版。

③ 集体负责在一定程度上可能会导致"无人负责"情形的出现，如果仔细审视法院审判委员会的决策过程，就可能会对此有更加清晰的认识。吴英姿：《论司法认同：危机与重建》，载《中国法学》2016 年第 3 期。

④ 季金华：《司法的法律发展功能及其价值机理》，载《政法论丛》2019 年第 1 期。

身不是目的，满足社会整体及其他结构对诉讼的功能需求才是诉讼体系存在的根据。[①] 社会问题司法化或是由于新型纠纷的解决不适合采用以往社会内部非正式的调整机制，或者因为社会结构的转型与社会关系的变化导致这些机制已经无法有效运行，还有可能是因为法体系的内外变化使得社会公众对纠纷的规范性认知框架发生变化而影响了人们的法文化意识和司法行为。[②] 同时，社会问题司法化的过程也是司法对社会加以回应和变革的过程。通过这样一个过程，司法不仅参与了社会的秩序维护与治理创新，还加深了司法与社会在互动基础上的相互理解与信任，从而逐步摆脱了托依布纳意义上的法与社会不统合下的“相互无视”。[③]

司法对社会的调控主要通过提升社会问题司法化的便捷度和司法提供给社会预期的稳定度来实现。便捷度的提升使得司法的可接近性增强，稳定预期的提供为社会秩序的安定打下了良好的基础。正如有学者所说的，司法化不但是社会治理金字塔的构成部分，还彰显了在治理活动的框架内，从将法律作为参考到将法律作为资源、对策的转变倾向。[④] “司法化”是法律所支配、管理的社会和经济关系的集约化，它反映出人们不希望在治理结构内设置过多的工作逻辑，而是希望能够通过尽量简单有效的管理，实现制定满足本人、本机构或本国需求的社会、经济和文化战略。[⑤] 具体而言，司法在社会问题司法化的过程中实现了对社会秩序的恢复、重塑以及社会资源的整合。这主要表现在以下五个维度：

第一，就目前司法境况的总体而言，虽然宪法性诉讼在我国几乎

---

① 张爱球：《现代社会中的诉讼功能》，中国人民公安大学出版社 2008 年版，第 52 页。

② 〔日〕田中成明：《现代社会与审判——民事诉讼的地位与作用》，郝振江译，北京大学出版社 2016 年版，第 138 页。

③ 对此，有学者总结了社会应该理解司法的六个原因：一是法律事实和客观事实的差距；二是司法的终局性；三是司法资源的有限性；四是司法正义的专业化理解；五是立法资源的限制；六是诉讼的成本高昂。顾培东：《当代中国司法生态及其改善》，载《法学研究》2016 年第 2 期。

④ 姚晓丹：《学者解读法国“司法化”现象：重视“司法化”不迷信“司法化”》，载《中国社会科学报》2016 年 1 月 11 日第 3 版。

⑤ 同上。

处于缺位的状态，但是现代司法依然是满足社会以纠纷解决为核心诉求的最为重要的场域，并且诉诸司法权（裁判请求权）已经成为一项宪法性权利，不得拒绝裁判也已成为司法的最低限度共识，或者说，国家具有保障公民通过司法来获得权利救济的义务。正如有学者所言，法律规范性预期功能在现代社会中实现的稳定化，归根结底并非由于立法的全面性，而是基于司法裁判一切纠纷的可能性。[①] 正是基于这种司法对于社会重要意义的认识以及社会对于司法的场域依赖鉴别，如本书绪论中所论及的那样，很多学者提出了“通过司法的社会治理”命题。田中成明教授也曾提出，以社会一侧的客观条件为中心，“法化”意指由于内部构造或关系的变动使得社会对法体系的必要性或依存性得以加强。同时，此过程也在一定程度上使得法规范或者程序得以复杂化的法制度化。[②]

第二，从社会问题司法化的启动方式看，它不仅呈现出个体式诉讼、集团式诉讼，亦呈现出公益性诉讼等多样化样态。当协商和解、调解等私力救济无法实现自身预期的正义时，当事人往往会转向寻求诉讼之公力救济。但是，社会问题司法化的过程并不是一个畅通无阻的过程，它面临着司法筛选机制的衡量和司法识别机制的运作。司法对于社会问题司法化的诉求也要考量社会自身的修复能力以及自我组织能力，并非所有的社会问题都会司法化，都具有可诉性。正如苏力教授所说，任何一个现实的司法制度都必须在其制约条件下作出某种选择，这里说是选择，实际上更多是被选择。因为在不同的社会历史条件下，司法制度解决问题的能力是不一样的。[③] 如果有些纠纷在社会中可以得到解决，那么司法在对社会情境进行权衡的基础上，再对纠纷进行识别、筛选不仅显得必要，而且会促进社会内部的沟通和互动，提升社会自身的纠纷化解能力和对外界干扰的免疫能力，进而有

---

① 陆宇峰：《走向“社会司法化”——一个“自创生”系统论的视角》，载《华东政法大学学报》2012 年第 3 期。

② 〔日〕田中成明：《现代社会与审判——民事诉讼的地位与作用》，郝振江译，北京大学出版社 2016 年版，第 26 页。

③ 苏力：《语境论——一种法律制度研究的进路和方法》，载《中外法学》2000 年第 1 期。

利于培育社会的独立发展和功能分化，同时，对于司法形成“社会嵌入性”[①]的品格也大有裨益，从而逐步形成国家（这里指以司法权为代表的国家公权领域）—社会—个人三个领域相互独立而又相互扶助的有利格局，一改过去“强国家—弱社会”的失衡局面，甚至可以通过公正司法帮助法治社会的形成。

第三，从司法过程的性质而言，社会诉求即使进入司法场域，其二者之间仍面临着司法场域为涉案社会主体提供的剧场化下的主体间以法律为主要依据的商谈议论。中国司法通过适度的对抗、当事人主义构造的诉讼程序、法庭辩论等制度为当事人提供商谈议论的场域，进而有助于当事人之间的互动式理解和纠纷的解决，也能够促进原有社会关系和秩序的恢复。但是，其结果可能是社会诉求的足额满足，亦可能是折扣式满足。因为社会问题司法化的过程也是各种力量在司法场域博弈的过程，涉及政治权力、法律权力、知识权力、社会舆论权力等多种宏观、微观权力的混杂复合，最终还可能形成具有波及效应的政策辐射效果，使社会问题司法化的效果范围大大扩展。即使不能提供司法判决的救济，或者不能促使具有波及效果的政策形成，至少可以把社会存在的问题公之于众，唤起舆论和社会的注意，如此一来，就开辟了法院弹性回应其自身面临的多种要求和期待的可能性；[②]同时，也为社会矛盾的释放提供了一个很好的出口和讨论契机，[③]甚至蕴含着制度性变化的潜在可能。

第四，从司法功能的实质显现角度而言，在社会问题司法化的过程中，中国司法扮演着通过司法判决塑造公众法治观念或者促进法治观念社会化的重要角色。司法场域的适度开放为其他社会主体的参

---

① 马荣春：《法外知识与实践刑法观——刑法社会学的一个话题》，载《法治研究》2016年第6期。

② 〔日〕田中成明：《现代社会与审判——民事诉讼的地位与作用》，郝振江译，北京大学出版社2016年版，第267页。

③ 比如，原告孙文麟、胡明亮不服被告长沙市芙蓉区民政局婚姻登记行政行为行政诉讼一案，虽然同性婚姻在我国并未得到司法的支持，但是关于同性婚姻的话题以及对此类群体的关注、研究却悄然兴起。再比如，准大学生乘火车遭遇二手烟后起诉哈尔滨市铁路局一案，可谓是中国公共场所无烟诉讼第一案，同样获得热议。

与提供了公共领域。司法通过指导性案例、参审制、庭审直播、裁判文书公开、裁判理由论证说理等方式，让相对封闭的司法与社会得到沟通，不仅实现了社会人力资源和经验知识的司法场域积聚，使得司法裁决拥有了充分的可参考的社会资源，还通过个案发轫的信号示范效应[①]以及“同案同判”（treat like cases alike and treat different cases differently）的期待可能性，对社会成员的法治观念和未来行动进行着某种程度上的重塑。而社会主体的行动反过来又深刻影响着社会秩序的形成，所以也间接实现了对未来社会秩序的重建，甚至可以直接说，司法裁决提前预设了未来社会的某种秩序样态。换言之，当社会诉求进入司法时，司法依据现代法治标准对其进行不同程度的评价，社会继而得以理解法治观念而退出司法场域；或者在社会出现某种程度的不理解时，司法可以对其进行框架内的重复评价，甚至在这个过程中留有相互议论商谈、换位思考的制度空间，进而实现社会与司法互相理解下的法治观念的释放和生长。同时司法还可以通过审判过程和裁判结果把法的价值、原理、规范与程序等内化在社会主体的意识和未来行动当中。尽管最终“法治观念是何”的判断权掌握在法官手中，但是社会主体的司法参与也在一定程度上形塑了法治观念的具体内涵，在某种程度上成为影响法官作出选择的重要支撑性因素。

第五，从司法权力对权利义务的调整方式看，中国司法通过司法政策、司法解释的制定，司法审判功能的发挥以及诉讼内调解的方式，对社会主体所诉求的资源进行着某种矫正正义[②]式的再分配。一方面，司法审判的规范化考量使得社会主体的诉求得以在现代法治的权

---

① 有学者运用法律经济学的分析方法，构建了“信号传递—合作模型”的信号灯理论，认为司法裁判好比对公众释放的一种信号，公众收到此信号后会调整自己的行为以及行为预期。〔美〕埃里克·A.波斯纳：《法律与社会规范》，沈明译，中国政法大学出版社2004年版，译者序第1—12页。也有学者把这种个案产生的连带效果称为“法民关系”的连带性。宏观法治状况与微观司法环境是相互影响的，个案的裁判效果直接影响到对整个法治建设效果的评价，而整个宏观法治环境的氛围又会影响到微观司法环境。凌斌：《当代中国法治实践中的“法民关系”》，载《中国社会科学》2013年第1期。

② 〔古希腊〕亚里士多德：《尼各马科伦理学》，苗力田译，中国社会科学出版社1990年版，第95页。

利义务话语中厘定，并且裁决结果执行具有国家强制力的保障，对当事人的诉求给予了强有力的回应，这种通过审判回应权利判定和救济诉求的方式居于社会问题司法化的核心地位；另一方面，在判前调解的情境下，司法对涉案社会主体诉求的回应已经跳出了权利义务的话语资源，法官的公权行使更倾向于基于当事人之间的合意，虽然没有完全否定法律规范本身的拘束力，但是已然进入了一个带有中国法律规范与中国伦理规范，甚至夹杂其他说服资源的混合型场域。在这种混合型场域中，司法和社会的互动变得相对灵活多变，这时社会问题司法化不再是完整意义上的"法化"式审判，而是带有"法化"与"非法化"双重色彩的妥协性调整模式。[①] 也正是司法中调解程序和审判程序这两种社会问题司法化方式的主次分工与有机衔接，才使得司法审判机制与非司法审判机制的可替代性让司法不仅存在对社会规范视点内的回应，也关照了社会的道德、习俗、常理等非规范性诉求，进而扩展了中国司法回应社会可利用资源的覆盖范围。如此一来，不仅提升了中国司法的社会回应力，而且也避免了法律对社会的过度侵入和过度结构化，使社会保有了必要的自主空间和活力。[②]

综上，虽然社会问题司法化的过程从流程取向上看，注重了社会诉求于司法，但其实社会问题司法化的过程追求的是社会与司法双向互动下的互相理解。一方面，中国社会应该理解中国司法的有限性，

---

① 〔日〕田中成明：《现代社会与审判——民事诉讼的地位与作用》，郝振江译，北京大学出版社2016年版，第14—33页。

② 在现代社会转型期，司法在回应社会的过程中，面临的一个棘手问题就是法律规范和其他多元社会规范相矛盾，这时需要追问并解决的是法律规范应该以何种形式影响其他规范且引发社会变迁。在如此境遇下，社会问题司法化的过程一般是在司法场域先行调解，如果调解不成，而且在自由裁量权的范围内也没有认可、再解释的回旋余地，那么法律规范对社会规范可能就要进行一个否定性评价，从而按照法律规范进行裁决。这也是司法现代化、法制现代化以及社会现代化必须要付出的个案代价和经历的建构秩序对自生自发秩序的筛选、甄别程序。但是这个过程是一个阶段性的梯次活动，并非一次性完成的，甚或进行的程度也是各地不一。田成有：《乡土社会中的国家法与民间法》，载《思想战线》2001年第5期；谢鸿飞：《论创设法律关系的意图：法律介入社会生活的限度》，载《环球法律评论》2012年第3期。当然，多元规范之间的碰撞与治理竞争，对彼此也是一个反思和重新定位的过程，法律规范本身虽有国家的强制力作为后盾，但是这种建构性的秩序也存在脱离特定文化社会空间的缺陷，而其他社会规范本身可能因承载了特定区域的文化和秩序意义而具有地方性的正当性。王启梁：《迈向深嵌在社会与文化中的法律》，中国法制出版社2010年版。

特别是司法的社会回应力的有限性，切忌抱有过高的司法期待；另一方面，中国司法应该理解中国社会的复杂性和诉求的多元性，从而抛弃机械式的回应方式。社会问题司法化的过程就是中国司法与社会互动的过程，中国社会的结构转型对司法提出了更高的要求，从而驱使中国司法不断提升自身回应社会的能力；而中国司法回应能力的提升又在一定程度上推动了中国社会转型的进程，从而实现了一个正和的博弈过程：在司法对社会的回应中评价司法，在社会对司法的诉求中看待社会，实现司法与社会之间的视域融合。但是社会问题并非全部需要司法化，换言之，社会产生的诉求并不能够全部诉诸司法来得到实现，而仅仅是其中的一部分，甚至不是主要的部分。

基于以上分析，我们可以继续给中国司法回应社会做一个比较整全的解释。中国司法回应社会是指，基于中国多元转型的情境，中国司法在法治的框架内以及现有政法体制环境下，根据自身回应能力的大小以及回应力度的理性判断，运用以司法裁决为核心，同时囊括其他各种方式的司法产品，对社会的多元诉求进行回应，从而不断实现司法与社会良性互动、关系建构的过程。

但是，司法回应社会并不是要打破司法被动的传统定位，我们对于司法具有被动性、谦抑性的定性不能停留于直觉的层面。传统经典法治理论尤其强调司法被动性的一面，而且不加范围界定地将它作为一种司法的“意识形态”，这种方式的宣教忽视了司法的回应性侧面，表达的并不是完整意义上的司法现实，所以很可能造成司法极端克制、无限限缩的“矫枉过正式”的病态。发生学意义上所讲的司法被动属性主要指向当事人或者其他主体在未诉诸法院的情形下，法院不能主动将案件立案并启动裁判程序进行审理、裁决，以及尊重当事人的处分原则和诉权，即所谓的“不告不理”(no trial without complaint)以及审理范围或者审查范围受诉讼请求的限制。而司法对社会的回应很大一部分指向社会公众将纠纷解决等多元诉求诉诸法院；或者指向当对法院提出某种期待时，在社会可接受程度、裁决可执行状况、当下社会风尚、现有体制宽容度等各种因素的嵌入下，法院应该采取何种态度来处理此种诉求以及把握到何种程度较为妥恰，也就是法官如何运用自由裁量权在一定限度内实现司法正义和社会诉求相契合。可见，司法对社会的回应也是法治之内的回应，在法治的框架之内寻求扩大司法之于社会回应性的空间，但是司法的被动性与司法的回应性更多指向的是不同的维度，不能将二者混淆。[①]

第四节　司法正义与社会正义的互惠：中国司法回应社会的核心价值取向

何为司法正义和社会正义？具体而言，司法正义是指已进入司法视野下的正义，往往以法律规范作为标准而作出某种显示司法是如何理解正义的立场表达，常常以司法判决作为载体；当司法正义得以表达后，社会公众也往往会专门对此作出一种主观评价，公众对司法判决进行评价后最直观的表现就是公众判意，而社会正义则是公众判意背后的支撑力量。社会正义因“社会”一词的丰富内涵而带有某种社会条件下的正义印记，往往以道德、情理、常理、生活经验等因素为表达的依凭，滋贺秀三称其为“常识性的正义衡平感觉”，这种感觉虽不具有实定性，但是却起到潜移默化的引导作用。[②] 但是，社会正义不能简单地等同于网络舆情。社会正义根植于一个民族的精神生活和风俗习惯，并且与社会的主流道德观念、是非观念、基本常识、传统情理等内容相契合，属于社会主体的共享经验、共同记忆。社会正义区别于个别意见的显著之处就在于它是一种社会性的主张，并且这种主张蕴含了可普遍化的正当性诉求。当然，这种普遍化的正当性诉求存在识别问题，公众意见进入法官视野的前提性条件就是公众意见成为一

① 也有学者将司法的能动性和司法的谦抑性从本体论和方法论上加以界分，从而指出了传统学理所认为的二者不能兼容、非此即彼观点的极端性。江国华：《走向能动的司法——审判权本质再审视》，载《当代法学》2012 年第 3 期。Brian Z. Tamanaha, *Beyond the Formalist-Realist Divide: The Role of Politics in Judging*, Princeton University Press, 2010.

② 〔日〕滋贺秀三：《中国法文化的考察——以诉讼的形态为素材》，载〔日〕滋贺秀三等：《明清时期的民事审判与民间契约》，王亚新等译，法律出版社 1998 年版，第 13 页。

种社会性的主张，即公众对这种主张具有一致性或大体一致性的认同。当然，“简单地认为大众的就是世俗的、功利的肯定是过于偏颇的。”[①]事实上，社会正义比这要复杂和丰富，比如，社会正义的新型表达带有“脱域”[②]的色彩，它突破了时空的限制，可以在虚拟世界中肆意地集聚与表达。

当司法正义和社会正义得以表达后或者逐步显现时，我们就有了可以比照的样本。其实，司法供给与社会需求一直作为一对矛盾存在于司法领域中，司法在个案中会产出怎样的司法正义产品也一直是社会公众关注的重点。在常规普通个案中，司法供给的司法正义与社会需求的社会正义基本处于相契合的状态，既能彰显已有法律之规定，又能实现个案之正义；但是在热点疑难案件中，几乎每年都有被民意围攻和施压而改判的情形，我们好似从未走出过“秋菊困惑”的迷雾，出现了司法正义与社会正义之间的供需错位。[③]

从抽象意义上讲，社会正义先于司法正义而存在，它根植于道德直觉、文化传统、风俗习惯以及民族精神当中，但是司法可以通过具体个案将社会正义具体化、情境化。社会正义更加注重实质正义和结果正义，而相对忽视程序正义，甚至对于二者冲突的地方不能给予理解。而司法正义在现代司法职业化、专业化的改革大潮中，越来越偏向于形式正义和程序正义。社会正义与司法正义之错位表现在以下两个基本维度：第一，司法技术的正确性操作遭到质疑。这种技术可能表现在事实认定、法律适用，也可能表现在定罪量刑等领域。第二，司法判决结果与公众的基本正义感知相冲突。这种冲突可能表现在法律

---

① 孙笑侠：《司法的特性》，法律出版社 2016 年版，第 258 页。

② 王启梁：《网络时代的民意与法律应有之品性——从“躲猫猫”事件切入》，载《法商研究》2009 年第 4 期。

③ 其实学界对此称呼不同，有的学者将其称为司法供给与司法需求的矛盾、司法正义与社会认知的冲突、司法判决与社会认知的矛盾或者司法正义与公众判意的矛盾等，但是这些语词都未凸显司法判决背后的司法正义和隐藏的社会正义，只是从表面上表达了二者之间的矛盾，未从深层根源上挖掘出两种正义观的冲突。司法正义观与社会正义观才是司法判决、社会认知背后的根源，故笔者用司法正义和社会正义的错位来进行表达。侯明明：《司法正义与社会正义的错位：类型、因素与启示——以热点案例为例证的分析》，载《学术论坛》2017 年第 6 期。

与道德层面，也可能表现在法律与情理、常理等层面。

表 1-2　司法正义与社会正义的对比

正义类型	正义标准	正义主体	正义属性	正义追求
司法正义	法律	法官、合议庭、审判委员会、法院	理性色彩浓厚	形式正义优先，兼顾实质正义
社会正义	道德、习俗、习惯、传统、常理、常情	社会公众	理性与非理性交织	实质正义

在中国古代，由于官民共享儒家实质正义观，司法正义与社会正义几乎没有出现过错位，二者共同契合于情理型司法判决当中。在传统社会，韦伯（Max Weber）意义上的“卡迪司法”[①]盛行，传统中国的司法虽带有强烈的东方经验主义色彩，而且在能动方面也稍显过度，但传统司法场域中的法官（“父母官”）与普通民众分享着共同的道德观念以及儒家的伦理道德话语体系，法官通过具体司法实践成为儒家伦理的实践者和行动者，在践行、修复以及塑造传统儒家伦理的同时，回应和满足了普通民众的道德情感需求，从而使得传统司法在社会大众的心理上得到认同，司法也就获得了极高的权威系数。[②] 在陕甘宁边区司法实践中，马锡五审判方式盛行，“田间地头”“群众路线”“人民调解”等现象不断出现，纠纷也往往在吸取民众的情理、常理及意见的基础上衡平性地得以解决，进而具有很强的可接受性、地方性和人民性，司法正义与社会正义也呈现出一种融洽的局面。而改革开放以来，我们的法律制度以建构主义的方式快速融入现代化的进程，大规模移植国外法律，但传统的观念却仍带有很大的演进惯性，出现了制度和观念的隔阂、移植正义与本土正义的不符、法律文化内部的结构冲突，[③]

---

① 林端：《韦伯论中国法律传统：韦伯比较社会学的批判》，三民书局 2003 年版，第 106 页；〔德〕马克斯·韦伯：《儒教与道教》，洪天富译，江苏人民出版社 1995 年版。Max Weber, *The Religion of China*, Hans H. Gerth (trans.), The Free Press, 1951, pp. 102-149.

② 张恩典：《当代转型社会的司法公信力重建——以布迪厄“场域”理论为视角》，载《河南财经政法大学学报》2016 年第 6 期。

③ 刘作翔：《法律文化理论》，商务印书馆 1999 年版，第 210—279 页。

以及演进理性和建构理性之间的冲突。由此可见,中国社会目前面临着一个由儒家伦理、政法传统和西方法治组成的三元复杂结构,其中儒家伦理是行动习惯逻辑,政法传统是现实司法体制语境,西方法治是理想类型参鉴,三者在现实司法实践中互相交织。[①] 这些因素的综合作用最终导致司法正义与社会正义常常处于错位的状态。

其实,司法对个案的态度与立场直接体现了它对某类案件的处理倾向以及对此类案件所映射格局的定格,这种定格同时也面临着社会评价的反思与追问。但实践表明,社会正义作为一种大众话语的表达,在追求个案之解决时,往往倾向于实体正义,几乎不考虑司法判决对将来的整体示范作用和法律程序本身的意义。[②] 可见,司法正义与社会正义要想呈现良性发展,必须遵循以下逻辑:司法正义在保持自身内在逻辑连贯性的前提下才会对社会正义起到一定的引领作用,同时,社会正义对司法正义也会产生相应的制约。[③] 二者最为理想的互动状态就是,在司法裁判过程中司法正义对社会正义在进行考量之后可以吸收;在判决作出之后社会正义对司法正义在进行评价之余可以纠正,但是这种吸收和纠正都是经过充分讨论之后的慎重举动。也正由于二者的此种关系,使它们处于相对"亲近"的状态,不会因一方走得太远而失去另一方支持下的正当性。

具体言之,一方面,司法正义对社会正义的回应代表了二者的亲近与互动,但是这种亲近与互动并不以无原则的妥协为代价,法院应有一种自主与自觉,意识到判决本身亦有塑造新的价值观、法治观的

---

① 许娟:《中国司法与民意的沟通——基于主体间交往理性的认知》,载《北方法学》2014 年第 3 期。

② 周国兴:《审判如何回应民意——基于卢埃林情景感理论的考察》,载《法商研究》2013 年第 3 期。

③ 哈特在和富勒的论战中强调"普遍性观众的存在"对法官的裁判形成了一种制约;哈贝马斯言及的沟通理性将市民议论基础之上的合意作为了裁决正当性的重要根据。这二者都是在着重言明社会正义诉求对于司法正义的制约以及希冀司法正义对社会正义进行回应。姜涛:《道德话语系统与压力型司法的路径选择》,载《法律科学(西北政法大学学报)》2014 年第 6 期。

作用。法官在作出司法判决时也应有一定的主导意识和塑造理念，去引导和塑造社会公众法律意识随时代变迁而发生标准的变化。司法正义不应当一直处于被动的接受地位，被社会的效果、公众的传统正义观所支配。通过司法正义适当引领社会正义可以促进法治话语的建构，为社会参与法治建设奠定思想基础以及提升对话的可能性。只有法律职业者与社会公众有了大体相似的司法知识结构与司法共识前提，两个群体围绕法治而展开的讨论才会是高效的、易得出成果的，也便于得到双方的接受与认可。但是难点就在于，引领之后如何说服社会公众接受司法正义对于社会正义的矫正以及二者之间存在的认知偏差。[①] 这种反向的引领在一定程度上代表着司法对社会欲求进行改造的目的，但是社会常态往往具有某种“路径依赖”，打破这种“路径依赖”需要各个维度的动力机制，而司法只是其中之一，因此这种反向引领必须要考量司法自身的能力以及社会能够被改造的可能空间与意愿程度，否则可能招致社会的抵制，以及在此基础上的司法权威的衰减。另一方面，法官作为道德话语的实践主体之一，“这样一来，公众共同的道德观如何有效作用司法的问题，便往往表现为司法以‘常识、常理、常情’‘正义’等道德话语系统去解释法律之不明确规定，需要从‘邪恶与救济的普遍公共看法’中寻求判决之道。”[②]社会正义虽具有演进理性的优势，但社会正义诉求也可以对司法权力的行使形成一定的制约，从而保证司法行为和社会场域的内在关联。[③] 但是我们也要认识到，社会正义对于司法正义的制约作用也有一定的限度，因为司法正义背后具有国家强制力以及专业化知识的支撑，而且社会正义在一定程度上还面临着内部分歧所产生的解构力。

基于以上考量，中国司法回应社会的过程也可被视为代表司法一

---

① 陈洪杰：《民意如何审判：一个方法论上的追问》，载《法律科学（西北政法大学学报）》2015 年第 6 期。

② 姜涛：《道德话语系统与压力型司法的路径选择》，载《法律科学（西北政法大学学报）》2014 年第 6 期。

③ 胡玉鸿：《利益衡量与“社会需求”——诉讼过程的动态分析之一》，载《法商研究（中南政法学院学报）》2001 年第 3 期。

方的司法正义与代表社会一方的社会正义互惠(reciprocity)的过程。互惠的基本特征就是互相有利,而不是单方有利,而且这种双方有利不仅处于共时的状态,还可能历时性地得以呈现。换言之,司法正义与社会正义的互惠就是在司法剧场中如何处理司法正义与社会正义之间“重叠共识”的边界厘定以达至二者之间的融洽,而非错位。[①] 但是这种互惠不是一种简单的“对价”意义上的利益交换,更不是司法正义单向度地讨好社会正义,一味屈服于社会诉求或者民意,而是建立在司法规律和社会情势基础之上的整体视角下的理性平衡。由于司法正义和社会正义背后关涉的是两种正义观的价值互惠,因此司法正义与社会正义的互惠又构成了中国司法回应社会的核心价值取向。易言之,中国司法回应社会的核心目的就是不使法律精英以规范思维所形塑的司法正义观与社会公众以经验思维所塑造的社会正义观处于错位的状态,而是让二者处于相互吸纳、相互理解、相互融合、互相有利的合作式博弈格局。从终极意义上看,司法裁判的过程就是法官将多元化的价值与规范进行整合,协调其背后所隐藏的各种立场对立和知识矛盾,从而建构起司法裁判的正当性基础。[②]

而且,司法正义与社会正义的互惠预设了二者各自的局限性和不完美性,而这又恰恰是双方可以彼此弥补的,这使得双方的互动和回应成为一种可期待的价值追求。二者的互惠不是单独一方利益的功利化呈现,而是彼此之间的共赢状态。质言之,司法回应社会不是单独一方的胜利,而是拉近彼此距离之后的互惠性正义状态,这种互惠的正义往往是司法通过反思性平衡后达到的调试性公正。而这种互惠性观念也恰恰是罗尔斯正义二原则,特别是差别原则(difference principle)的立论基础和核心所在:帕累托改进的相互利益最大化机制

① 有学者将此称为司法的道德能力,即司法在多大程度上支持社会道义,就会在多大程度上得到社会道义的支持。因此,司法的过程不仅要实现司法正义,而且要通过司法正义促进社会道义。江国华:《论司法的道德能力》,载《武汉大学学报(哲学社会科学版)》2019年第3期。

② 方乐:《转型中国司法知识的理论与诠释》,人民出版社2013年版,第321页。

优越于功利主义的价值导向。[①] 具体而言，司法正义与社会正义的互惠是要实现二者的双赢，双赢的标准对于司法来说，是符合法律之基本规定、法治之基本精神、司法之基本规律；对于社会而言，则是契合社会公众之直觉正义、社会生活之基本常理常情、社会发展之基本情势与必然趋势。在此境遇下，司法产品一般不是仅有单一的某方属性，而是倾向于带有法律属性和社会属性的复合化构造。这种复合化构造常常表现为价值和规范的结合，通过价值的引导来解释规范，通过规范来证成欲求之价值，并且最终通过规范来表达价值之内涵。

就二者互惠的机理而言，是要实现社会正义与司法正义相互说服基础上的互相承认、理解、吸收与成长。既然是说服，当然也就无法脱离说服资源的竞争，而这又常常寄托于司法裁决的论证说理和法庭论辩的过程。质言之，通过庭审剧场之“过程性的合意”和裁判文本之“结果性的宣示”来实现司法正义与社会正义的相互说服。在说服的过程中又完成司法知识和社会知识的整合，从而输出社会认同和具有可接受性的复合化司法产品。

---

① 季卫东：《互惠的正义——法理学的视角转换及其实践意义》，载《中国法律评论》2018 年第 3 期；〔美〕约翰·罗尔斯：《正义论》，何怀宏等译，中国社会科学出版社 2001 年版。

第二章

当代中国司法回应社会的原因、机理与方式

如果说中国司法回应社会的理论架构是一种比较倾向于应然的宏观式思考,那么当代中国司法回应社会的实践开展则是一种更加注重实然司法面向的中微观式关注。它不再是一种偏向于形式逻辑化的思辨与演绎,而是以司法回应社会的理论架构作为思考框架,对司法与社会的现实情势与实质内容加以嵌入式地考察,从而找出中国司法回应社会的多维原因、运作机理、基本方式、回应策略、可能风险以及效果评估等事项的现实样态,进而为当代中国司法回应社会的路径完善与未来指向进行铺垫。笔者将中国司法回应社会的实践开展划分为六个维度,体现了第一章所提到的,中国司法回应社会之六大基本问题指向中的为何回应、如何回应以及回应如何三个问题。由于能否回应,即司法的社会回应能力将穿插于全文的思考当中,所以不再单独设置一部分对其进行分析,而是散见于行文的各个角落。对于剩余的两个问题,即回应能力提升和回应力度控制,笔者将在第五章中加以论述,因为对该问题的论述需要以前四个维度的基本情况为基础。

此外,由于篇幅以及整体布局的合理性,在本章,笔者将先阐释前三个维度,即当代中国司法回应社会的原因、机理和方式,在第三章再阐释其他三个维度。在原因部分,笔者将从四个大方面、七个小方面具体解释司法回应社会所涉及的多维原因;在运行机理部分,笔者将从六个方面具体阐释司法回应社会之实际运行的内在机理;在基本方式部分,笔者将根据不同的标准对当代中国司法回应社会的基本方式进行多种类型化的归纳总结。

第一节 当代中国司法回应社会的多维原因

正如绪论中所提及的,在中国司法与社会同时但不同步转型的历程中,司法面临着社会因变迁而不断涌现出的新情势、新气象,而社会对司法的诉求也日益呈现出多样化的趋势。在此语境下，如果司法欲求与社会的融洽就不得不考量自身对社会的回应能力与回应力度，将自己嵌入社会系统加以审视，接受社会系统的“激扰”。也正是这些新情势、新气象才进一步增强了中国司法回应社会的必要性，[①]进而成为提升中国司法回应能力以及高质量发展的基本出发点。[②] 正如古人“循天道、因民情、随时变”[③]的智慧总结，司法应遵循基本的规律，立基于人民的多元利益诉求，跟随时代的脉搏和社会变迁的步伐。此总结虽具有时代背景性，但在当下看来却具有超时空的意义和价值。具体原因如下：

第一，信息科技以及人工智能的日新月异使得司法面临着司法效率和司法正义供给能力的拷问。随着信息技术发展的方兴未艾和人工智能的异军突起，社会对司法大数据、云计算、语音识别系统、在线诉讼、区块链证据等智慧法院建设的呼声也越来越高。特别是在人工智能进入司法裁判领域以后，它对司法裁判程序的标准化以及对法官自由裁量的理性化都提出了较大的挑战。[④] 如果司法在滔滔的新科技洪流中不能适当地回应社会的欲求以及作出适当的调试，以提高司法效率和司法公正的供给能力，那不仅意味着中国司法将与社会诉求严重脱节，而且还会进一步强化社会公众对司法“充满懒惰”“效率低下”“技术落后”等的不良印象和消极评价，从而影响司法公信力和司法权威性。

第二，社会公众新型（兴）权利诉求不断涌现并且希冀得到司法的权利确认。随着社会逐步进入多元化以及主体意识的增强，与“胚胎继承权”“同性婚姻合法权”“道路通行权”“休息权”“健康权”“被遗忘

---

① 甚至有学者认为现代社会的复杂性直接决定了现代司法的发展样态。〔美〕理查德·波斯纳：《波斯纳法官司法反思录》，苏力译，北京大学出版社 2014 年版，第 5—14、67—119 页。

② 公丕祥：《社会主要矛盾变化：新时代人民司法的高质量发展》，载《浙江大学学报（人文社会科学版）》2019 年第 1 期。

③ 《商君书·更法》。

④ 冯洁：《人工智能对司法裁判理论的挑战：回应及其限度》，载《华东政法大学学报》2018 年第 2 期。

权”“基因权”“数据权”“接吻权”“悼念权”“环境权”等新型权利有关的观念与话语也不断涌现。“新兴权利的产生在根本上乃是因社会的发展而在法律制度需求上的‘自然’反应，而新兴权利与旧有权利之间的冲突和协调不仅始终贯穿于法律权利实践的始终，而且彰显着权利发展的真实样态。”[①]面对纷繁复杂的新型权利样态，司法不可能也不应该置之不理。司法应该以一种积极的态度依据法律对这些新型权利样态加以甄别或袪除，对它们从生活中加以推定或反驳，从司法技术上加以确认或转化，从而确认规则甚至输出规则，发挥对社会正义的认同能力以及建构能力。[②] 其实，司法对社会公众新型权利的回应也是在关注社会公众的生存状态和内在需求，通过一个公共性的平台为普通大众提供表达的渠道，彰显人民的主体地位和主体性价值。[③]

第三，“道德/情感仍然是中国社会秩序原理的重要诉求。”“社会公平正义的诉求仍然占据突出的位置。”[④]而“判决是法官对社会价值加以界定的社会过程”[⑤]，所以司法对社会的回应在很大程度上就是对社会价值观念的回应。但是，法典中的“抽象共识”和具体个案的“具象共识”永远存在一定的张力与背反。如何弥合二者之间的紧张关系着实考验司法对个案以及社会的回应能力。这时“一种现实主义精神应当在目前的规则和目前的需要之间带来一种和谐”[⑥]。这就要求法官在坚持法治理想主义的同时，也要以一种现实主义的眼光来审视这个社会，将逻辑与经验结合，从而实现理想与现实的平衡，促成法律目

---

① 姚建宗：《新兴权利论纲》，载《法制与社会发展》2010 年第 2 期。

② 从这个意义上讲，诉讼可以被视为一种有计划地、可控性地、累积性地推进社会变迁的方式、工具或策略。〔美〕史蒂文·瓦戈：《法律与社会（第 9 版）》，梁坤、邢朝国译，中国人民大学出版社 2011 年版，第 248—257 页；申伟：《转型中国司法问题的时间语境》，载《社会科学论坛》2016 年第 12 期。

③ 周祖成、祁娜娜：《能动司法：型构“善政”政治图景的司法哲学——从沃尔夫〈司法能动主义〉的民主与善政谈起》，载《政法论丛》2013 年第 3 期。

④ 杜宴林：《司法公正与同理心正义》，载《中国社会科学》2017 年第 6 期。

⑤ 〔美〕欧文·费斯：《如法所能》，师帅译，中国政法大学出版社 2008 年版，第 3 页。

⑥ 〔美〕本杰明·卡多佐：《司法过程的性质》，苏力译，商务印书馆 1998 年版，第 99 页。

的实现语境下的“法律生长”。

从传统社会延至当下转型社会，中国民众历来承袭了儒家的实质正义观，虽然肇始于近代的法律移植在一定程度上引入了程序正义的理念和制度，现有的法律制度和司法制度也不同程度地加以接受并且正在实践程序正义，这些也彰显了程序正义的独立价值，但社会公众并未完全抛弃“情理型实质正义”的追求传统。从传统社会的“法无外乎人情”“出于天性，顺乎人情，则为良判”，到陕甘宁边区的“马锡五审判方式”“群众路线”等新传统，再到现代司法的“法律效果和社会效果的相统一”命题，以及最新的“要努力让人民群众在每一个司法案件中都感受到公平正义”的表达，虽然只是转换了表达的方式和条件，但是无一不彰显出社会公众对实质正义的追求。[①] 因此，仅仅追求法律效果或者社会效果都是片面的，在法律的框架内谋求社会效果的最大化、法律效果得到社会效果的真正检验和认同才是最优的路径。[②] 换言之，司法需要通过抽象的规则来回应社会的实质正义之具体诉求，注重司法政策的规范化表达，只有将形式法治与实质法治相结合，才能提升社会认同基础上的司法权威性和司法公信力。

第四，在社会结构化的过程中，很多诉讼不再是单纯地解决纠纷，而是夹杂了制度性变革或者政策性改革的诉求。而这种诉讼背后折射出的往往是社会的结构性问题，它不再局限于纠纷双方的界限内，而是非可辨识个体集合的团体，涉及的利益也往往与深深嵌在这个结构中的每个社会个体休戚相关，美国学者欧文·费斯将其称为“结构性诉讼”(structural litigation)[③]。司法对于“结构性诉讼”的回应，在一定程度上缓解了背后社会公众的压力，虽相对于立法的回应而言，

---

① 西方的法谚“迟来的正义是非正义”，到了中国则被本土化为“正义可能会迟到，但是永远不会缺席”。可见，西方社会的程序正义对中国社会公众来说还是具有很强的建构性，甚至有些程序正义下的结论与中国惯有的日常道德规范相背。

② 江国华：《审判的社会效果寓于其法律效果之中》，载《湖南社会科学》2011 年第 4 期。

③ 对此，本书第一章已经论及。〔美〕欧文·费斯：《如法所能》，师帅译，中国政法大学出版社 2008 年版，第 22—36 页。

由于能力所限,司法回应面向的范围与广度尚显不足,而且常常只是局限于最高人民法院,但是司法判决的作出具有极高的行动现实性和生活亲近性,是一种近距离的表达,可以直接与社会公众的未来行动建立联系以提供行动指引,因为司法判决就是一个个鲜活的社会公众参与的案例样本。

因此,如果把纠纷的解决看成是多个主体在司法场域中的关系对比,那么在结构性诉讼当中,“不在场”的关系往往超越“在场”的关系丛,因为此类案件背后涉及一系列的隐性人员或者机构,“不在场”的关系通过“在场”关系得以表达,其可动员的社会资源要更加丰富。虽然这种法律制度化的改革或者社会结构性问题的解决诉求,仍以维权或是免予处罚作为动力,但也正是因为这股动力的存在,与其说个案把推动法律制度的变革或者社会治理方式的完善作为目标,不如说在个案中因为权益的维护动力触动了法律制度变革或者完善社会治理方式的启动装置。换言之,正因为个案中夹杂着案中人或者案外人、机构的相关利益,所以才会动员一切个人资源或者社会力量去取得诉讼的胜利而弥补自身损失或者获得人身自由以正其身。不管是促进法律制度的良性发展还是助推社会治理方式的良善治理,它们虽是个案的附带性产品,也并非一开始的结果预期,但是这些附带性的产品因其令世人惊讶而获得了标志性的赞誉。[①] 而这种标志性的赞誉也往往标志着相关社会性结构问题得到某种程度的解决。

第五,法治是一种通过简约规范应对复杂社会和“以不变应万变”的治理方略,[②]而司法就是其中的应用规则主体之一。在处理纷繁复

① 比如,在“孙志刚案”的推动下,国务院废止了《城市流浪乞讨人员收容遣送办法》,重新制定了《城市生活无着的流浪乞讨人员救助管理办法》。再如,具体到司法领域,在一系列夫妻债务共同承担的案件中,很多当事人无故背负巨额债务,这些判决因此广受诟病。鉴于此,最高人民法院在 2017 年 2 月 28 日发布了《关于适用〈中华人民共和国婚姻法〉若干问题的解释(二)的补充规定》,进一步明确了夫妻债务承担问题。

② 陈金钊:《法律如何调整变化的社会——对“持法达变”思维模式的诠释》,载《清华法学》2018 年第 6 期;陈金钊:《法律如何调整变化的社会——对“以不变应万变”思维模式的诠释》,载《扬州大学学报(人文社会科学版)》2018 年第 5 期。

杂的社会案件时，虽然法律实在论的立场对社会既有秩序进行了某种抽象程度的行为类型化和化约，但这是建立在社会关系相对同质化的预设基础之上的，势必会面临社会现实以及特定文化情境所产生的鲜活的、生动的反思性追问，而其中的答案可能无法直接从现有的法律体系中找到，因此需要司法通过自身的智识来回应时代的呼声与诉求。因为作为司法裁判依据的法律本身具有立法不完善、语言模糊等局限，而且司法又必须遵循"不得拒绝裁判"的基本原则，所以即使在面临以上境遇时，司法也必须发挥主观能动性，对社会的复杂性、情境性进行回应。也正是法律中存在着哈特所说的"开放结构"①、卡多佐所讲的"法律的空缺地带"②或者某种意义上的"不完整契约"③，才拉大了法律与社会的距离，但是"规则不会脱离赋予其含义的社会语境而独立存在。无论它可能是别的什么，法治是一种社会实践"④。因此，作为法治一部分的司法回应社会的过程也就变成了一个不断根据时下情境弥合法律与社会差距的历程。⑤

现代社会是一个逐步走向高度功能分化的社会，各个领域的界限区分更加明显，法律系统与社会系统、道德系统的差异化也进一步彰显出来，它们之间不再是中国传统社会上的"礼法合一"之下的"意义

---

① 〔英〕哈特：《法律的概念》，张文显等译，中国大百科全书出版社 1996 年版，第 124—129 页。

② 〔美〕本杰明·卡多佐：《司法过程的性质》，苏力译，商务印书馆 1998 年版，第 70 页。

③ Arthur Dyevre, Unifying the Field of Comparative Judicial Politics: Towards a General Theory of Judicial Behavior, *European Political Science Review*, Vol. 2, 2010, p. 311.

④ 〔美〕络德睦：《法律东方主义——中国、美国与现代法》，魏磊杰译，中国政法大学出版社 2016 年版，第 13 页。

⑤ 关于法律与社会存在差距这一问题，以弗兰克、卢埃林为代表的法律现实主义者"走得太远"，以至于完全忽视了法对社会的有效形塑作用，他们极端地坚持法律必须服从社会现实实践，过分注重法律的外生因素，没有关注到或者有意放弃了法与社会的双向互动。〔美〕卢埃林：《普通法传统》，陈绪纲等译，中国政法大学出版社 2002 年版；〔美〕杰罗姆·弗兰克：《初审法院——美国司法中的神话与现实》，赵承寿译，中国政法大学出版社 2007 年版。

通透”关系。[①] 而这又进一步拉大了司法与社会之间的隔阂，当立法已经完成的那一刻，弥合二者的任务就落在了司法者身上，司法需要与社会产生互动，更需要回应社会的诉求。在此意义上讲，司法的社会回应力是立法的社会回应力的功能补充和自然延伸。

第六，司法回应社会的过程也是司法功能得以发挥、释放，弥补法律漏洞、填补法律空白，不断与社会亲近以及实现“自我反思、自我矫正”的过程。司法回应社会的能力在不断回应社会的过程中逐步积累，司法也正是在回应的过程中对社会产生一定的适应能力和治理能力。“它（一个回应的机构）把社会压力理解为认识的来源和自我矫正的机会。”[②]进而实现司法和社会动态意义上的互动平衡。恰如卡多佐所提倡的，司法判决应反映时代影响、社会、商业以及政治当前的状况。[③] 司法不可能躲在一个真空中作出判决，其判决的作出与社会当下的情境密切相关，这也是司法参与社会治理以及进行社会控制的正当形式。而且，这种通过司法的社会治理或者回应性控制打破了过去政府主导的“压制式”管理和统治，转变为了听取当事人以及两造的说服，即在一种“沟通理性”[④]的司法剧场下作出某种判决。这能在减少社会误解的基础上提升司法的社会认同，毕竟很多情况下确实正如德沃金所言的：“任何国家部门都不比法院更为重要，也没有一个国家部门会像法院那样受到公民那么彻底的误解”[⑤]。

总之，社会的需要和社会的意见常常是或多或少地走在法律的前面，我们可能非常接近地达到它们之间缺口的结合处，但是永远的趋势是要把这个缺口重新打开，因为法律是稳定的，而我们所谈到的社

---

① 伍德志：《文盲、法盲与司法权威的社会效力范围变迁》，载《法学家》2019 年第 3 期。

② 〔美〕P. 诺内特、〔美〕P. 塞尔兹尼克：《转变中的法律与社会：迈向回应型法》，张志铭译，中国政法大学出版社 2004 年版，第 85 页。

③ 〔美〕本杰明·N. 卡多佐：《法律的成长　法律科学的悖论》，董炯、彭冰译，中国法制出版社 2002 年版，第 66 页。

④ Jürgen Habermas, *The Theory of Communicative Action: Reason and the Rationalization of Society*, Thomas McCarthy (trans.), Beacon Press, 1984, pp. 35-102.

⑤ 〔美〕德沃金：《法律帝国》，李常青译，中国大百科全书出版社 1996 年版，第 10 页。

会是进步的。[①]所以“法律机构应该放弃自治型法通过与外在隔绝而获得的安全性，并成为社会调整和社会变化的更能动的工具。在这种重建过程中，能动主义、开放性和认知能力将作为基本特色而相互结合”[②]，从而通过司法的社会回应形成规范司法与社会的一种“反思性互动”。通过这种“反思性互动”，司法可以反思自身的完整性和开放性以及与社会之间的距离，反思自身回应能力和回应力度所存在的机会主义以及特定目的支配下的合理性与公共性；社会则可以反思自身需求的内在正当性和合理性，甚或在一定意义上实现对司法回应情形的深刻理解，或者同情式理解。

第七，中国司法回应社会的政法传统以及转型时期的独特政法体制构成了中国司法回应社会的政法体制根源。在理论上，本来政治权力只是通过立法的方式来约束司法，即政治意志影响法律，法律制约法官，法官发现法律问题，反过来在既有法律架构内形塑新的法律或者形成形塑新法律的诉求和建议，然后反馈给立法部门，从而在政治意志的加入下通过修订法律完成一个循环。但是事实上，中国司法一直就有回应社会的传统，不管是韦伯意义上中国传统社会的“卡迪司法”，还是陕甘宁边区实践的司法群众路线，以及一直延续至当下的回应话语及其实践，[③]政治权力在现实中除却法律手段外还通过其他各种方式来影响司法，推进各种政策的实施。如果对此从制度根源上加以追问的话，这很大可能源自转型时期的政法体制。

虽然也有学者对我国的政法体制有所阐释，认为我国逐步形成了“块块”关系上的同级党委领导、“条条”关系上的党中央权威和集中统一领导与党内分级归口领导的政法体制，[④]但是这只是一种静态的归

① 〔英〕梅因：《古代法》，沈景一译，商务印书馆 1959 年版，第 15 页。

② 〔美〕P. 诺内特、〔美〕P. 塞尔兹尼克：《转变中的法律与社会：迈向回应型法》，张志铭译，中国政法大学出版社 2004 年版，第 82 页。

③ 郭京霞等：《着力回应人民群众对司法新要求新期待》，载《人民法院报》2018 年 5 月 24 日第 1 版；张素：《中国最高法：以更积极的态度回应社会关切》，http://news.sina.com.cn/o/2018-05-07/doc-ihacuuvu6424200.shtml，2019 年 5 月 30 日访问。

④ 侯猛：《当代中国政法体制的形成及意义》，载《法学研究》2016 年第 6 期。

纳。如果用一种动态的视角审视我国的政法体制,正如有学者所言,中国的政法体制正面临着“卡理斯玛型权威”向“法理型权威”的转型,旧有的“卡理斯玛型权威”不断式微而造成传统上要求社会大众无条件“政治服从”的政治组织和意识形态机制条件已不存在,但是“法理型权威”尚未塑造完成,所以又无法通过普遍主义的“服从法律”来赢得社会公众的信任。在此境遇下,随着社会对司法正义欲求的逐步积累,政治官僚体制在“讲政治”与“讲法律”之间的紧张呈现为外在的公共性危机,进而演变为“信访不信法”“舆论审判”“民粹主义”等诸多棘手社会问题的体制性根源。[①] 甚至,在当下的实践中,这种政法体制下的司法与政治、社会的复杂关系逐渐演变为了公众不断为“权利”而斗争的“隐性意识形态”,“既然这个‘青天’解决不了问题,就找另一个更大的‘青天’”[②]。正是这种“清官文化”[③]的蔓延,衍生了大量的涉诉信访,造成了涉诉信访难以终结、司法判决既判力尽失。

也正是因为存在这种转型体制特性,中国司法不得不在承担着“案结”责任的同时,还要做到“事了”;不仅要处理纠纷解决还要大量负责政策实施,即中国法院除了要在法律意义上解决纠纷外,还担负着事实纠纷解决或者对背后社会进行治理的溢出性使命,但后者多为法院会同党政机关或者其他社会组织、团体的协作式承担。[④] 由于转型时期的中国政法体制处于“体制性捆绑”[⑤]的状态,所以中国司法往往不过分强调独自、独立运行,而是嵌入整个政法体制当中进行整体

① 陈洪杰:《转型社会的司法功能建构——从卡理斯玛权威到法理型权威》,载《华东政法大学学报》2017 年第 6 期。

② 殷勤:《论法官的公共理性》,载《人民司法(应用)》2016 年第 22 期。

③ 徐阳:《“舆情再审”:司法决策的困境与出路》,载《中国法学》2012 年第 2 期;方乐:《司法行为及其选择的文化注释——以转型司法中的中国法官为例》,载《法律科学(西北政法学院学报)》2007 年第 5 期。

④ 这在湖南省娄底市中级人民法院通过《致九龙广大债权人的一封公开信》来回应债权人诉求这一事件中体现得淋漓尽致。《湖南九龙集团破产重整:请看娄底中院这份情真意切的司法沟通样本》,http://www.sohu.com/a/233693286_793029,2019 年 6 月 2 日访问。

⑤ 马长山:《公共领域的兴起与法治变革》,人民出版社 2016 年版,第 342—343 页。

性、协作式的运作。[①] 在司法自主性相对不足的环境中，司法与政治往往密切联系，甚至后者决定了前者的广度和深度，呈现出一种“政治话语—司法理念—司法行为”的三位一体模式。[②] 司法回应社会也就进而成为司法对政治的一种响应方式，其本质上是政治通过体制性捆绑中的司法这一中介装置对社会加以回应。也正因此，为中国司法回应社会留下了很大的体制空间，司法回应社会在很大程度上变成了在完成“司法的政治响应”这一政治任务的基础上所产生的附带效应，而且这种附带效应又可以产生很大的共享红利，所以在转型时期还具有很强的生命力以及制度惯性下的路径依赖。

综上，转型时期中国司法回应社会有多重合力的助推，宏观上可以总结为四个原因：转型社会的内在需求、法治自身的简约属性、司法功能的实现方式、政法传统的路径依赖。由于这些原因的存在，其中所涉及的因素也就同时成为当代中国司法回应社会的实践动力。

第二节　当代中国司法回应社会的运作机理

关注中国司法回应社会，必须要弄清两个问题：一是必须要分清司法回应的多重意涵。它不仅包括法院对社会的回应，也蕴含了法官对于社会的回应。因为从内部构成上看，狭义上的司法可以进一步分解为个体意义上的法官与组织结构意义上的法院，二者在司法系统当中有不同的表现方式。[③] 具体而言，个体意义上的法官是法院组成的

---

① 陆永棣：《从立案审查到立案登记：法院在社会转型中的司法角色》，载《中国法学》2016 年第 2 期。

② 刘斌：《“自治”与“回应”：中国法院司法风格调整的评估与反思》，载贺荣主编：《公正司法与行政法实施问题研究——全国法院第 25 届学术讨论会获奖论文集（上）》，人民法院出版社 2014 年版，第 34—41 页。

③ 我国《法官法》对法官个体的若干事项给予了规定，而《人民法院组织法》则对法院的组织结构作出了各种安排。《宪法》第 131 条规定，人民法院依照法律规定独立行使审判权，不受行政机关、社会团体和个人的干涉；《法官法》第 1 条规定，保障人民法院依法独立行使审判权，保障法官依法履行职责。

最小单元，是法院开展日常审判活动、发挥司法功能的基本主体。而法院是一个有着复杂内部结构的组织。换言之，法院是作为组织结构意义的一种存在，[①]它有自身独特的组织目标和信息沟通方式。因此，司法回应社会囊括了整体法院组织的角色回应和法官个体的角色回应两个维度。前者顺应了司法情境的社会性，后者侧重发挥法官个体的主体性；前者主要集中在非裁判权的运用，而后者主要集中于裁判权的行使。但是二者都在不同程度上表达着司法整体的形象，不能将司法对于社会诉求的回应仅仅局限于审判过程和结果当中，也不能将视野仅仅局限于法官个体，而是也要关注法院组织整体的回应努力。二是学者在关注中国司法时，会把目光聚焦在各级人民法院（基层、中级、高级或最高人民法院），至少不只是关注最高人民法院；而在关注美国的法院时，却把精力集中在联邦最高法院，并且下意识地将二者（集中体现在将中国基层人民法院与美国联邦最高法院对比上）办理的案件裁判结果或者所发挥的功能进行对比。进而将美国联邦最高法院作为一种"想象"的他者，而把自身视为一种"虚构"的自我，殊不知，这已经走入参照系错误陷阱，极易造成中国司法"孱弱"，西方司法"强硬"的"田忌赛马式"的错误印象。因为很显然，不同级别法院由于在资源配置方面存在差异，其审判能力、治理能力以及回应社会的能力也会存在很大的不同，更不必说中西方在政法体制上还有很大的区别。

在避免了以上两个容易陷入的误区后，我们可以根据现有的司法实践以及司法理论总结出如下中国司法回应社会的基本运作机理：总体而言，司法回应社会一方面体现在司法对社会因变迁、转型而出现的新事物、新技术、新诉求要有所回应；另一方面指向法官对社会公众关于某种确定价值、权利的追求或者不确定价值、权利的议论给予法律确认、案例固化或者作出价值与制度的引领。二者不是单向的供给

---

① 张洪涛：《司法之所以为司法的组织结构依据——论中国法院改革的核心问题之所在》，载《现代法学》2010年第1期。

侧与需求侧的关系，而是互动式的双向考量，司法要考虑社会回应的必要性以及自身回应能力的强弱，社会则要衡量司法的回应能力以及自身诉求的合理性与正当性。也正是在这种换位思考的双向互动下，司法与社会的关系将更为紧密、更能相互理解，也更为亲近。本质上，司法对社会进行回应从而实现司法公正以及社会公正的过程仍是富勒(Lon L. Fuller)主张的法律规则治理下的目的性事业。[①] 具体而言，中国司法回应社会存在以下运作机理：

第一，中国司法回应社会中最为根本的也最为基本的方式就是法官通过以“司法裁决”为核心的司法产品的持续供给，实现供给侧与需求侧的动态平衡。因为审判是法院最核心的任务，[②]所以司法回应社会最核心的方式就是司法裁判，司法裁决成为司法向社会输出正义的核心载体，亦即“通过审判回应社会”“通过司法裁决产品回应社会”。西方有谚语云：“正义如果有声音的话，那么裁判才是正义的声音。”换言之，“法不是通过全部准则来表现，而是通过全部判决来表现的。”[③] 甚至可以说，人们评价一个社会的法治水平或者社会秩序的状况，基本依据不在于该社会冲突发生的激烈程度，而在于诉讼对于此类冲突的排解能力和效果。[④] 而这种能力和效果的呈现又往往通过社会公众对司法裁决的认同程度得以体现：效果越好，认同程度越高。虽然司法如何裁决直接决定了相关利益群体的权益分配，但是这种司法产品的供给是以一种“矫正正义”的方式而不是“分配正义”的方式对社会进行回应。在这种司法产品的不断供给中，社会对纠纷解决的诉求会被逐步满足，从而实现社会管理创新和社会治理。

回应社会的任务本来主要由立法承担，但是依据法律进行裁判的法院可以作为法律回应社会的延伸机构，通过更加贴近社会大众切身

---

① 富勒关于法律规则治理下目的性事业的论述，见〔美〕富勒：《法律的道德性》，郑戈译，商务印书馆 2005 年版，第 124—125 页。

② 罗杰·科特威尔曾鲜明地指出：“法院的主要功能就是处理诉讼，几乎是普遍的观点。”〔英〕罗杰·科特威尔：《法律社会学导论》，潘大松等译，华夏出版社 1989 年版，第 238 页。

③ 〔德〕H. 科殷：《法哲学》，林荣远译，华夏出版社 2002 年版，第 42 页。

④ 顾培东：《社会冲突与诉讼机制(修订版)》，法律出版社 2004 年版，第 18 页。

利益并且具有外部性的司法裁判来回应社会,即通过个案正义来实现社会正义,而社会正义又孕育在个案正义中。个案正义虽只局限于回应本案的当事人,但是在个案中达成的司法判决共识具有个案发轫的信号示范效应。这种示范作用主要体现在"同案同判"以及对未来行为的"期待可能性"上。① 也正是这种个案正义的示范效应将整个社会引向了普遍正义的境地,实现了一般规则与个案情景之间的双向考验,并使得司法回应社会得以平等化地呈现,进而完成了从抽象到具体,再从具体到抽象的考验式升华。司法通过个案判决对立法内涵不断进行转换,从而保证法律紧跟社会变迁的步伐,并满足了社会公众对稳定规范性预期的诉求。②

第二,中国司法通过新兴技术的应用与创新发展,以及技术运用基础上的规则治理和制度建构,以提升司法效率和司法正义供给能力的方式来回应社会。新技术的应用作为一种新时代的工具理性,在逐步制度化的同时,也推进了司法的信息化、可视化、标准化以及智能化,进而促进了审判体系和审判能力的现代化。包括裁判文书网、庭审直播网、网络查控系统、在线送达、科技法庭、互联网法院、办案辅助系统等在内的智慧法院建设,不仅展现了技术在司法审判和内部管理中的功能,还在一定程度上因为并非"凡事躬亲"而促进了法官的"解放"。社会多元主体需求信息的及时收集让法院处于更加主动的地位,司法信息及时公开拉近了司法与社会公众的距离,科学化管理提升了司法效率与司法正义的供给能力,进而增强了司法及时回应社会

① 黑格尔曾表示:"个别事件就其特殊内容来说诚然只涉及当事人的利益,但其普遍内容即其中的法和它的裁判是与一切人有利害关系的。"〔德〕黑格尔:《法哲学原理》,范扬、张企泰译,商务印书馆 1961 年版,第 232 页。

② 陆宇峰:《走向"社会司法化"——一个"自创生"系统论的视角》,载《华东政法大学学报》2012 年第 3 期。

的能力。[①]

第三,中国司法通过对“习惯权利”以及“新型(兴)权利”的认可或者不予支持来回应社会。如前文所述,司法回应社会的实质体现在它本身所包含的社会问题司法化的过程中,即通过司法场域对社会问题的反映与集中进行诊断与解决,将社会矛盾或者诉求通过司法程序、司法技术的方式加以化解,而这就涉及法院的受案范围以及对诉讼请求的甄别。受案范围其实是司法回应社会的一个重要窗口,不能过大,也不能过小,要保持一定的“适格性法则”,因为绝大多数纠纷都能通过自身“免疫系统”来消解,或者通过行政等非诉讼手段解决,只有为数不多的案件适合由法院进行裁量。[②]

立案登记制度的确立在一定程度上确实降低了司法化的门槛,并且刺激了社会公众的司法需求,但这并不意味着所有的“习惯权利”以及“新型权利”都能够进入法官的视野,它们还是会面临庭审标准的实质性审查以及以法律规范为核心标准的司法裁量。之后这种孕育于社会秩序的“习惯权利”和“新型权利”才能通过司法裁决的方式加以确认或者否决。在此过程中,法官可能通过法律解释、法律修辞、法律论证等司法技术实现“新型权利”与原有权利的对接,[③]也可能运用同样的司法技术将其排除于原有的权利体系,但不管是认可还是各种形

---

① 比如,时任最高人民法院院长周强在最高人民法院网络安全与信息化领导小组2018年第一次全体会议上强调,要坚持以人民为中心的发展思想,加快智慧法院建设,努力满足人民群众多元司法需求。要积极适应社会主要矛盾新变化,通过信息化手段不断提高诉讼服务水平,促进诉讼服务中心转型升级,为人民群众提供线上与线下结合、形式多样、快速便捷的司法服务。要坚持现代科技与司法规律深度融合,构建智慧法院审判运行新模式,把现代科技从强调工具性的浅层运用推向更深层次的规则治理和制度构建,实现诉讼制度体系在信息时代的跨越发展。要充分挖掘利用司法大数据,有效服务司法管理和社会治理。《坚持以人民群众需求为导向 加快智慧法院建设》,https://www.chinacourt.org/article/detail/2018/04/id/3256577.shtml,2019年4月4日访问。

② 江国华:《常识与理性:走向实践主义的司法哲学》,生活·读书·新知三联书店2017年版,第55—58页。

③ 见中国被遗忘权第一案“任甲玉诉北京百度网讯科技有限公司案”,北京市海淀区人民法院(2015)海民初字第174117号民事判决书;余煜刚:《司法视域下“被遗忘权”的逻辑推演与论证建构——以我国首例“被遗忘权”案的分析为切入点》,载《北方法学》2018年第2期。

式下的不予支持，其背后除了对法律因素的考量，还可能涉及对道德权利、善良风俗、社会秩序等“法律目的性”及“实质正义”因素的权衡，甚至囊括了对法官司法伦理、司法良知的考验。

第四，司法通过执行国家公共政策、制定司法政策及司法解释、提出司法建议等参与社会治理、社会管理创新的“政策/制度执行”或者“政策/制度制定”方式来回应社会。① 中国司法镶嵌在中国社会的这片土壤当中，已经成为社会治理的一部分，除却通过特定司法裁决把国家公共政策加以内化执行之外，司法本身也在抽象的层面制定出司法政策及司法解释，或者向有关部门提出司法建议。司法的公共政策执行关注的是司法的政治化问题，亦即把政治因素嵌入司法决策当中。正如有学者提及的那样：除非把法院带进来，否则政治的解释将是不完整的；②司法政策和司法解释可以弥补法律本身的漏洞，解除法律建构秩序相对于演进秩序的局限，进一步指导和规范法官的裁判过程。③ 司法建议可以通过间接的方式促使其他相关部门对当事人结构

① 具体过程的分析，见孟融：《我国法院执行公共政策的机制分析——以法院为“一带一路”建设提供保障的文件为分析对象》，载《政治与法律》2017 年第 3 期；李大勇：《最高法院行政诉讼司法政策之演变》，载《国家检察官学院学报》2015 年第 5 期；胡岩：《司法解释的前生后世》，载《政法论坛》2015 年第 3 期；郑智航：《法院如何参与社会管理创新——以法院司法建议为分析对象》，载《法商研究》2017 年第 2 期；郑智航：《国家建构视角下的中国司法——以国家能力为核心》，载《法律科学（西北政法大学学报）》2018 年第 1 期。

② Epstein Lee, et al., The Role of Constitutional Courts in the Establishment and Maintenance of Democratic Systems of Government, *Law & Society Review*, Vol, 35, 2001, pp. 117-120.

③ 比如，最高人民法院 2017 年发布的《最高人民法院关于适用〈中华人民共和国婚姻法〉若干问题的解释（二）的补充规定》，进一步弥补了婚姻法中的漏洞，合理解决了夫妻债务承担的问题；最高人民法院、最高人民检察院 2018 年发布的《关于涉以压缩气体为动力的枪支、气枪铅弹刑事案件定罪量刑问题的批复》，就是对现实司法实践中机械地理解法律、适用法律，造成判决结果违背社会公众基本正义直觉的社会效果的调试；最高人民法院 2019 年发布的《关于依法妥善审理高空抛物、坠物案件的意见》给人民生活中日益增多的高空抛物、坠物侵权、犯罪案件的审理提供了指导。

性诉求下的司法产品进行供给。[①] 由此参与到社会制度的塑造过程中，间接地对社会公众行动的制度环境以及行为预期进行形塑、引导和规制，进而在一定程度上实现通过司法的社会转型与治理。

第五，中国司法通过司法裁决对社会公众的基本常识、生活情理以及公序良俗等人类社会共同价值进行确认、固化，并对"向善天性"进行激励，以创造良好"自治、德治、法治"之治理氛围的方式来回应社会。热点案件之所以能吸引不同主体的持续关注，往往是因为这种类型的案件背后透露出了某两种或者几种观念之间的巨大错位以及社会结构性因素而引起的矛盾冲突。司法如果要在一个具有结构分化和自主化相对复杂的转型期起到维护社会稳定的作用，就必须要发挥法官作为社会"卫士"的作用。[②] 在一个意思自治、行为自由、责任自负的现代社会，司法判决应该引导、弘扬人类的共同价值和良好本性，践行社会基本良善价值守护者的司法伦理责任。"行善避恶是一切人自然地和毫无差错地作为一个不言而喻的原则而共同具有的唯一实际知识，它是人们依靠有关概念来理智地加以认知的。"[③]司法判决作为法律核心价值的公共传递机制，一方面是在营造一种"守法者昌"的良好氛围和制度环境；另一方面，是法官以法律为衡量标准对社会价值加以界定的社会过程，法官通过司法判决持续地确认以及释放法律内部蕴含的价值来促进社会共识的不断达成。

第六，中国司法通过司法裁决塑造公众法治观念，并以明确司法未来指向性以及促进法治文化社会化的引领方式来回应社会。通过司法判决塑造公众法治观念，就是从主观影响客观行动的视角来促成

---

① 比如，重庆市北碚区人民法院在审理社会保障行政确认案件过程中，针对该区人力资源和社会保障局在办理确认工伤案件过程中存在的一些普遍性问题向该局发出司法建议书，建议严格按照《工伤保险条例》进行工伤认定。该区人力资源和社会保障局在收到司法建议书后，按照《工伤保险条例》和《重庆市工伤保险实施办法》的要求制定了《北碚区工伤认定业务流程及标准》。郑智航：《法院如何参与社会管理创新——以法院司法建议为分析对象》，载《法商研究》2017 年第 2 期。

② 王申：《法官的实践理性论》，中国政法大学出版社 2013 年版，第 10 页。

③ 〔法〕马里旦：《人和国家》，沈宗灵译，中国法制出版社 2011 年版，第 78 页。

社会公众法治观念、法律行为的改变。在面临社会公众传统观念与现代法治观念存在隔阂，以及法治观念社会化事业未竟的两大背景下，通过司法裁决塑造公众法治观念不仅可以弥合传统思维与现代法治的鸿沟，同时也可促使社会公众摒弃传统感性思维，[①]树立现代法治观念，从而促成价值的重建并达成共识。[②] 通过司法判决塑造公众法治观念发挥的是司法对社会的引领作用，这不仅是一种法官自主意识的体现，更是一种根据具体情境进行均衡和裁量的空间，“这个法的空间既相对独立于国家和社会，同时又将这两者有机地结合起来……”[③]当然，这不一定建立在满足社会当下欲求的基础上，在社会公众对案件解决没有诉求的时刻或者社会公众对司法寄予的厚望无法达成共识时，法官也可以以一种引领制度发展或者引导价值观念的主动意识去裁判案件。

这种司法对社会的引领式回应多体现于现有秩序的空白领域，这可能表现为制度规范领域的空白，也可能呈现为观念秩序的不确定状态。有法院人士将其概括为四类：原有规则不合理带来的不公平需要司法予以弥合——创新思维，摆脱惯性思维；对人们日常交往模式将产生重大影响的典型案例如何处理需要司法审慎应对——全局考虑，切忌就案判案；新的社会现象带来的社会矛盾需要司法予以回应——开阔眼界，不能简单思维；法、理、情如何在具体个案中达至最佳平衡点需要司法予以回应——融情于法，避免机械司法。[④] 因为这在很大程度上涉及司法对规则的创造性适用或规则的重新确认，所以通过司法判决的引领进而使得新规则得以确立或者新的法治观念得以塑造

---

① 比如，嫁鸡随鸡、嫁狗随狗的婚姻家庭观；杀人偿命、天经地义的刑罚观；以眼还眼、以牙还牙的报复、惩罚观等。

② 侯明明：《“通过司法判决塑造公众法治观念”命题的逻辑理路》，载《天府新论》2017年第4期。

③ 〔日〕谷口安平：《程序的正义与诉讼（增补本）》，王亚新、刘荣军译，中国政法大学出版社2002年版，代译序第10页。

④ 金民珍、徐婷姿：《回应型司法的理论与实践》，载《人民法院报》2012年11月21日第8版。

的过程，也是法律系统自我修复、自我生长的过程。正是这种积极能动姿态的发挥，使得司法在外部职权配置中更有可能处于融洽或者有利的地位。也恰恰是法官这种引领作用的发挥，才使得司法的功能得以在社会公众的关注下进一步彰显，进而不断塑造着和提升着司法的公信力和权威性。同时，也正是司法判决的这种功能彰显，才让我们将司法裁决的“过程性合意”和“结果性宣示”称为一种在公共空间里的公共知识行动和法律知识转化为生活知识，从而实现司法产品社会化的机制。

第三节　当代中国司法回应社会的基本方式

根据不同的标准可以将转型时期中国司法回应社会的基本方式进行类型化，这些基本类型在各自的领域内可以凸显出司法对社会不同诉求所展现的不同回应能力和回应力度，进而成为透视中国司法能力发挥、职权运行，以及司法与社会以何种方式互动的一个窗口。

一、司法科技应用型回应、司法制度创立型回应与法律价值宣示型回应

近代以来，中国仁人志士为了救亡图存，先后发起过洋务运动、戊戌变法、辛亥革命、新文化运动，这一系列运动呈现出器物—制度—文化与价值观念的路径走向。[①] 类比到当代中国司法，如果把司法对社会的回应看作是司法发动的一次长时段的关于司法权威和司法公信力的“自我拯救”行动，那么可以将这一回应过程划分为司法科技应用型回应、司法制度创立型回应和法律价值宣示型回应。这种划分并非一种线性历史的直观感觉，而是可以在现实司法实践中找到相关的对应物及其具体的行动轨迹。此时，科技、制度与价值已然成为司法回应社会的支撑性媒介。

---

① 关于现代化的历程分析，见金耀基：《中国文明的现代转型》，广东人民出版社 2016 年版，第 29 页。

首先,司法科技应用型回应主要是指随着现代信息技术、人工智能以及其他科技的发展,司法主动地将这些技术应用于法院的日常运作以及裁判流程当中,以实现法院管理以及司法裁判的信息化、标准化与智能化,从而回应社会对司法效率和司法正义供给能力的期待。随着司法改革的进行,我国司法的科技应用型回应也在持续进行。中国司法提出了推进法院信息化建设以及智慧法院建设,逐步建立了科技法庭、互联网法院、诉讼服务网、网络执行查控系统、智慧法院导航系统;实现了网上立案、在线调解、庭审直播、执行直播;使用了庭审语言识别系统、出庭示证可视化系统、人工智能辅助办案系统等技术。科技的应用与创新为司法裁判的社会回应提供了良好的基础条件及回应载体。司法科技应用型回应主要是通过提高司法效率和司法正义供给能力来回应社会诉求,进而体现司法的社会亲和力。

其次,司法制度创立型回应主要指向司法改革背景下的一系列司法制度的建构和完善,通过制度自身的升级从而实现司法回应能力的提升和回应力度判断的理性化。为了推进以审判为中心的司法体制改革,我国司法相继开展了“去行政化”和“去地方化”的若干具体举措。现在看来,很多的措施已经实现了有效的制度化运作。比如,法官员额制、司法责任制、认罪认罚从宽制度、多元化纠纷解决机制、三审合一制等。这些制度的建立与完善为中国司法回应社会提供了良好的制度保障,也正是在这些制度的运作和保障下,中国社会的多元司法诉求得到了常态化回应。

再次,出现了司法科技应用型和司法制度创立型相结合的回应模式。比如,一方面建立中国裁判文书网是互联网技术的应用,另一方面《最高人民法院裁判文书上网公布暂行办法》《最高人民法院关于人民法院在互联网公布裁判文书的规定》等规范性文件的相继发布实施则是司法制度的创立;再比如,杭州互联网法院的建立,其本身就是一种科学技术的应用型回应方式,同时还公布了《杭州互联网法院诉讼平台审理规程》《涉网案件异步审理规程(试行)》等规范性文件。这意味着我国司法实现了司法科技应用型回应的规则化治理和制度性建构，也体现出我国司法正逐步走向更加现代化、法治化的治理模式。

最后，法律价值宣示型回应主要是指法院通过司法裁决对社会公众的基本常识、生活情理以及公序良俗等人类社会共同价值进行规则确认和案例固化，从而通过司法判决向社会宣示法律的内在价值以及未来取向。这种法律价值宣示型的回应一方面是在对人类共同追求的“公共之善”进行确认；另一方面则是试图通过司法判决塑造公众法治观念，实现价值宣示下的观念导引，发挥司法判决对公众未来行为的“信号示范效应”。比较典型的案件，如“山东于欢杀人案”[①]，该案的判决实现了情理因素在正当防卫认定中的嵌入，肯定了亲情伦理传统在罪责刑认定中的价值；又如“电梯内劝勿吸烟猝死案”[②]，该案的判决在一定程度上让“公心善意无后顾之忧”，弘扬了法律激励助人行为并为其提供良善环境的内在价值取向。[③]

二、程序性回应与实体性回应

根据司法采取的是程序措施还是最终发生了实体判决的变化，可以将司法的社会回应分为程序性回应和实体性回应。程序性回应一般涉及决定立案、启动再审、死刑复核、报最高人民法院批准等程序性领域；而实体性回应则多表现为法院对当事人实体性权利义务进行重新配置。

前者比如“汤兰兰案”，自案情曝光之日起就存在诸多疑点，社会公众对此案的议论也颇多，虽存在不确定的社会需求，但是大都希望司法能够给出一个合理的解释或者采取审判监督程序进行再审以回应社会。2018 年 2 月 7 日，黑龙江省高级人民法院就在官网发布消息

---

① 山东省聊城市中级人民法院(2016)鲁 15 刑初 33 号刑事附带民事判决书；山东省高级人民法院(2017)鲁刑终字第 151 号刑事附带民事判决书。

② 河南省郑州市金水区人民法院(2017)豫 0105 民初 14525 号民事判决书；河南省郑州市中级人民法院(2017)豫 01 民终 14848 号民事判决书。

③ 喻中：《劝阻不当行为值得鼓励》，载《人民日报》2018 年 1 月 24 日第 5 版。

称,“我院正在对唐继海等人的申诉依法审查处理”[①],以此回应民众对于此案的疑惑;2018 年 2 月 23 日,申诉当事人陆续收到黑龙江省高级人民法院发来的决定立案再审的消息。这是司法用决定再审的方式回应社会关注的一个例证。

后者比如“内蒙古农民无证收购玉米案”,被告人王立军一审以非法经营罪被判处有期徒刑 1 年,缓刑 2 年,并处罚金 2 万元。被告人未提起上诉,判决生效后,舆论一片哗然,社会公众以及学术界、实务界对此案的社会危害性、刑事违法性和应受惩罚性展开了激烈的讨论。当时,不构成犯罪的观点几乎占据了绝对的上风,一审判决遭到强烈的批评。在这种激烈的议论下,最高人民法院于 2016 年 12 月 16 日依法指令巴彦淖尔市中级人民法院进行再审,[②]最终被告人在实体上被改判无罪。[③] 这是司法进行实体性回应的例证。

除此之外,程序性回应的典型案件还有“山东张志超案”,被最高人民法院指令山东省高级人民法院再审,“江西李锦莲案”被最高人民法院第二次指令江西省高级人民法院再审等;实体性回应往往体现在一系列的冤假错案的纠正上,比如“浙江叔侄奸杀冤案”“聂树斌强奸杀人案”“孙氏三兄弟涉黑案”“卢荣新无罪释放案”等。当然除却冤假错案外,还有上级法院依法改判的案件,比如“天津大妈摆摊射击案”“深圳王鹏鹦鹉案”“山东于欢杀人案”等。

程序性回应相较于实体性回应一般具有前置性,只有在启动了相关的程序性回应之后,才可能进行实体性回应,而实体性回应往往是社会公众最为看重的,所以单独的程序性回应虽然也在发生回应的功效,但有其自身的限度。程序性回应虽是前置性回应,但并非所有的程序性回应都会引发实体性回应,换言之,程序性回应是实体性回应

---

① 《黑龙江高院:对汤继海等人申诉依法审查处理》,http://news.sina.com.cn/o/2018-02-07/doc-ifyrkzqq9089657.shtml,2018 年 3 月 28 日访问。

② 《内蒙古农民收购玉米被判刑 最高法指令再审》,http://news.163.com/16/1230/10/C9HEJ47V0001875N.html,2018 年 4 月 10 日访问。

③ 内蒙古巴彦淖尔市中级人民法院(2017)内 08 刑再 1 号刑事判决书。

的必要条件。从很多启动再审程序但是最终维持原判的案件中就可以看出这一点。此外,这里的实体性回应相对于程序性回应具有多样性,程序性回应一般是相关程序的启动,而实体性回应可以将权利义务进行多样化的组合,既可能是金钱给付的增加、赔礼道歉的添加,也可能是确认行政程序违法,需要重新作出行政行为,还可能是人身自由甚至是生命的剥夺,或是以上各项权利义务某种程度的组合。

这方面比较典型的案例如,在“四川森林失火案”中,被告黎伯伦被判有期徒刑 1 年,缓刑 2 年,并处承担在 2002 年 10 月至 2007 年 8 月期间补种烧毁的林地 30.5 公顷,林木 29848 株;①又如,被告人张顺河因滥伐 345 株树木被判处有期徒刑 3 年,缓刑 3 年,处罚金 2000 元,同时法院判令被告人张顺河限期在指定地点补种成活 500 株同类型树木;②再比如,在“全国首例‘毒跑道’公益诉讼案”中,通过公益捐款这种创新形式承担社会责任,使具有公益性的捐款和惩罚性的款项能够为社会整体环境治理发挥更大的功能,该判决丰富了承担生态环境损害责任的方式;③在“王老吉加多宝红罐装潢纠纷案”中,最高人民法院判决认为原被告双方共同享有“红罐王老吉凉茶”包装装潢的权益,进而实现了共享判决下的“平等保护不同产权”;④在“简阳市政府被诉公告违法案”中,人民法院依法适用了情势判决,既审查了被诉行为的合法性,又确保了公共利益和个人利益的平衡,注意到了已形成的社会公共利益,使近二十年的行政纠纷得到有效化解。⑤ 这些实体性回应足以说明中国司法在回应社会时,是以一种能动的、人本主义

① 《四川一森林失火案宣判 被告 5 年栽树 3 万棵》,http://www.people.com.cn/GB/huanbao/55/20020923/829022.html,2018 年 4 月 10 日访问。

② 《漯河判决一伐木者栽树 500 棵 在河南尚属首例》,http://www.chinanews.com/n/2003-06-27/26/318373.html,2018 年 4 月 10 日访问。

③ 黄洁:《被诉幼儿园公益捐款 10 万元》,载《法制日报》2017 年 4 月 12 日第 3 版。

④ 乔文心:《王老吉与加多宝红罐凉茶包装装潢纠纷尘埃落定——最高法终审宣判双方共享包装装潢权益》,载《人民法院报》2017 年 8 月 17 日第 1 版。

⑤ 《最高法发布 2017 年推动法治进程十大案件》,载《光明日报》2018 年 2 月 2 日第 8 版。

的态度在不断地创新着实体性回应的具体形式的，并最终获得了社会的高度认同。

三、个案个别性回应与类案一般性回应

根据司法对社会的回应是基于个案的回应还是类案的回应，可以将其分为个案个别性回应和类案一般性回应。个案个别性回应一般体现在具体鲜活的个案裁判、个案请示答复以及具体个案的司法批复当中；类案一般性回应主要体现在抽象性的司法解释和司法政策当中。在个案裁判、个案请示答复以及具体个案的司法批复当中，各级地方人民法院以及最高人民法院会针对具体个案的法律适用问题进行确认，涉及的是个案中特定当事人的具体权利义务关系；而司法解释和司法政策关涉的则是某类不特定人的权利义务关系，具有一般性的裁判指引功能。

此外，最高人民法院发布的指导性案例兼具个案个别性回应和类案一般性回应的双重属性。它一方面发挥了具体案例的展示作用，所以具有个别性；另一方面，最高人民法院又会从其中抽离出一定的裁判理由、裁判要点作为统一司法裁判的指引，当法官遇到同类案件时应当参照，具有一定的强制效果，所以又有了一般性的色彩。中国司法通过个案个别性回应和类案一般性回应的结合，对变动的社会情势给予组合观照，这不仅显示了司法本身对制度进行补充完善的进取精神，避免了滑入过去纯粹形式理性的牢笼，还有效回应了社会，解决了当下面临的实际问题。

四、社会诉求满足式回应与司法判决引领式回应

综观我国司法实践，从司法判决与社会公众对判决期待的关系看，司法回应社会的方式可以分为两种：一种是司法满足社会对于司法判决的某种确定性期待；二是司法不是满足社会欲求的期待而是进行某种引领式的案例固化并对未来行为提供指引。因此，可以将这两种回应简化为社会诉求满足式回应与司法判决引领式回应。社会诉

求满足式回应表面上呈现出司法对社会公众的迎合，实质上可能是法官在严密的法律论证下得出的判决结果与社会公众判意期待的契合。[①]

而司法判决引领式回应则在很大程度上涉及法律的续造或创造性适用，这时司法会以一种自主的意识，以一种引领制度发展或者导引价值观念的主动意识去裁判案件。换言之，司法判决引领式回应意味着司法对社会的价值诉求也可能持有否定性的态度，进而得以实现价值的重构。司法之所以以一种引领或导引的态度去作出司法判决，往往是因为社会公众的法律意识与现代的法治观念之间存在一定的抵牾，如果继续保留这种落后的意识或制度很可能会对以后的法治建设起到负面作用，所以需要通过司法判决（包括指导性案例）帮助社会公众塑造新的法治观念。[②] 因此，在司法判决引领式回应下作出的司法判决多为前瞻性的判决，此类判决着眼于未来，以一种“向前看”[③]的姿态来规范当下社会公众的未来行为预期。正如卢曼所言，裁决以不可改变的过去和可以改变的未来为前提，它不能由过去来规定，但是它试图为未来作出一种区分，因为未来还要继续进行裁决。法院通过解决过去的纠纷来塑造未来的秩序，通过把当下建构为未来之当下的过去，由此系统在时间上获得了封闭性，此时判决就以未来的形式被严格地置于规则之下，并由此而被遵守。[④] 既然是未来秩序的塑造和生产，那么司法除了对当下社会进行回应之外，更多的是要考量怎么引领这个社会走向一种更可欲的秩序状态。因为法官的职责不仅在于见证弱势群体受到公正的对待，还要为更广大的社会公众树立起一

---

① 有学者通过访谈法官的方式证实了以网络舆论形式呈现的社会诉求与司法裁判之间就具有这样的关系。张悦：《网络舆论压力下的司法系统舆情应对研究》，载《广西民族大学学报（哲学社会科学版）》2019 年第 1 期。

② 侯明明：《“通过司法判决塑造公众法治观念”命题的逻辑理路》，载《天府新论》2017 年第 4 期。

③ 桑本谦、李秀霞：《“向前看”：一种真正负责任的司法态度》，载《中国法律评论》2014 年第 3 期。

④ 〔德〕卢曼：《社会的法律》，郑伊倩译，人民出版社 2009 年版，第 162、171 页。

幅正义的现实图景。也就是说,法官不仅在人民的名义下行动,如果他们成功的话,法官还可以领导人民对其自身和对正义要求他们所做的有一个全新的认识。①

总而言之,以上回应方式的归纳并非穷尽列举,只是笔者总结的四个典型分类,还存在很多其他类型化的方式。② 这种归纳也并非韦伯意义上的理想类型视角,而是在经验观察基础上的总结,更多的是对鲜活的司法日常现实的真实反映和描述。而且,这种归纳也不是纯粹的类型提炼,而是可能互相交叉涵盖的类型,只是笔者从某一个角度对其进行审视而得出的划分。在中国司法实际的社会回应过程中,很多回应可能就是多个回应类型的叠加。也正是这些高度融合的回应方式不同程度、不同维度地彰显了中国司法回应社会的能力和力度。

---

① 〔美〕保罗·卡恩:《欧文·费斯:法律界的英雄主义》,邓云成、潘修文译,载周永坤主编:《东吴法学(2012 年春季卷)》,中国法制出版社 2012 年版,第 120 页。

② 比如,审判方式的回应与非审判方式的回应、司法试错型回应与非试错型回应、司法独白式回应与司法商谈议论型回应、司法积极性回应与司法消极性回应、弱意义上的回应和强意义上的回应等。关于这些分类依然可以举出很多的例子,比如司法改革中"认罪认罚从宽制度"的试点工作就是司法试错性回应;审判过程中的"当事人主义"以及"人民陪审中的合意"就是司法商谈议论型回应;在规定审限内积极开庭审判且作出判决,而不是延迟审判、延迟宣判,则属于司法积极性回应;而司法解释的发布、智慧法院的建设则属于非审判方式的回应。

第三章

当代中国司法回应社会的策略、可能风险及效果

本章续接当代中国司法回应社会之实践开展所涉及的其他三个维度，即中国司法回应社会的策略选择、策略选择可能衍生的风险以及回应效果的显现与评估。就回应策略而言，既有比较智识性的选择，不仅发挥了形式推理下的功能理性，还彰显了追求法律目的的实质理性，取得了良好的法律效果和社会效果；但是有的策略选择则是推卸责任的敷衍表现，不仅反映出法官技艺、司法伦理的缺失，还会激化司法与社会之间的矛盾，损害司法的公信力和权威。为了可能衍生的风险部分阐释的便利，在策略选择部分，笔者将重点分析可能会导致中国司法在回应社会过程中面临风险的部分策略选择；在策略选择之可能衍生的风险部分，笔者将根据前一部分的分析，有针对性地阐释各种可能风险是如何衍生的及其可能造成的危害；在回应效果评估部分，笔者对中国司法回应社会的效果显现进行了分析，重点讨论了中国司法回应社会之回应评估的两个维度及其与既有法治评估成果的关系。

第一节 当代中国司法回应社会的策略选择

总体而言，现代司法学研究的核心一方面集中于探求司法在面临各种社会诉求时的平衡实现机制，另一方面则聚焦于揭示法官在面对法律不确定性以及制度性约束时的生存方式。而中国司法回应社会的策略性选择则是两者兼有，不仅体现了司法在面临多元化诉求与有限司法资源境遇下的平衡策略，还呈现出了司法在现有政法体制、司法制度等制度环境和法律体系下的生存策略。[①] 如果用司法决策模式对这种司法回应社会的策略选择加以表达的话，则是有学者所称的"策略模式论"，这种"策略模式论"的理论基础是"理性选择理论"和"博弈论"。在这种策略模式中，法官的行为选择致力于这样一个目的：尽可能减少来自其他政府机构的权力反抗和上级司法部门撤销判决的可能性，以及降低来自社会公众舆论抵制司法裁决的风险。[②] 但是，中国司法回应社会之策略选择的权衡因素不限于原初意义上的"制度环境策略模式论"[③]，而是会将考量因素扩展到政策形势、社会舆论、执行能力、传统文化、道德情感等多个方面。同时，在多样化目标相冲突的情境下，法院/法官依然会根据具体情境再次权衡，策略性地选择各种条件约束下的最优方案。

一、法律制度扭曲下自发演进的实用主义回应策略

在法律制度运行的过程中，往往会出现这样的现象：立法者期待某一法律制度带来他所欲求的结果，但制度在执行过程中却发生了扭曲，结果与立法者的预期有很大不同，反而演进出了另外一种具有实用性质的自发秩序。[④] 这种自发演进秩序不同于人为建构的法律秩

---

① 有学者对法官抵御非法律因素进行了认知科学的研究，结论表明，法官的职业理性对于非法律因素的抗干扰能力是有限的，在外部激励竞争机制的刺激下，依然会影响到法官的判决。这种实验恰恰从科学意义上对法官裁判时的外部影响给予了证成。笔者在此基础上往前推进了一步，即本书将讨论司法在面临外部影响时会作出何种策略性的选择。关于认知科学的论述，见李学尧、葛岩、何俊涛、秦裕林：《认知流畅度对司法裁判的影响》，载《中国社会科学》2014 年第 5 期。

② Stephenson M. C., Legislative Allocation of Delegated Power: Uncertainty, Risk, and the Choice Between Agencies and Courts, *Harvard Law Review*, Vol. 119, 2006, pp. 1036-1070. 徐霄飞：《司法治理中的决策模型研究》，载《浙江社会科学》2018 年第 1 期。

③ "策略模式论"最初是学者为了分析美国联邦最高法院大法官的司法决策模式而总结的理性选择理论，而且其主要局限于制度环境对大法官司法决策的影响。Walter Murphy, *Elements of Judicial Strategy*, The University of Chicago Press, 1964. Lee Epstein, Jack Knight, *The Choices Justices Make*, Congressional Quarterly Press, 1998.

④ 郭春镇：《自发秩序的制度逻辑与分配正义——对 X 大学法学院研究生奖学金再分配事例的深度分析》，载谢晖、蒋传光、陈金钊主编：《民间法(第十八卷)》，厦门大学出版社 2017 年版，第 23—25 页。关于自发秩序的论述，见〔英〕弗里德利希·冯·哈耶克：《法律、立法与自由(第一卷)》，邓正来等译，中国大百科全书出版社 2000 年版，第 54—78 页。

序，它强调自发调试、自发行动和适应性进化。[①] 具体到司法回应社会的过程，即一边面临着社会的多元诉求而不得拒绝裁判，另一边又承受着政治权力和行政权力的双重“压力”，为了司法判决的形式合法、顺利执行，或者为了提高考核业绩，分散承担责任的风险、躲避其他权力的潜在反抗，[②]司法会在立法机关建构的法律秩序下自发地作出相对实用主义的保守举动，然而这可能扭曲法律制度的功能预设，最终自发演进出一套有别于现行法律秩序但符合法院/法官自我利益预期的实用主义回应策略。在这部分，笔者将针对立案回应环节和诉讼调解回应环节、审判回应环节和裁判说理回应环节，以及最终的裁判结果回应环节，各选取一个典型的策略选择进行分析。这些实用的自发秩序囊括了隐性立案审查制、强制调解的隐性进入、个案请示的潜在运行与滥用、指导性案例的隐性援引以及法律形式主义的裁决等。在这些自发的实用性策略选择中，非司法角色掺杂在司法角色里，法院/法官对这些多重角色进行权衡、整合，进而在特定的司法场域下进行个体性或者集体性的行为选择，以及公共性的、整体性的外部表达。

（一）立案环节的变质性回应：立案登记制演变为隐性审查制

诉权与社会的链接促使了诉讼制度的运行，而立案制度则成为诉讼制度切入社会的端口。[③] 为了保障公众的诉权，实现当事人诉权和

---

① 吴元元：《规则是如何形成的——从哈耶克的“自发演化”论开始》，载《西南政法大学学报》2006 年第 4 期。

② 比如检察机关的抗诉。虽然抗诉是检察机关对审判机关进行监督和制约的一种机制，但也正是这种机制使得检察机关相对于法院处于一种优势的地位，免不了存在不应该抗诉但实际上抗诉了的情形，换言之，检察机关对于其监督权力亦存在选择性滥用的情形。比如，有学者通过对某检察院的实证调研得出：在提起抗诉的原因类型上，64%的案件由于量刑错误，且 5 年来仅有 2 件针对法院量刑过重；对程序违法提起的抗诉案件数量最少，而且抗诉结果对于法院的考评存在很大影响，考评结构下的抗诉以“任务量”而非“审判量”为行动的指挥棒，这不仅有碍抗诉制度监督作用的发挥，也“瓦解”了三机关间相互监督的组织架构。徐清：《刑事诉讼中公检法三机关间的“共议格局”——一种组织社会学解读》，载《山东大学学报（哲学社会科学版）》2017 年第 3 期。

③ 王二环：《登记立案制度之构建与完善——兼议登记立案制度之功能》，载《政法论坛》2019 年第 2 期。

法官职权之间的平衡，回应“立案难”的社会诉求，立案登记制在2015年5月1日开始全面实施，之后法院立案数量确实出现了大幅度上涨。《中国法院的司法改革（2013—2016）》白皮书指出，2015年5月到12月，全国法院共登记立案994.4万件，同比增长29.54%，当场登记立案率达到95%；2016年，全国法院登记立案1630.29万件，当场登记立案率达到95%。[①]《中国法院的司法改革（2013—2018）》白皮书指出，截至2018年底，全国法院登记立案数量超过6489万件，当场登记立案率已经超过95%。[②] 根据最高人民法院2023年的数据统计，全国法院平均当场立案率达95.7%，部分地区超过98%。[③] 但这只是立案数量的统计，并未统计实质进入庭审的案件数量，只有计算出实质进入庭审的案件数量在整个立案数中的比重，才能真正地看出立案登记制在实质上是形式审查还是实质条件的审查。因为从立案登记到进入庭审还有“裁定驳回起诉”的环节，在以庭审为中心的诉讼机制尚未完全建立的条件下，很可能许多立案登记的案件会遭遇“裁定驳回起诉”。正如有学者调研所显示的：“我们在各个调研省区都发现，不少行政案件虽然收了进来，但如何处理出去却依然使法院感觉十分棘手，采取各种办法避免让行政机关‘感觉难堪’仍是一般的倾向。作为这样的办法之一，行政案件受理之后再以裁定驳回起诉的情形，在调研省区三地都有比较明显的表现。”[④]较高驳回起诉率的现实告诉我们，即使在立案阶段适度降低审查力度而使得立案阶段不予受理制度的运用率逐步降低，但是审判阶段驳回起诉制度的运用率依然居高不

---

① 中华人民共和国最高人民法院编：《中国法院的司法改革（2013—2016）》，人民法院出版社2017年版，第20页。

② 中华人民共和国最高人民法院编：《中国法院的司法改革（2013—2018）》，人民法院出版社2019年版，第27页。

③ 中华人民共和国最高人民法院编：《中国法院的司法改革（2013—2022）》，人民法院出版社2023年版，第33页。

④ 例如，C区2015年受理的行政案件中有646件被裁定驳回起诉，与上一年度的278件驳回起诉裁定形成鲜明对比。B市第一中级人民法院2015年5月1日至年底受理451件行政案件，而裁定驳回起诉的有121件，是2014年的十余倍。王亚新：《立案登记制改革：成效、问题及对策——基于对三地法院调研的思考》，载《法治研究》2017年第5期。

下,可见审判阶段的驳回起诉制度也开始担当起阻挡案件进入实体审理的"防线"。[①]

另外,立案登记制的实施虽然提高了司法的可接近性,妨碍公众诉诸司法的障碍大大减少,但是也弱化了立案过滤功能。正如有学者经过实地调研所得出的那样,随着案件数量急剧增长,滥诉、虚假诉讼、缠诉、恶意诉讼频发等问题也愈发突出。为了避免上述问题、提高结案率,有的法院又悄悄地提高了立案门槛,尤其是在年末考核结案率时,"审查式立案"又有回归的苗头。[②] 其实,不仅如此,立案登记制虽在一定程度上实现了司法权的扩张,但是给法官也带来了很大的审判负担,特别是在行政诉讼案件中,法院还要面临行政权力的压力、重大案件请示汇报制度的约束,以及考量预期判决的执行是否顺畅等问题,所以在如此境遇下,为了平衡案件受理和各种压力、风险的化解,很多案件还是处于起诉要件实质化并未完全改变的样态。换言之,立案登记制从一种人为建构的法律秩序变为了自发的、实用性的隐性立案审查秩序。这种隐性立案审查的自发秩序往往表现为很多案件的不予立案或者即使已经立案,但是只是"纸面登记"而已,即使符合进入实体审理程序的条件也根本不会让其进入庭审状态,而是通过调解、劝撤、驳回起诉等方式将案件再次过滤或者化解,最终塑造出起诉要件实质审查的隐性机制。

(二)调解环节的压制性回应:强制调解技术的隐性进入

诉讼调解作为一种解决纠纷的正常化解方式,是双方当事人在自愿诉求或彼此接受的基础上,在司法者的主持下,平等协商达成协议的过程。在这种调解的"情境伦理"中,审判者(调解者)往往会提出一个或几个留有互惠性交涉和妥协余地的解决方案,以法律的弹性来应

---

① 张嘉军:《立案登记背景下立案庭的定位及其未来走向》,载《中国法学》2018 年第 4 期。

② 姬亚平、张雪婷:《立案登记制实施的实证分析——以 A 市中级人民法院行政案件立案情况为主要研究样本》,载《山东法官培训学院学报》2018 年第 1 期。

对社会的不确定性。[①] 在调解中，中国的法官应该想方设法地进入当事人的生活场域，尊重当事人的态度与诉求，努力从当事人的角度出发看待案件和思考问题，而非一味坚持严格遵循程序或规则办事。[②]诉讼调解在回应当事人的诉求时，更具灵活性和可调节性。强化调解的作用，对于解决"秋菊的困惑"这类问题大有裨益，也充满了"东方经验"式的智慧。全国模范法官宋鱼水、葛建萍等都是因为调解而成名。

但是，调解在现实的司法实践中已经产生了异化，变为法官在追求业绩考核与回应当事人纠纷诉求时的一种策略性选择。随着国家以及最高人民法院把调解作为一种公共政策和司法政策，以及"调解优先、调判结合"的审判原则逐步确立，关于调解的考核指标也逐步建立，调解成为各地法院的强势话语，调解率也成为各级人民法院所追求的指标。但是，在高调解率的背后出现了高申请执行率且多为强制执行、高申请再审率以及高上访率等悖论。[③] 这很大程度上是因为在调解纠纷场景内部，法官在调解率绩效考核压力下采用了强制调解技术，[④]将原来的"调解优先、调判结合"变为"当判不判、调则能调、久调不决"。有的法官坚持不分案由的"每案必调"，[⑤]有的法院提出了"零判决"的荒谬口号并展开"零判决竞赛"，[⑥]有的法院甚至出现了"为了使案件调解结案，法官穷尽一切手段，以劝促调、以拖压调、以判压

---

① 季卫东：《通往法治的道路：社会的多元化与权威体系》，法律出版社 2014 年版，第 121、132 页。

② 方乐：《转型中国的司法策略》，载《法制与社会发展》2007 年第 2 期。

③ 《调解异化现象反思与调解评估指标的优化》，http://eegnfy.nmgfy.gov.cn/article/detail/2018/02/id/3214208.shtml，2019 年 4 月 15 日访问。

④ 陈慰星：《法院调解悖论及其化解——一种历时性大数据的分析进路》，载《法律科学(西北政法大学学报)》2018 年第 2 期。

⑤ 李继松：《把调解贯穿于案件审理全过程》，载《佳木斯日报》2017 年 8 月 2 日第 7 版。

⑥ 彭世忠：《能动司法视野下民事调解改革的径向选择——对某些地方法院追求"零判决"现象的反思》，载《暨南学报(哲学社会科学版)》2011 年第 1 期；《南阳众法庭竞赛零判决 一法官称标准定得有点高》，http://hn.cnr.cn/fzpd/yw/200902/t20090219_505240604.html，2018 年 4 月 20 日访问。

调、以诱促调”[①]的现象。这些问题的出现本质上是由于法官将审判思维和调解思维混同了，将以“案结事了”和“息讼罢访”为目标的“调解思维”隐性代替了“依法裁判”的“审判思维”，进而使得原来组织结构中调解人与被调解人之间的平等结构变为了不平等的等级结构，将原来的协商沟通型场景安排变为了压制服从型的情境安排，将规范中预设的主体与主体之间的主体间性变为了主客体之间的主客二元，将纯粹的调解技术和法律知识变为了一种技术、知识权力[②]下的调解规训、支配和控制。

有学者在法院调研时总结道，他所接触的大部分法官都认为，当前法院系统所要求的调解率过高，法官为完成调解任务，不得不花费比判决大数倍的精力去做双方当事人的调解工作，在双方当事人均不愿调解的情况下，法官也不敢轻易下判。[③] 这完全违背了自愿原则以及当事人的处分权利，造成了审判权和处分权的关系模糊、界限不清，以及自由裁量权的滥用和误用。在诉权对审判权制约不足的情况下，这种实践显示出了司法权力的专横，进而使得本该由当事人主导的调解异化为了法官主导，甚至是压制。但是，由于“调审合一”程序掌控权的先在优势及其在民事诉讼中的主导性地位，[④]以及调解结案的便宜性、灵活性、低风险性、符合指标性，并且可以规避其他权力的潜在对抗，因此法官选择调解既可以回应当事人的诉求，又可以降低办案难度、办案风险，提高办案效率并在业绩考核中获得较高的评价。[⑤] 隐性强制调解已经成为法官符合自身利益的“理性选择”。[⑥] 其实，从本

① 钱大军、刘明奎：《论司法调解制度的功能超负》，载《学术交流》2017 年第 2 期。

② 关于福柯的知识权力理论，见〔法〕福柯：《规训与惩罚》，刘北成、杨远婴译，生活·读书·新知三联书店 2012 年版，第 29—34 页。

③ 张嘉军：《民事诉讼调解结案率实证研究》，载《法学研究》2012 年第 1 期；叶肖华：《零判决现象的反思与批判》，载《政法论坛》2015 年第 3 期。

④ 施立栋：《行政诉讼调解人应实行“调审分离”》，载《中国社会科学报》2017 年 8 月 30 日第 5 版；唐力：《诉讼调解合意诱导机制研究》，载《法商研究》2016 年第 4 期。

⑤ 关于各项具体内容的详细阐释，见喻怀峰：《调解自愿如何可能？——基于结构理论视角的分析》，载《河北法学》2016 年第 5 期。

⑥ 曹云吉：《审判风险与法院调解》，载《国家检察官学院学报》2015 年第 5 期。

质上讲，这种强制性调解思维是一种去司法化（审判）的策略性思维，[①]是在有意规避规范在案件中的必然适用，转而寻求更加灵活多变的其他资源，从而降低法院面临的结构性压力和风险。在此境遇下，高调解率或是被异化为社会治理中治安承包的绩效目标，或是成了法院实现形式上"案结事了"的数目字游戏。[②] 强制调解技术成为法官追求绩效考核、规避审判风险的一种策略性工具，具有很强的工具主义和现实主义色彩。如此，隐性强制性调解也就有了司法回应社会时所展示的纠纷解决和策略选择的双重身份。

随着新一轮司法改革的开展，虽然民商事领域的司法理念慢慢转变为"能调则调、当判则判、调判结合"，法院整体对于调解的指标设置和要求也有很大程度的弱化，但是由于理念转变的迟缓性、路径的依赖性以及其他各种约束条件的遗存、潜在激励机制作用的发挥，这种隐性强制调解技术在诉讼调解中还不同程度地存在着。

比如，在 2019 年"华政学生起诉迪士尼乐园案"中，作为社会公共产品的司法判决，其任务就在于实现社会正义、达成基础性共识，而非仅仅实现简单的、表面的"社会和谐"；司法对正义的实现意味着法官要努力做到"明辨是非"和输出价值认同，而非"让步息讼"，使"规则退隐"。如果该案法官能够以"规则之治""整合秩序"的姿态确定上海国际主题乐园有限公司"禁止游客携带食品"的格式条款是否有效，给予社会明确的行为预期和示范指引，那么这其实就相当于通过法治秩序的建构更好地回应社会诉求。虽然以调解结案的方式不违背程序法的规定，但是其中也隐约透露出个体法官不敢担当的一面，其背后甚至可能存在变相强制调解的意思。这是因为，一是本案在前期开庭和办理过程中，一方当事人明确表示过没有接受调解的意愿，[③]而该案最终却以调解方式结案，前后的态度变化显然是法官"做工作""力推"的

① 张洪涛：《中国法院压力之消解——一种法律组织学解读》，载《法学家》2014 年第 1 期。

② 张嘉军：《民事诉讼调解结案率实证研究》，载《法学研究》2012 年第 1 期。

③ 《迪士尼称华政学生"为了奖金"，拒绝调解，学生：为公益诉讼到底》，https://baijiahao.baidu.com/s?id=1641764212654074884&wfr=spider&for=pc，2022 年 5 月 13 日访问。

结果。二是该案在立案后，引发舆论广泛关注，各方压力聚集，[①]通过调解结案对于个体法官而言也许是风险最小、收益最高的方式。换言之，这时"调解结案"可能已经成为一种必然追求的、不可辩驳的处理结果和前置思维，而需要本案法官做的工作就是利用程序控制的先在优势，通过"多种说服资源""多方主体参与""多频次调解"等方式"迫使"双方当事人接受此方案。就连采访本案当事人的记者在采访结束后也总结道："这些案子有未立案的，有因压力太大而撤诉的，也有不得不接受调解的。"[②]这也从侧面印证了强制调解技术在案件中隐性进入的可能空间。类似现象在司法实践中也具有一定的市场，[③]继而成为一个我们不得不面对的、司法在与社会诉求互动时依然存在的实践问题。

（三）审判环节的转移性回应：个案请示的潜在运行与滥用

审判是法官与当事人等主体最为可能互动的环节，但是在此过程中，相对于法官对诉讼参与人的回应而言，对于法官群体来说，更为紧迫、优先的则是与上级法院的互动，通过上级法院的审判意思表达或者借助更高部门所确认的权威来间接回应社会的诉求，进而转移或避免直接回应的责任承担，实现回应风险的规避。因为现实司法实践中，当一个案件被发回重审或者改判时，其往往意味着"错案追究"或者影响绩效考核，所以"对于下级人民法院而言，他们需要的是一个能够获得上级法院认可的裁判规则，或者说一个能够承担裁判责任的主体"[④]。当法官对一个案件的处理拿不定主意，或者明知怎么处理但是又有所疑虑时，他就比较倾向于进行个案请示。虽然，最高人民法院

---

① 《上海"小城杯"公益之星诉讼大赛影响力越来越大 折射出全社会法治建设大发展》，载《法治日报》2022 年 2 月 9 日第 1—2 版。

② 《蚂蚁扳大象：状告 500 强的法学生》，载《解放日报》2019 年 12 月 16 日第 7 版。

③ 王国龙：《"调解思维"支配下的自由裁量及其困境》，载陈锐主编：《重庆大学法律评论（第 1 辑）》，社会科学文献出版社 2019 年版；王国龙：《严格司法的规则确认功能及其法治意义》，载陈金钊、谢晖主编：《法律方法（第 23 卷）》，中国法制出版社 2018 年版，第 263—273 页。

④ 侯学宾：《司法批复衰落的制度竞争逻辑》，载《法商研究》2016 年第 3 期。

以及各高级人民也出台过相关的规范,甚至明确提出过逐步取消内部请示的文件,[①]但是司法实践中该情况却屡次出现。请示的形式是多样的,既有正式科层管理通道的文件请示,也存在私下询问、打听等非正式科层管理方式。据法院人士介绍,在最高人民法院和地方各级人民法院的规范下,书面请示逐步减少,但是口头、电话请示增多,上下级法院中法官之间的个人沟通也逐渐增多。[②] 当然,这里个案请示的对象也是多样的,具有横向和纵向的划分,既可能是本级法院领导,也可能是上级法院相关人员,甚至可能是同级党委、政法委的人员,实践运作不一。由于这种个案请示下的判决结果是法院领导、同级党委、政法委的决定或者是上级法院相关人员的决定,因此这在一定程度上使得案件的责任出现了转移,让司法决策有了强大的政治依赖,大大降低了个案法官面临的风险;同时也避免了因被上级法院发回重审或者改判而被追究责任或者影响绩效考核的情形。

这时可以说,个案请示已经成为法官横向或纵向分割审判决策权的一种"行政化"策略,通过决策权的分享,扩大了决策的主体范围,使得司法行为获得了更大范围的支持、接受和认可,进而降低或者减少了其他权力的压力或者审判的职业风险;[③]再加上个案请示相较于司法批复等正式制度更为灵活,充满柔性空间,因此自然成了法官在运

---

① 比如,2004 年最高人民法院制定的《人民法院第二个五年改革纲要》就明确提出改革和完善下级人民法院就法律适用疑难问题向上级人民法院请示的制度,逐步取消个案请示。各地高级人民法院也随之采取了相应的改革措施。如 2006 年陕西省高级人民法院在贯彻落实《人民法院第二个五年改革纲要》实施意见中,明确提出改革和完善下级人民法院就法律适用疑难问题向上级人民法院请示的制度,逐步取消个案请示。当年,陕西省高级人民法院就制定下发了关于案件请示问题的规范性文件,进而规范请示、答复的形式和程序。请示的范围仅限于法律适用问题,向上级人民法院请示应经下级人民法院审判委员会讨论决定,请示案件由相关审判业务部门承办,答复意见必要时报经审判委员会讨论后作出。《扬州、陕西等地叫停个案请示》,载《中国青年报》2007 年 1 月 24 日第 3 版。

② 曹保山:《论案件请示制度的废止及其功能替代——以深入贯彻十八届三中全会司法体制改革精神为视角》,http://article. chinalawinfo. com/ArticleFullText. aspx? ArticleId=88427,2018 年 4 月 15 日访问。

③ 张洪涛:《中国法院压力之消解——一种法律组织学解读》,载《法学家》2014 年第 1 期。

用司法裁判回应社会时，应对法律不确定性、规避审判风险或者其他复杂情形的策略选择。

（四）说理环节的间接性回应：指导性案例的隐性援引

当事人和代理律师往往基于特定利益的诉求，总是会尽可能明确地提出某个相关的指导性案例并且要求法官进行参照，希望法官在作出参照与否的决定时也尽可能直接明确地给予裁判说理的回应。这其实不仅是当事人的诉求，也是最高人民法院指导性案例制度的设计初衷。指导性案例的裁判要点虽不能直接作为裁判依据，但是可以作为裁判说理的论证资源。然而，在司法审判实践中，法官在回应此类诉求时却表现得畏首畏尾，怀着一种想用却不敢用或想用却不会用的复杂心态，不仅害怕因使用出错而承担责任，还担心这会增加自己的论证义务。这时，法官会倾向于选择以一种从形式上不为外界所察觉的隐性方式适用指导性案例。[①] 正如最高人民法院指导性案例司法应用的年度报告指出的那样，在 2017 年 1571 例应用案例中，明示援引共涉及 580 例，隐性援引共涉及 980 例；[②]在 2018 年统计的 3098 例应用案例中，隐性援引共涉及 1736 例，占到了所有应用案例的 56%；[③] 2019 年、2020 年仍有将近六成是隐性援引；2021 年的案例数量呈现出上升趋势，但在 9023 例应用案例中，隐性援引仍涉及 5254 例。[④]

这种隐性的适用常常表现为法官对当事人以及律师提出的"应当参照指导性案例"的诉求不给予明确的是否参照适用的裁判说理回

---

① 有学者将这一行动逻辑又划分为三个微观层面，即"试探性权衡和沟通""借用案例"和"搁置或摆脱案例"。孙海波：《指导性案例的隐性适用及其矫正》，载《环球法律评论》2018 年第 2 期。

② 郭叶、孙妹：《最高人民法院指导性案例司法应用情况 2017 年度报告》，载《中国应用法学》2018 年第 3 期。

③ 郭叶、孙妹：《最高人民法院指导性案例 2018 年度司法应用报告》，载《中国应用法学》2019 年第 3 期。

④ 郭叶、孙妹：《最高人民法院指导性案例 2019 年度司法应用报告》，载《中国应用法学》2020 年第 3 期；郭叶、孙妹：《最高人民法院指导性案例 2020 年度司法应用报告》，载《中国应用法学》2021 年第 5 期；郭叶、孙妹：《最高人民法院指导性案例 2021 年度司法应用报告》，载《中国应用法学》2022 年第 4 期。

应，而是间接性地在司法裁判中认同指导性案例确立的规则、原则或者法治精神，保持裁判结果的一致，从而使司法判决的可接受性得到增强，案件得以快速高效地处理，案件被上级法院发回重审或者改判的风险概率也大大降低。可见，“在个案裁判中，法官之所以选择以隐性的方式适用某个指导性案例，主要并不是因为在实质上被指导性案例的说理、推理或论证所说服，而是因为如此适用能够给自己带来直接或间接的利益，这就决定了以利益为导向、暗度陈仓式的隐性适用在本质上是一种权宜之计，是一种追求判决不被质疑、争议案件得到高效解决的策略之举。”[①]而且，这套实用主义的关于指导性案例隐性援引的回应策略与最高人民法院指导性案例制度[②]建构的“应当明示参照援引”秩序的初衷相去甚远。

(五) 裁判结果的机械性回应：法律形式主义的保守裁决

就社会公众的司法正义诉求而言，法律形式主义和法律现实主义分别是司法裁判的两个极端，前者的命运因为过于机械、封闭，忽视了社会的功能性期待，而像概念法学那样逐渐被抛弃；后者则因过于强调法官的能动、灵活多变，甚至不惜背离司法之基本规律，而一直被学术界以一种非常警惕的态度对待。如果法官过于形式主义，正如有学者所言，严格的法条主义，机械地适用法律，其实也有可能是(尽管不完全是)不负责任、推卸责任的表现，而不只是严格依法办事。[③] 比如，“天津大妈摆摊射击案”“五道古火会非物质遗传人被判刑案”“内蒙古农民无证收购玉米案”等案件的一审判决就坚持了一种机械的法律形式主义，故而引起了社会的强烈反响，不管是公众以朴素的正义观还是专家学者从法律专业的视角，对这些判决几乎都持批判的态度。

法官为何不敢或者不愿行使自身的自由裁量权以避免多个如此

---

① 孙海波：《指导性案例的隐性适用及其矫正》，载《环球法律评论》2018年第2期。

② 《最高人民法院关于案例指导工作的规定》《〈最高人民法院关于案例指导工作的规定〉实施细则》。

③ 〔美〕理查德·A.波斯纳：《超越法律》，苏力译，中国政法北京大学出版社2001年版，译者序第9—10页。

违背社会公众基本公正观念的判决结果出现呢？按照达玛什卡的司法权力类型学说，科层理想型的权力组织是一个被组织到一种等级结构中的职业化官员群体，在等级森严的科层化组织中，他们按照某种技术性标准作出决策，这种技术化的决策标准往往排斥了实质正义的因素；[①]也有学者提到了现有刑事司法解释具有强制约束力，抑制了法官的自由裁量权；[②]更有学者看到了司法实践中不对等的公检法之间的诉讼流水线上权力实力的位阶关系，以及法官司法方法技术与司法良知的缺失缘由。[③] 如果说这些理由阐释了法官为何不敢、不愿行使自由裁量权，那么也有学者将法官不行使自由裁量权而造成的司法判决和公众判意的错位案件称为“无意判决型”和“故意判决型”；[④]其中，“故意判决型”就把法官这种不愿行使自由裁量权的情形定位为一种“策略性选择”。

实质上，法官在转型时期的裁判不仅体现出了此类群体的知识选择，还透露出了中国法院、法官在面临社会案件时的工作方式和裁判路径。如果仔细查看裁判结果的话，会发现法官是在一种机械法律形式主义思维的引导下作出判决，[⑤]而这种机械法律形式主义的思维与

① 〔美〕米尔伊安·R. 达玛什卡：《司法和国家权力的多种面孔——比较视野下的法律程序（修订版）》，郑戈译，中国政法大学出版社 2015 年版，第 24—30 页。

② 段卫利：《刑事司法解释强制拘束力的批判与反思——以“掏鸟窝案”的裁判文书为切入点》，赵秉志主编：《刑法论丛（2016 年第 4 卷 · 总第 48 卷）》，法律出版社 2017 年版，第 77—98 页。

③ 李拥军：《合法律还是合情理：“掏鸟窝案”背后的司法冲突与调和》，载《法学》2017 年第 11 期。

④ 侯明明：《司法正义与社会正义的错位：类型、因素与启示——以热点案例为例证的分析》，载《学术论坛》2017 年第 6 期。

⑤ 就连最高人民检察院法律政策研究室人员都承认：“实践中，在遵循从严打击涉枪犯罪的情况下，司法机关倾向于从严把握枪支认定标准与数量标准，涉案枪支枪口比动能大于等于 1.8 焦耳/平方厘米、数量达到《涉枪解释》《走私解释》规定的标准时，一律按照相应犯罪定罪处罚，致使个别涉枪案件量刑畸重。究其原因，一定程度上是因为司法解释相关规定缺乏自由裁量空间，更重要原因在于有的司法人员机械适用刑法和司法解释规定。”万春、杨建军：《〈关于涉以压缩气体为动力的枪支、气枪铅弹刑事案件定罪量刑问题的批复〉解读》，载《检察日报》2018 年 4 月 22 日第 3 版。

法律制度本来的目的和精神出现了很大的偏差，在一定程度上扭曲了法律制度的预设功能。之所以作出如此判决可能不仅仅是因为法官个人的业务素质能力、人文情怀的欠缺，以及对判决作出后社会反响预判的无意识，也很有可能是在综合权衡政治风险、法律风险、社会风险的前提下作出的一种实用主义的策略选择。当司法判决与公众判意可能出现错位时，法官如果意识到此类案件的审判存在很大的风险，在趋利避害本能的驱使以及司法伦理的“失约”下，他就可能会在众多的裁决结果中策略性地选择一种政治、法律风险较小，而社会风险可能较大的判决。例如，“天津大妈摆摊射击案”涉及“枪支”，“五道古火会非物质遗产传人被判刑案”关涉“爆炸物”，而不管是“枪支”还是“爆炸物”都是社会治理中的极度危险品，且两案表面上也都涉及危害公共安全的犯罪，所以法官作出了有罪的判决。在“维稳是当前重要政治任务”的政策以及地方政绩考核压力的偏颇理解与极端做法下，如果法官判决无罪，尽管避免了机械司法，但是大量类似案件在惯性司法下呈现出“一致性结论”，在政策实施型和科层理想型权力组织的司法框架内会遭到破坏，之前类似的案件都可能会出现申诉、翻案的情形，这可能让法院面临指责和检察院的权力反抗，进而影响到法官的职业仕途。正如一位对刑事实务非常熟稔的学者所言：“那些承受极大政治、经济、社会压力的法院，经常会迁就侦查机关的要求，对一些本来尚未达到定罪条件的案件作出有罪裁决，并在量刑上作出一些折中式的处置，以避免因科处重刑或者极刑所可能带来的负面影响。”[①]同时，由于《仿真枪认定标准》《民用爆炸物品安全管理条例》等广义法律和《司法部办公厅关于进一步加强枪支管理工作的通知》《国务院办公厅关于切实加强民用爆炸物品安全管理的紧急通知》等规范性文件的存在，法官可以直接或者间接地找到法律依据，实现“合法性”的嫁接。

因此，上述两个案例不仅是暂且抛却社会效果的考量作出的披着

① 陈瑞华：《论侦查中心主义》，载《中国检察官》2017 年第 7 期。

法律外衣的形式主义、机械主义的裁决，其背后还充斥着对治理与维稳的考量。这一点，从这两个案件二审维持了有罪判决，但是“内蒙古农民无证收购玉米案”再审改判无罪的对比中也可窥见，因为后者只是涉及经济秩序的管理，无关影响社会稳定的重大因素。[①]

其实，法官也是精于计算的理性人，司法的评价制度以及考核体系、司法外部机制及其运作逻辑都在时刻“提醒”着法官发挥自由裁量权的潜在风险。[②] 在具有明确司法解释的情境下，与其为了实现形式正义和实质正义的协调而绞尽脑汁，还不如直接适用司法解释。即使社会效果并非理想，即使出现一个严重不公平的结果致使当事人的利益遭受损害而违背现代法治精神，法官也可以指出那是司法解释本身的问题，将矛头对准司法解释，不将之当作法官自身的问题，更何况当事人还有上诉或者再审的司法救济。“以至于‘依法办案’以及‘无权造法’是法院始终宣称的，也是为很多人所赞同的一种‘政治正确’。”[③] 换言之，当规范在具体的语境中无法展现其实质内涵而失序时，法官不关心或者不必关心那失序状态如何解决，而是只需要依然坚持规范以往的抽象有效性。[④] 如果法官直接避开司法解释，则很可能会面临背离形式法治的法律适用风险，以及上级法院或者最高人民法院的责问，甚至是检察院与法律监督机关合力下的强势追责，而这些会使得法官面临的风险远远高于前一种选择所面临的风险。在这种境遇下，法官自然更倾向于策略性地选择前一种做法，即法律的机械性适用。

---

① 法官关于案件社会危害性的衡量在判决书中体现得淋漓尽致。内蒙古巴彦淖尔市中级人民法院(2017)内 08 刑再 1 号刑事判决书；天津市第一中级人民法院(2017)津 01 刑终 41 号刑事判决书。

② 方乐：《转型中国司法知识的理论与诠释》，人民出版社 2013 年版，第 333 页。

③ 李杰：《法官“机械司法”的博弈分析》，载苏力主编：《法律和社会科学(2012 年第 9 卷)》，法律出版社 2012 年版，第 4 页。

④ 〔德〕卡尔·施密特：《论法学思维的三种模式》，苏慧婕译，中国法制出版社 2012 年版，第 12 页。

二、结构性司法产品诉求与个体性司法产品诉求置换策略

在社会结构化的过程中，正如前文美国学者欧文·费斯之"结构性诉讼"理论所指出的那样，很多诉讼不再是单纯地解决纠纷，这些诉讼中很可能还夹杂了制度性变革或者政策性改革的诉求。而这种诉讼背后往往反映出的是社会的结构性问题。诉讼不再局限于纠纷双方和个案矫正的界限内，而是并非可辨识个体集合的团体，所涉及的利益也往往与深深嵌入在这个结构中的每个社会个体休戚相关。[①] 进而，我们可以把社会公众对于司法的诉求划分为个体性的司法产品诉求和结构性的司法产品诉求。前者主要指纠纷仅限于当事人之间，与社会的结构性缺陷没有关系，比如两个自然人之间因合同违约而诉诸司法请求金钱给付的诉求；后者则指向社会的结构性原因，因为社会制度、法律制度存在某种缺陷而造成此种类型的纠纷不断产生，因此只有把此制度加以修正才能避免此类矛盾的发生，比如"吴英案"[②]背后的民营企业融资制度以及本书第一章中提到的系列例子。相比较而言，结构性司法产品的公共性比个体性司法产品要强一些。

但是，在回应社会的过程中，司法会把结构性司法产品诉求策略性地当作个体性司法产品诉求进行回应。[③] 换言之，结构性司法产品诉求与个体性司法产品诉求会发生相互置换的情形。如果司法能够回应结构性诉求那自然更好，但是由于政法体制的原因，[④]我国的司法机关处于弱势地位，这导致它在输出结构性司法产品时能力不足。因

---

① 〔美〕欧文·费斯：《如法所能》，师帅译，中国政法大学出版社 2008 年版，第 1—74 页。

② 关于"吴英案"背后的制度性追问以及具体分析，见马长山：《公共领域的兴起与法治变革》，人民出版社 2016 年版，第 189—206 页。

③ 申伟：《中国司法供给的效应局限——以产品性供给与符号性供给的区分为基础》，载《北方法学》2016 年第 5 期。

④ 左卫民：《审判如何成为中心：误区与正道》，载《法学》2016 年第 6 期；李拥军：《司法改革中的体制性冲突及其解决路径》，载《法商研究》2017 年第 2 期；郑智航：《最高人民法院政治话语的变迁及双向调适策略——以 1980—2010 年〈最高人民法院工作报告〉的话语分析为主线》，载《甘肃社会科学》2013 年第 5 期。

此,法院在运作时或者法官在裁判时,为了避免处于不利地位且能够快速高效地结案,很可能会策略性地把此类结构性诉求拒之门外(即不予立案或驳回起诉),或者故意把结构性司法产品诉求当作个体性司法产品诉求进行回应,进而只生产出个体性的司法产品。比如,在"青岛三位高考生状告教育部请求教育平等权案"、①夫妻因共同债务承担制度不合理而诉诸法院的一系列案件、②"深圳王鹏鹦鹉案"以及"天津大妈摆摊射击案"针对最高人民法院司法解释的合理性提出的质疑中,法院要么不予立案,要么就是把对不公平社会制度的改变诉求或对法律制度的质疑等结构性司法产品诉求置换为个体性司法产品诉求进行处理,最终只提供个体性的司法产品。

三、个案裁判回应转向准立法性质的一般回应策略

如果我们对"内蒙古农民无证收购玉米案"和"天津大妈摆摊射击案"的时间节点稍微进行梳理,就会发现有多个规范性文件在司法裁判之后相继出台,分别是2016年9月国家粮食局(现国家粮食和物资储备局)新修订的《粮食收购资格审核管理办法》(以下简称《办法》),最高人民法院2016年11月发布的《关于依法妥善处理历史形成的产权案件工作实施意见》(以下简称《意见》)和最高人民法院、最高人民检察院2018年3月公布的《关于涉以压缩气体为动力的枪支、气枪铅弹刑事案件定罪量刑问题的批复》。其中,虽然新修订的《办法》并非由最高人民法院出台,但是也与司法案件有千丝万缕的联系。

"内蒙古农民无证收购玉米案"一审于2016年4月15日宣判,案件被媒体公布出来以后就持续发酵,社会舆论几乎一片批评;到了2016年9月,新修订的《办法》就发布了,而到了2016年11月,《意见》也紧跟着发布,其中着重强调不能把普通经济纠纷当成犯罪进行处理,要对在生产、经营、融资等活动中的经济行为,当时法律、行政法规

---

① 杨培银:《三考生状告教育部案件再回首》,载《民主与法制》2013年第6期。

② 程新文、刘敏、方芳、沈丹丹:《〈关于审理涉及夫妻债务纠纷案件适用法律有关问题的解释〉的理解与适用》,载《人民司法(应用)》2018年第4期。

没有明确禁止而以犯罪论处的，或者虽属违法违规但不构成犯罪而以犯罪论处的，依法予以纠正。[①] 接着，2017 年 2 月 17 日，最高人民法院指令对该案再审，最终改判无罪。从这一系列事件的时间安排中可以看出，接续得恰到好处。进而，我们可以总结出，最高人民法院采取的是“从个案裁判到一般性司法解释、司法政策”这一转向型的回应策略。[②]

综上，法官在承担司法角色后，其目标是实用性的，而不是批判性的。在这种实用性认知视角下，一些制度性的因素会被非制度化，进而被排除出司法的日常运作，而一些非制度性的因素则又会被“制度化”，从而被纳入司法的运作机制之中。在这种制度化与非制度化相互转化的司法实践过程中，法官行为的大部分内容集中于建构稳定的司法秩序而不是法律理论和学说。[③] 同时，我们还可以发现，司法回应社会的策略性选择呈现出两种面孔：一方面法官积极寻求形式性的“合法性”，并将之作为决策的外衣；另一方面，司法行为并不是严格遵循规则的结果，而是根据案件的局部情况和场景条件依赖法官自身的努力完成的。[④] 因此，法官审判的过程是一个在法律之内，面对不同案件采取不同的行为逻辑和应对策略，综合运用知识和智识的举动。它有时呈现为一种方法论上的个人主义，有时却又呈现出极强的集体主

---

① 《最高人民法院关于依法妥善处理历史形成的产权案件工作实施意见》，http://www.court.gov.cn/zixun-xiangqing-31781.html，2018 年 4 月 19 日访问。

② 其实在“深圳王鹏鹦鹉案”和“大学生掏鸟窝案”中，当事人、辩护律师以及社会公众也对最高人民法院《关于审理破坏野生动物资源刑事案件具体应用法律若干问题的解释》这一司法解释的合理性提出了质疑。就在 2018 年的“两会”上，全国人大代表尚伦生律师就该影响性案件涉及的核心法律问题，向“两会”提出议案：建议修改司法解释，驯养物种不作野生动物认定。值得注意的是，2020 年 3 月最高人民法院和最高人民检察院联合发布了《关于适用〈中华人民共和国刑法〉第三百四十四条有关问题的批复》，明确指出了人工培育的植物，除古树名木外，不属于《刑法》第 344 条规定的“珍贵树木或者国家重点保护的其他植物”。本书第四章“天津大妈摆摊射击案”背后回应理路的分析也印证了这一点。当然，这只是一种有根据的猜测性解读，不能完全排除其他的可能性。至于最高人民法院是否会延续“从个案裁判到事后司法解释、司法政策”的回应策略和行动轨迹，还需进一步观察。

③ 王申：《法官的实践理性论》，中国政法大学出版社 2013 年版，第 396、546 页。

④ 吴英姿：《法官角色与司法行为》，中国大百科全书出版社 2008 年版，第 127 页。

义式的“大局意识”。这背后不仅涉及法官自身的价值取向和理性选择，更关系到制度的负外部性。

但是，司法的这些策略在一定程度上使得法律的不确定性大大增加，让很多非法律因素侵入法律系统当中，使得相对封闭的司法决策变得具有很强的开放性。此外，司法考量的部分标准也由法律因素转向了其他非法律因素，而这些非法律因素有时可以最终决定司法的行动轨迹和裁决结果，但这些考量过程中的策略性选择依据却被司法加以隐藏或者模糊化处理，最终是以法律为外衣对其进行包装，而对外加以显现和表达的。这样，这些决策就可以显示出某种法律内的确定性正义和封闭性正义。

第二节 当代中国司法回应社会之策略选择中的可能风险

从应然层面讲，司法职能不应在司法审判以及社会变革层面表现出过分的功利主义和短视倾向，而应遵循司法规律且要量力而行。但是，中国司法回应社会的基本方式以及这些平衡策略和生存策略是镶嵌于中国的国情和社会样态之中，在制度的簇拥下或夹缝中得以形成的。这凸显了当下司法在面临各种复杂情境以及有限司法资源时精心盘算、见机行事的能动侧面，所以在此境遇下的司法通过策略来对案件进行处理具有可理解的成分。[①] 但这并不意味着这些回应方式和回应策略都是正当的，如果从另外的视角进行审视，这些回应也可能会衍生出很多风险，引发不同的负面效应。[②]

---

① 莫良元：《转型社会司法热点案件的法社会学研究》，人民出版社 2014 年版，第 36—37 页。

② 法官的行为虽从本身来看是个体之行为，但是体现的却是法院整体的名义和形象，在社会公众眼中，法官之个体审判行为就是法院整体之作为。也因此，法官在个案中的裁决也成为公众评价整体司法公正与否的重要依据。

一、司法自主性缺失与机会主义行为风险

在上一节所述的策略中，泛政治因素的个案考量、上级法院的过早介入都使得司法的自主性遭到破坏，司法受到法律外因素的影响更为严重。这时，司法可能不再是一个独立运作的主体，而是变为一个受到很多非法律因素入侵的"摇摆体"，在各种非法律因素之间"来回穿梭"，法官/法院则变为一个精于计算的以"经济人"为主的多重角色体，他/它既是实现正义的中立机构，又是官僚机构的一部分，同时还是追求自我利益的部门/个体，并且他/它还会以上述面孔中的任何一个来阻却正义的实现。[①] 在这种状态下，法官的主体性也被不断削弱，而法官主体性的弱化又往往影响法官的理性，进而产生司法判断上的思维惰性。这样不仅会影响法官对决策信息的选择，而且会导致司法伦理、司法责任意识的降低。[②] 法官严重依赖司法解释、上级法院的内部规范性文件和请示汇报，会最终致使他们在思维上产生固化与惰性，很多法官缺乏足够的能力与能动性来根据现实需要对刑法条文作出合理的解释。[③] 正如有学者概括的那样："在高度分化的现代社会，作为手段的暴力(哈贝马斯所说的'事实')与作为目的的规范是分离的，法律往往沦为暴力手段，不具备解释主体性而只能机械适用法律的法官，在科层体制下易于沦为审判机器，或说在流程化管理和表面的程序化控制下沦为生产线上的工人。"[④]

在个案请示的情境下，我国法院的审级制度名存实亡。这减损了制度上的制约关系，上下级法院之间由监督关系变为了事实上的行政化领导关系，严重违背了审级制度设立的初衷与基本的法官依法独立

---

① 汪庆华：《政治中的司法：中国行政诉讼的法律社会学考察》，清华大学出版社 2011 年版，第 6 页。

② 王申：《法官的实践理性论》，中国政法大学出版社 2013 年版，第 183—185 页。

③ 劳东燕：《法条主义与刑法解释中的实质判断——以赵春华持枪案为例的分析》，载《华东政法大学学报》2017 年第 6 期。

④ 梁译如：《法官审判裁量情境中的话语实践考察——"议论的法社会学"视角》，载《交大法学》2018 年第 2 期。

进行审判的司法规律和内在逻辑,导致审判主体"权责利"不统一,各层级法院职能混同,而这不仅容易造成案件处理过程与结果的不确定,还在一定程度上导致审判权运行的混乱和无序,明显降低了司法供给效能。[①] 此外,法官被动地处于一种等待接受的状态,也很容易丧失对法律的能动性、自主性理解。指导性案例的隐性援引体现出法官对法律的适用和判决的说理持有一种"庸俗实用主义"的态度,根本不可能形成对法律的敬畏之心,而只会促发司法机会主义行为——哪项选择对自己有利就选择哪项。新制度经济学进行了"理性人"的假设,在这种假设下,人具有逐利倾向以及有限理性所带来的信息不对称下的机会主义获利行为。如果法院/法官能够坚持以法律和法治精神作为自身判断的标准,那么其自主性得以保持,必然使得机会主义行为减少。但是上一节所说的策略性选择恰恰证明,"司法系统缺乏按照程式对法律之外的社会知识进行有效遴选的能力,致使社会系统直接侵入司法系统"[②]。在司法决策的过程中,法官会充分利用信息的不对称以及对各种侵入司法系统的因素进行利弊权衡,甚至作出法律掩盖下的"违背法治"的机会主义决策和短期化行为。这样一来,法律本应该供给社会的规范预期就无法通过司法来实现,社会对司法的角色期待也就无法兑现。

二、当事人司法产品诉求与法院司法产品供给不匹配风险

司法产品供需的不匹配包括两个维度:一是当事人司法诉求产品的未供给;二是司法供给的产品不符合当事人的期待。而这两种情形在司法回应社会的策略表达中都有所体现。隐性立案审查制在一定程度上使得本该在立案登记制下获得的司法产品救济,由于司法的"裁定驳回起诉"等策略选择而无法供给;强制性调解技术的隐性进

① 方乐:《司法供给侧改革与需求侧管理——从司法的供需结构切入》,载《法制与社会发展》2017 年第 5 期。

② 郑智航:《国家建构视角下的中国司法——以国家能力为核心》,载《法律科学(西北政法大学学报)》2018 年第 1 期。

入、法律形式主义的裁决不仅损害了当事人利益与司法公正，显示出了司法权力的专横，还扭曲了立法目的的本意以及法律价值的意涵，使得当事人的正当合法权益和法律规则的权威大打折扣，最终导致当事人的司法裁决诉求与司法实际上提供的裁决产品严重不匹配；结构性司法产品诉求置换成个体性司法产品诉求更是将这种供需矛盾推向极致。如果我们从需求侧再加以审视的话，可能会更加深刻地理解这一矛盾。因为全国法院系统受理案件数量的不断激增进一步显示了司法需求的不断上涨，而供给侧却停留在策略性选择的层面，所以这也在一定程度上加剧了二者之间的矛盾和紧张关系。

但是，中国司法回应社会的策略性选择而造成的供需之间的不匹配矛盾不完全等同于“案多人少”意义上的供需矛盾。因为前者涉及的因素更加复杂，不仅仅是考量到办案人手、审判效率、繁简分流的问题，还涉及业绩考核、司法权和其他权力的博弈、社会结构以及整个政法体制等因素，所以此种策略选择意义上的供需不匹配相对于“案多人少”意义上的供需矛盾具有更大的风险。从权力运行视角来看，它可能使得司法权对行政权的制约监督作用大大减弱，从而隐性地促使行政权不断扩张，也可能加速促使司法权脱离权力的中心场域，越来越处于权力的边缘，法院地位一降再降；从法院内部视角来看，也很有可能使得法院内部形成一种恶性竞争的糟糕环境，让策略选择的底线不断降低，无法营造出一种公正审判的氛围，而是司法机会主义行为数量逐步增加；从法院的外部视角来看，当事人的司法诉求得不到满足，很可能会对司法产生抱怨和不理解，从而影响司法在社会公众内心的形象，甚至出现类似“马彩云案”等伤害法官的恶性事件或群体事件。[①] 总之，这种风险是不确定的，也是难以准确预测的，治理起来成本也更大，更加适合事前的防范和规避，而不是事后的风险化解。

---

① 吴丹红：《如何保护基层法官——马彩云案后的一点冷思考》，载何家弘主编：《法学家茶座（第48辑）》，山东人民出版社2016年版，第34—38页。

三、法院司法判决与社会公众判意的错位风险

从个案裁判回应到司法解释、司法政策等准立法性质的一般回应策略，表明了最高人民法院可能已经认识到了司法系统内司法判决的漏洞或者不当之处，从而产生了系统内自我补救的自觉意识以及行动方案。如此行动轨迹或者策略选择虽然由于司法解释或者司法政策适用的“不溯及既往”而具有避免以后实质正义缺失等悲剧上演的属性，但是这种事后性的进路是以案件中当事人的利益为代价的，显然违背了社会公众以及法治观念中关于社会公正的基本共识和核心理念。这也因此表明，中国司法的这种从个案司法裁判回应向司法解释、司法政策等准立法性质的回应方式转换的策略选择本身有较大的缺陷。在具体个案中，很容易出现司法判决和公众判意的错位，比如在“大学生掏鸟窝案”“深圳王鹏鹦鹉案”及“天津大妈摆摊射击案”中，社会公众的正义直觉和司法的判决就形成了鲜明的对比。[①] 社会公众从常理、常情以及常识出发所形成的社会正义观与司法从回应策略等因素出发所表现出来的司法正义观出现了严重的错位，生活的意义世界被法律的语言逻辑大大压缩和消解。[②] 这时的司法不再是理论上的纠纷解决者而是变为纠纷的激化者和促成者。[③]

如果一味强调司法封闭下的高冷与疏离，从而作出法律形式主义的裁决，那么司法判决很有可能背离社会大众的基本司法正义欲求，出现一般性正义诉求的规范化表达与具体司法判决中个案正义诉求的“二歧鸿沟”，从而造成司法与社会公众之间的双向不理解，以及法律精英与大众诉求之间的对立与割裂。换言之，司法无法从专业知识以及法律裁判的角度理解社会公众的行动逻辑，同时，社会公众根据

---

① 李拥军：《合法律还是合情理：“掏鸟窝案”背后的司法冲突与调和》，载《法学》2017年第11期。

② 也有学者运用系统论的复杂性、偶在性解释这种现象。李瑜青、邢路：《司法公正的社会认同问题研究》，载《上海大学学报（社会科学版）》2019年第5期。

③ 〔美〕理查德·波斯纳：《各行其是：法学与司法》，苏力、邱遥堃译，中国政法大学出版社2017年版，译序第4页。

经验逻辑也难以理解法院的裁决机理。其实质是背后两种不同知识指引下的各行其是，一种是建构主义的法律形式主义逻辑，另一种是自生自发演进的传统经验逻辑。在多重转型期，就很自然地出现了背离。

在司法产品的供给中，如果司法不考量社会大众的判决可接受性，结果很可能正如有学者所说的那样，在形式上似乎有了很好的符合正当程序要求的裁判结果，但是实质上却没能够解决深层次的社会问题，甚至可能引发更大的社会冲突。因为一旦当事人以及民众认为司法裁判是有违事实以及非道德的，就很容易对司法产生失望甚至绝望情绪，进而会诉诸法律外的非正常纠纷解决途径，甚至于引发私力救济和暴力冲突。现在，这种思维惯性仍在延续。[①] 当二者错位时，司法判决可能只是符合规范意义上的正义，而不符合当事人和社会公众心目中的个案正义。当诉讼中的当事人以及社会公众对司法判决的结果产生某种程度的不认可时，这种不认可可能是司法判决理由下的观念释放与社会公众头脑中业已形成的观念不契合，而这种权利观念与价值体系的冲突，很可能导致上诉、申诉、信访，或者群体事件的产生，最后严重影响司法公信和司法权威的塑造。最为严重的可能是对社会基本常识、常理、常情等价值观造成冲击，甚至是颠覆，使整个社会对司法产生消极评价。[②] 因为相比于当事人司法产品诉求与法院司法产品供给不匹配而言，法院司法判决与社会公众判意的错位已经将主体进行了无限扩大，不再局限于当事人之间，而是涉及更大的范围。

四、司法回应能力不足与回应力度缺乏控制的双重风险

一方面，隐性立案审查制以及结构性司法产品诉求与个体性司法产品诉求的置换在一定程度上彰显了司法自身的回应能力不足。因

---

① 李学尧：《非道德性：现代法律职业伦理的困境》，载《中国法学》2010 年第 1 期。

② 比如广为诟病的“南京彭宇案”的一审判决。关于此案，有学者疾呼中国司法使中国民众的道德水平呈现出一定程度的“滑坡”，并未起到营造应有的良善环境的作用。曹鹏程：《法律应是人性的低保》，载《人民日报》2016 年 12 月 6 日第 5 版。

为如果司法对社会诉求都能给予回应,那就不必策略性地选择将一些案件拒之门外,不规范立案、不予立案或者驳回起诉,甚至“头脑清醒地把事情糊弄过去”①,也不必对当事人的司法诉求策略性地进行置换。但是另一方面,不管是最高人民法院最终掌握着司法解释是否发布、何时发布、内容是何所体现出来的对立法权的僭越和某种程度的知识专断;还是地方各级人民法院对个案请示的滥用、调解的强制、“同案不同判”的个体性回应以及法律形式主义的裁决所体现出来的自由裁量的随意性,都在一定程度上彰显了司法在回应社会的过程中,对回应力度的拿捏还处于缺乏控制的状态。特别是调解思维在审判中的强制介入导致了法官依法裁判的界限变得模糊,自由裁量有了滥用的倾向并且其空间也出现了扩张,这牺牲了司法的确定性,很可能会造成社会公众的“逆向选择”。因此,综合两个方面可见,中国司法在回应社会时面临着回应能力不足以及回应力度缺乏控制的双重风险,即司法一方面在某些领域对于社会是缺乏回应能力的,而在另外一些领域虽具备回应能力,但是回应能力却缺乏相关法治原则的软性约束和相关法律规则的刚性制约。

在这种双重风险下,回应能力的不足很容易造成法院回应社会内生动力不足下的自我限缩。司法一方面会稀释甚至无法满足社会公众的司法需求,但是另一方面又不允许那些非正式法律制度的潜在实践。这造成了“司法供给不能与纠纷解决不能”的尴尬局面,进而致使社会公众产生了对于司法产品诉求失望下的司法抱怨,弱化了司法在社会公众内心的形象,也进一步拉大了司法和社会的隔阂。而回应力度的缺乏控制导致了回应社会诉求的非统一性,同等情况下,司法不能给予同等程度的回应,甚至发生司法权对立法权的侵蚀。有的地方法院还将纠纷解决与政策实施之间的主次关系完全颠倒,呈现出一种泛司法政治化的倾向。此外,最高人民法院过度能动地发布抽象司法

---

① 〔美〕理查德·A.波斯纳:《法理学问题》,苏力译,中国政法大学出版社 2002 年版,总译序第 4 页。

解释，也在一定程度上挤占了立法的空间，让有的司法解释甚至超越了现有法律的规定，面临着“合法性”追问的尴尬和危机。[①] 最终出现了个案个别性回应面临非统一性的乱局与类案一般性回应面临权力僭越的困境。

综上可见，法官不仅缺乏一定的担当，不敢于行使自由裁量权，而且没有将自身个体目标、法院目标和社会价值相统一，缺乏内在统一的价值追求，反而呈现出了通过形式化逻辑来“逃避自由裁量”[②]的怪象，也因此更遑论圆满地实现回应社会诉求的期待。但是，如果没有看到法官行为选择背后的利益考量和制度环境，也就根本不可能看透法官真正的行为逻辑。因为行动者被各种价值观念、规范体系和其他的软硬制度所支配，而且这些因素又影响着所建立的目标和实现目标的手段，[③]所以只是一味地从口号上呼吁法官要敢于担当并且愿意行使自由裁量权以避免一个严重不公平的判决，几乎无助于弱化司法采取消极策略的内在动机。因此，应该从法官生存的制度环境和现实境遇出发，以一颗“同理心”去审视法官的处境，找到其背后的根源，才能借助政法改革、司法改革的契机，改变甚至消除让法院/法官的策略选择产生风险的制度环境和现实境遇，最终从源头上进行治理从而实现预期的效果。

第三节　当代中国司法回应社会的效果评估

至于中国司法回应社会的效果如何，则需要进行司法的回应效果评估。如果运用一种线性的视角对中国司法回应社会加以审视，那么回应评估就位于整个回应链的末端；但实际上，这种线性的回应观并不具备科学性，因为其单线的程式决定了回应评估与复次回应的不可

---

① 苗炎：《司法解释制度之法理反思与结构优化》，载《法制与社会发展》2019 年第 2 期。

② 弗洛姆曾经从社会心理学的角度论述过逃避自由这种现象，与此有类似的表达。〔美〕艾里希·弗洛姆：《逃避自由》，刘林海译，上海译文出版社 2015 年版。

③ 〔美〕乔纳森·H. 特纳：《社会学理论的结构（第 7 版）》，邱泽奇等译，华夏出版社 2006 年版，第 37 页。

互动性。我们应该用一种复次循环的视角来看待中国司法的回应评估,实现从线性评估模式到复次循环评估模式的飞跃。换言之,回应评估与复次回应之间应是良性互动、彼此反馈的,回应评估中的经验与教训会反馈到复次回应当中,而复次回应之后,评估会再次进行,再次对司法回应之基本情况进行反馈,无限循环往复,从而动态地促使中国司法回应社会的效果得以不断提升(见图 3-1)。

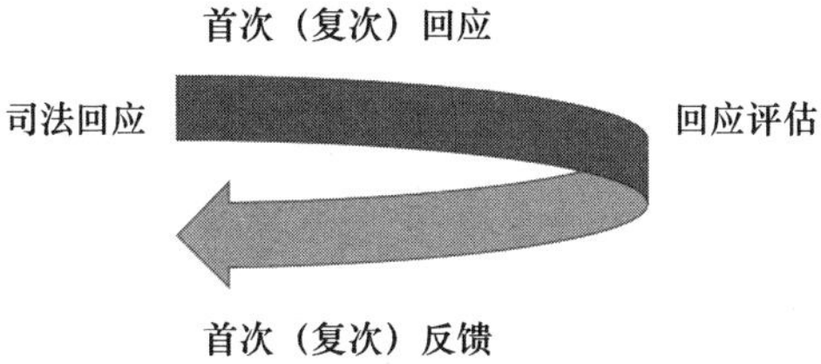

图 3-1 回应评估的单个循环

具体到回应评估的内容,正如前文所言,其最为核心的就是对中国司法回应社会中回应策略可能带来的回应风险以及社会的满意度进行评估。由此,回应评估涵盖了两大模块:一是可能风险的评估;二是满意度的评估。

对于可能风险的评估,首先需要找出中国司法在回应社会中存在的可能风险,而这些可能风险又往往隐藏在中国司法回应社会的基本方式、运作机理以及回应策略当中,其中回应策略中的可能风险是需要关注的重点。因此,欲求找出中国司法回应社会的可能风险并且对其加以评估,实现风险的防范、规避和化解,就需要对目前的回应方式、机理以及策略加以反思。虽然前文对可能存在的风险进行了部分阐释,但是如果要对回应加以评估的话,必须进行更为宏大的理论性和工程性研究。首先,通过清单制度对回应进行“地毯式”的爬梳,进一步理清和归类目前中国司法回应社会都有哪些基本的方式,其运作的机理是何,遵循哪些基本的理念以及中国司法在实践中回应社会都采取了哪些策略,这些策略会带来哪些效果,其中重点认知和反思可能带来风险的策略选择。其次,对可能会带来风险的策略选择展开协商和讨论,继续甄别其中确切的风险及风险的类型与级别,并且找到可能规避和防范风险的路径或措施。最后，将这些商议后的确定成果反馈到中国司法回应社会的实践当中，实现回应风险的防控、规避和化解，最终促进中国司法回应社会的转型升级与范式创新。

对于回应满意度的评估，国内已有学者在从事这方面的工作，目前基本形成了三种类型的格局，其实践分别是中国司法文明指数报告[①]、中国司法改革年度(阶段)报告[②]和法治评估报告[③]。但是，这些评估使用的话语不一，侧重点也各有不同。司法文明指数团队注重通过司法文明指数来表征、激励和促进中国各地司法文明的进步；司法改革年度(阶段)报告重点关注当下的司法改革措施及其带来的成效；法治评估团队又可细分为国家法治层面的评估团队和地方法治层面的评估团队，其中涉及的指标比较丰富，几乎关注到了法治的各个维度，也都涉及了司法的部分，比如关于司法满意度的社会评价[④]、司法透明指数的评估[⑤]等。因此，现有的研究和调研成果已经可以为中国司法回应社会的满意度评估提供很好的现实数据，也具有很强的借鉴意义。甚至其中有很大一部分可以直接应用到中国司法回应社会效

---

① 从 2014 年起，以张保生教授为首的中国司法文明指数项目组每年都会发布《中国司法文明指数报告》，来评估中国司法文明的状况，其中把司法权力、当事人诉讼权利、民事司法程序、刑事司法程序、行政司法程序、证据制度、司法腐败遏制、法律职业化、司法公开与司法公信力、司法文化这 10 项作为一级指标，其下设 32 个二级指标。

② 司法改革报告分为民间版本和官方版本，二者可以对比性参鉴。其中，以徐昕教授为首的团队从 2009 年开始每年发布的《中国司法改革年度报告》为民间版本报告。此外，最高人民法院还会根据司法改革的五年计划，在相应阶段实施完毕后出版相应的改革成果总结。中华人民共和国最高人民法院编：《中国法院的司法改革(2013—2018)》，人民法院出版社 2019 年版；中华人民共和国最高人民法院编：《中国法院的司法改革(2013—2022)》，人民法院出版社 2023 年版。

③ 国内法治评估的团队较多，其中比较典型的是以朱景文、孙笑侠、钱弘道教授为代表的法治评估团队以及众多的地方法治评估团队。朱景文主编：《中国人民大学中国法律发展报告 2018：2015—2017 年中国法治满意度评估》，中国人民大学出版社 2018 年版；孙笑侠：《用什么来评估司法——司法评估"法理要素"简论暨问卷调查数据展示》，载《中国法律评论》2019 年第 4 期；钱弘道：《法治评估及其中国应用》，人民出版社 2017 年版。

④ 朱景文：《司法满意度的社会评价——以 2015—2017 年法治评估数据为基础》，载《中国应用法学》2018 年第 3 期。

⑤ 钱弘道：《中国司法透明指数实验报告——以浙江省湖州市吴兴区法院为样本(2015)》，载《中国应用法学》2017 年第 1 期。

果的分析当中。比如,在司法文明指数中(见图 3-2),"司法文化"作为一个一级指标,把"公众参与司法的意识及程度""公众诉诸司法的意识及程度""公众接受司法裁判的意识及程度"以及"公众接受现代刑罚理念的意识及程度"指标作为"司法文化"之下的四个二级指标[①],其中的成果就可以直接作为回应评估分析的样本和对评估方式、指标、理念进行反思的样本,而这将会大大降低中国司法回应社会的效果评估的成本。

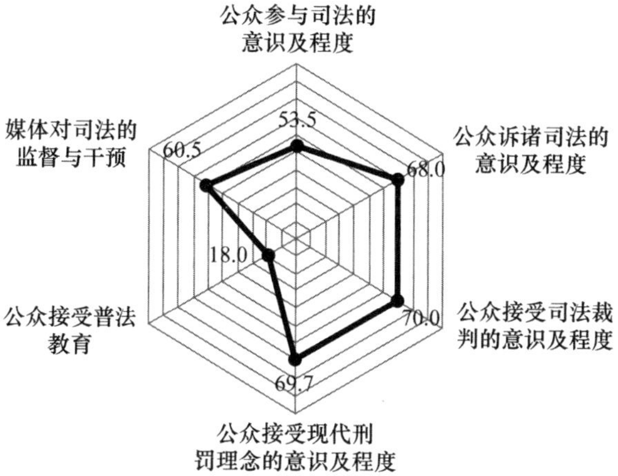

图 3-2 司法文化二级指标得分分布

资料来源:郑飞:《司法文化的社会化与大众化——基于 9 省市实证调研与数据挖掘的分析》,载《证据科学》2015 年第 2 期。

① 图 3-2 中,司法文化下设 6 个二级指标,但只有 4 个与本书内容最为相关,且只有这 4 个指标的评估成果最有借鉴意义,因此此处只提及 4 个指标。

第四章

审判风险视域下司法回应社会的个案考察

除了前几章所述的司法回应社会的多维原因、运作机理、基本方式、回应策略、可能风险以及回应效果等相对抽象化、宏观化的思考，司法对于社会的回应亦体现于具体的个案当中，于是个案就成为司法与社会互动的微观考察样本。如果说以上司法回应社会之理论架构和六个维度的实践开展之分析缺乏一定的语境或语境不够明晰，那么通过个案化的具体深描和剖析，可以更加清晰地看出司法在某种具体语境下的社会回应，也可以因此以小见大，透过个案来审视司法在回应社会中存在的结构性、系统性以及普遍性问题。这也是目前法社会学研究的基本进路之一。因此，在本章，笔者选择了一个热点案例作为分析的例证素材，进而剖析司法是如何在个案中回应社会的，以及具体呈现出何种回应样态。

第一节 重新认识“天津大妈摆摊射击案”

之所以选择“天津大妈摆摊射击案”这一案例，主要考虑到以下两点：第一，这个案例曾是轰动一时的热点案例，具有很强的典型性，由于其社会影响力的存在，甚至入选了“2017 年中国十大司法案件”等案例评选活动，足以作为研究分析的样本。第二，在“天津大妈摆摊射击案”中，公安机关的选择性执法风险顺利地转移到法院，继而转变为审判风险。这种审判风险体现出了社会对于司法的强烈诉求，社会期待司法对公安机关选择性执法所打破的稳定预期给予恢复，重新确立符合生活习惯的稳定预期。法院也在面临审判风险时给予了社会各种方式的回应，其中的回应理路值得进行过程性的剖析。在这种过程性的剖析中，可以审视司法与社会的互动样态及其影响因素。但是，笔者在本部分主要不是欲求证成司法应该回应社会，而是试图通过对此案例“解剖麻雀”式的分析来描述司法是如何回应社会的，同时对司法回应社会的基本图式、逻辑转向、内在缺陷以及结构制约进行反思和优化。

面对一个影响性案例，也许只有经过时间的沉淀，才能有一个全面的认识。“天津大妈摆摊射击案”发生以后，集社会公众、专家学者、法律实务工作者、人大代表、政协委员、司法高官等多种角色于一体的舆论场展开了激烈的“公案”[①]讨论。如今，公共领域的舆论场逐渐散去，但是此案反映的法治问题却难以使我们停止思考。回顾法学界对此案的研讨，部门法学者参与争议者众多，且主要集中于非法持有枪支罪中“枪支”认定标准的依据[②]、违法性认识的构成[③]、社会危害性的识别[④]、刑法解释的方法与价值取舍[⑤]、刑事犯罪审判依据的行政法与刑法分殊[⑥]、司法良知缺失的伦理批判[⑦]、人民陪审员制度在解决合法

---

① 孙笑侠：《公案的民意、主题与信息对称》，载《中国法学》2010 年第 3 期。

② 陈兴良：《赵春华非法持有枪支案的教义学分析》，载《华东政法大学学报》2017 年第 6 期；车浩：《非法持有枪支罪的构成要件》，载《华东政法大学学报》2017 年第 6 期；江溯：《规范性构成要件要素的故意及错误——以赵春华非法持有枪支案为例》，载《华东政法大学学报》2017 年第 6 期；熊德禄：《刑事司法裁量的边际均衡——从枪支认定标准与赵春华案切入》，载《环球法律评论》2020 年第 1 期。

③ 马荣春、陈志颖：《违法性认识：“赵春华涉枪案”出罪的切入》，载《河南财经政法大学学报》2018 年第 1 期；屈学武：《中国刑法上的免责机制反思——从违法性认识错误切入》，载《法治研究》2018 年第 1 期。

④ 王钢：《非法持有枪支罪的司法认定》，载《中国法学》2017 年第 4 期。

⑤ 劳东燕：《法条主义与刑法解释中的实质判断——以赵春华持枪案为例的分析》，载《华东政法大学学报》2017 年第 6 期；张玉洁：《原旨主义解释的规范性反思及其后果规制——以“赵春华非法持枪案”为例》，载陈金钊、谢晖主编：《法律方法(第 23 卷)》，中国法制出版社 2018 年版，第 163—177 页；张勇、李紫阳：《利益衡量方法在刑事裁判中的合理适用——以“赵春华非法持枪案”为例》，载《法律适用(司法案例)》2018 年第 4 期；高维俭、王东海：《刑法体系解释层次论——兼以“赵春华案”为实践检验样本》，载《现代法学》2019 年第 3 期。

⑥ 孙国祥：《构成要素行政性标准的过罪化风险与防范》，载《法学》2017 年第 9 期；邹兵建：《非法持有枪支罪的司法偏差与立法缺陷——以赵春华案及 22 个类似案件为样本的分析》，载《政治与法律》2017 年第 8 期。

⑦ 刘艳红：《“司法无良知”抑或“刑法无底线”？——以“摆摊打气球案”入刑为视角的分析》，载《东南大学学报(哲学社会科学版)》2017 年第 1 期。

与合理冲突境遇中的意义[①]、机械司法现象发生的原因[②]等主题与问题；而法理学学者的论著较少，主要体现在司法判决与公众判意错位或者个案正义与规范正义冲突的解决路径[③]、选择性执法造成的法律系统性危机[④]以及司法裁判中后果主义的考量[⑤]等方面。综观众多的研究，部门法学主要集中于讨论非法持有枪支罪的精细化犯罪构成问题，而法理学则主要精研于法律方法论（特别是法律解释学）、人民陪审、司法伦理在解决个案正义与规范正义错位时的功用与意义。

可见，目前的研究主要还是以一种静态的视角审视此案，局限于探讨此案涉及的某一个局部问题，缺少一种相对宏观的视域对此案的整个过程加以系统性地、动态性地审视。虽然有学者从选择性执法的视角切入，对立法、执法、司法、守法的系统性危机进行了别出心裁的阐释，认为执法不严已经引发了法律运行的系统性危机，即由于公安机关执法不严导致公众未能严格守法，甚至因此悄然改变国家法律的操作标准，最终导致社会公众依凭实际操作标准指责国家立法有误、司法判决不公。[⑥] 确实，选择性执法下的执法不严给立法效果和司法审判都带来了不同程度的风险。在立法层面上，执法不严致使立法标准没有得到真正的贯彻，法律效果落空；在司法维度上，执法不严将公

---

① 胡云红：《从天津赵春华案谈我国人民陪审员制度中大合议庭陪审机制的构建》，载《河北法学》2017 年第 5 期。

② 张建伟：《司法机械主义现象及其原因分析》，载《法治社会》2023 年第 1 期；李占国：《当前司法实践中影响公平正义实现的若干问题》，载《中国应用法学》2022 年第 5 期。

③ 魏治勋：《司法判决与社会认知的冲突与弥合——对理解"天津老太非法持枪案"两种范式冲突的反思》，载《东方法学》2017 年第 3 期；侯明明：《司法正义与社会正义的错位：类型、因素与启示——以热点案例为例证的分析》，载《学术论坛》2017 年第 6 期；陈辉：《规范正义与个案正义冲突的解决方法——以天津摆射击摊获刑案为例》，载陈金钊、谢晖主编：《法律方法（第 23 卷）》，中国法制出版社 2018 年版，第 145—161 页。

④ 杨建军：《法律的系统性危机与司法难题的化解——从赵春华案谈起》，载《东方法学》2017 年第 3 期。

⑤ 陈辉：《后果主义在司法裁判中的价值和定位》，载《法学家》2018 年第 4 期。

⑥ 杨建军：《法律的系统性危机与司法难题的化解——从赵春华案谈起》，载《东方法学》2017 年第 3 期。

众判意和司法判决可能错位的风险转移给了法院。但是此研究只聚焦了执法不严带给法律的系统性危机，将法院设置成了一种被动消极接受的状态，并未涉及法院在其中实际发挥的能动应对方式和回应机制的结构化创制意义。换言之，其聚焦的因果关系处于一种单一化和绝对化的状态，放弃了多因多果和相对化的考察。除此之外，该研究还忽视了司法权运行的外部结构性环境和制约因素的干扰，也并未从一种法院规则创制功能和诉讼结构关系的角度对此案进行整全视角的审视和结构性的考察。

因此，在此语境下，至少仍有如下问题还值得深入研究：(1) 公安机关选择性执法所引发的诉讼案件为何生发了风险，这种风险的根源在于选择性执法的分歧还是对案件本身的巨大争议？(2) 这种风险是如何成功转移到法院去的？处于中间环节的检察机关扮演了什么样的角色？(3) 面临着所转移的审判风险，司法又是如何回应社会的，其中又存在何种缺陷，以及法院应该如何化解和分散这种风险？(4) 法院的一系列回应理路对社会产生了何种效果？这些效果又使得司法和社会的关系发生了何种变化？社会公众对司法的评价又将呈现出何种趋势？

正是这一系列值得研究的问题构成了本章的问题意识，本章意在以“天津大妈摆摊射击案”作为思考的基点，在坚持批判性立场的前提下，从选择性执法的角度切入，对以上具有思维连贯性的问题进行阐释，尝试从个案中挖掘出一般性的和制度性的意义。一方面，对法院整个回应过程中内在逻辑和行为轨迹的实然梳理可以反映出法院司法决策与表达的内在缺陷和结构性制约因素；另一方面，对法院回应方式的应然思考可以弥补实然缺陷以及消解制约因素，实现回应方式和回应策略的转型升级。通过以上分析最终达至如下目的：第一，矫正因为选择性执法而给社会公众带来的现实观念和立法规定的认知偏差；第二，回应社会的实质正义诉求，在保障形式正义的前提下同时实现个案正义，又不损害法治之形式价值；第三，策略性地处理好法院与镶嵌于政法组织结构中的其他权力的关系，甚至实现诉讼权力结构的微调，从而演进出更加科学合理的诉讼权力结构关系；第四，使法院能够通过规避、分散和化解转移风险，抵御社会公众对法院的不良评价，彰显法院的正义责任担当，提升司法权威性和司法公信力，以更加成熟的司法姿态回应以后类似的诉讼境遇。

第二节 公安机关选择性执法的风险生发及法院转移

一、风险生发的原动因：选择性执法挑战了公众的常理正义

所谓选择性执法（selective enforcement of law），是指根据情势需要，决定什么时候严格执行哪部法律，采取什么执法手段，什么时候放松哪部法律的执行，什么时候严格执行哪个具体的案件，采取什么执法手段，什么时候对哪个案件之执行特别对待的视具体情况而定的执法方式。[①] 其中，执法时间、执法对象、执法地域、执法内容等都具有可选择性。选择性执法作为公权力运作和资源配置的一个镜像，反映出了公安机关执法生态的一个侧面。选择性执法损害的是执法对象（主要是行政相对人）所拥有的同样情况给予适用同样法律和法规的权利，即“平等对待权”[②]。就“天津大妈摆摊射击案”而言，侵犯的则是对其他摆摊射击经营行为同样给予相关枪支管理法律适用，而不是仅仅只对一人或者几人采取强制措施的合法平等权。

人们事前力图制定完备的法律，事后却发现严格执行不会带来任何交易利益，甚至还会引起社会总福利的减少（尽管一方可能因为来自另一方的财富转移而获利）。这时，法律的最优执行是根据不同“世界状态”进行选择性执行，[③]最终形成一种“制度性规则的制

① 戴治勇、杨晓维：《间接执法成本、间接损害与选择性执法》，载《经济研究》2006 年第 9 期。

② 章剑生：《“选择性执法”与平等原则的可适用性》，载《苏州大学学报（法学版）》2014 年第 4 期。

③ 戴治勇、杨晓维：《间接执法成本、间接损害与选择性执法》，载《经济研究》2006 年第 9 期。

度化抗拒”[①]现象。这在“天津大妈摆摊射击案”中有充分的表现：一方面，公安机关执法时间的选择性。现行有效的枪支鉴定标准《公安机关涉案枪支弹药性能鉴定工作规定》是由公安部于2010年发布的。然而，相关标准确立后，公安机关并没有采取行动，直到2016年和2017年才开展违法打击行动。换言之，摆摊射击行为被刑事立案、针对此种行为动用国家的刑罚权是2016年才真正地出现在公众视野当中的。可见，中间的时间段并未做到严格执法。另一方面，从事此类射击游戏的摊贩不在少数，几乎遍布全国县(区)镇(乡)。但是，对于同类案件，有的地方侦查起诉，有的地方不起诉，标准不一。即使是在“天津大妈摆摊射击案”发生之后，这种摆摊射击的娱乐行为在各大景区、公园、动物园等场所依然可见，各地也没有立即展开执法活动，对此类行为进行清理，当地公安机关也未普遍将其按照犯罪行为采取强制措施。

但是，处于舆论场漩涡中心的并不是选择性执法对“平等适用权”的侵犯，而是选择性地将“摆摊射击行为”视为枪支犯罪。换言之，对于“天津大妈摆摊射击案”，与其说争议点在于执法对象、地域的选择性，还不如说在于时间上的选择性执法，因为前者虽然也产生了重要的影响，但是后者则直接挑战了社会公众的直觉正义和常理正义，成为个案正义和规范正义之错位风险生发的原动因。

如此而言是因为，即便人们并不知道法律的具体内容，也往往能依据世代传承的社会共识(即排除明示性除却事由的影响，人们信任前人的行为方式能够为后人所适用)，来判断自身行为是否符合规范，这也正是社会共识弥补法治弊端的重要意义。但是，社会共识下的行为规范并不总是同法律文本的规范相统一。[②] 如果执法者在一个长时

① 〔美〕罗伯特·K.默顿：《社会研究与社会政策》，林聚任等译，生活·读书·新知三联书店2001年版，第86页。

② 张玉洁：《原旨主义解释的规范性反思及其后果规制——以“赵春华非法持枪案”为例》，载陈金钊、谢晖主编：《法律方法(第23卷)》，中国法制出版社2018年版，第163—177页。

段内(时间维度的持续性)没有执行法律规范本身所禁止的行为,那么就很可能会使得原本不统一的社会共识规范和法律文本规范之间的罅隙在一定程度上被遮蔽,从而使得社会公众处于一种对行为的法律意义不自知或者认知存在偏差的状态。比如,正是因为公安机关对于各种场所摆摊射击行为的放任态度,才使得社会大众未认识到此类行为的违法性(甚至构成犯罪),从而导致在枪支认定上,公众标准和法律规定的法定标准之间产生偏差。[①] 虽然不作为的选择性执法并不意味着法律对持有枪支的合法性给予默认,但是这种长期的不作为实际上起到了认可长期存在的"摆摊射击娱乐活动"合法的效果。进而也就产生了卢曼所谓的"规范预期"而非"认知预期"的实际效果,只不过这是一种反向的规范预期塑造。在规范预期中,一旦现实与预期出现差异,社会公众并不会否定自身预期的正当性,而是将其归咎于行动者的谬误。[②] 在本案中,这种不知法的状态或者对法律的认知偏差在执法者突然(时间上的打断)选择性严格执法的境遇下,让"法律上的违法"与"一般观念上的合法预期"之间的冲突、张力无限放大,并将法律推向了自相矛盾的尴尬境地。

继而,这种时间意义上的选择性执法让社会公众瞬间丢失了对以往生活方式的习惯性依赖,司空见惯的事情被犯罪化,打破了公众一直以来的稳定行为预期。摆摊射击娱乐属于延续了很多年的集娱乐和商业于一体的民间经营行为,甚至已经或多或少地融入了社会公众的生活,成为一种难忘的成长记忆,但是未见其"危险性"。如果非要

---

① 正如有学者总结的,法律虽然严格禁止持有非法枪支,但执法机关对摆摊设点的射击游乐放任不管,于是部分违法枪支悄然进入气枪射击气球娱乐摊点,导致公众在稀里糊涂的游乐中,无意识地误认为所有射击气球枪支都具有合法性、无害性、娱乐性,甚至认为摆设气枪射击摊点还能够为困难群体提供就业岗位,因而值得鼓励和支持等。这样,原本应该严格实施的国家枪支管理规定就逐步被虚置化、被放任不管,非法枪支也悄然在实践中被"合法化",并潜移默化地改变着老百姓心目中"枪支"合法性的标准。杨建军:《法律的系统性危机与司法难题的化解——从赵春华案谈起》,载《东方法学》2017 年第 3 期。

② 〔德〕尼克拉斯·卢曼:《法社会学》,宾凯、赵春燕译,上海人民出版社 2013 年版,第 81 页。

认定其具有刑法意义上的“危险”，不仅是缺乏经验事实支撑的，更是违背社会大众之生活常识的，会致使社会公众对公安部门入侵生活领域产生一种排斥感，这种排斥感和执法部门对公众合法性直觉的挑战不仅使得个案的正义彰显受到质疑，冲击了公安机关的执法公信力和权威性，而且还会成为社会舆论在短时间内积聚的重要推动力。

最为棘手的是，案件最终却按照诉讼流程流向法院。随着这种规范和观念上的认知冲突被诉诸法院，法院成为风险化解和个案正义实现的公众目光聚焦之地和期待之所。一旦法院没有回应好此类正义观念冲突型的难办案件，不仅司法的公信力、司法权威会受到冲击，法官个人受到谴责与诟病，而且对于当事人，甚至整个社会的价值观都可能产生不良影响，进而影响社会大众未来的行为预期与行动轨迹。

二、风险转移的续动力：压力支配下检察机关双重角色的反转

即使我们退一步，承认类似于“天津大妈摆摊射击案”的摆摊射击行为是一种所谓的符合犯罪正常度的犯罪行为，即在具体时空背景下国家和社会对摆摊射击行为之犯罪状况处于可以容忍的限度。[①] 但是这种行为在 2016 年却突破了犯罪正常度的指标，其中充斥着社会维稳的功利化因素。[②] 因为 2016 年和 2017 年开启了为重点治安任务而开展“治理枪患”的专项行动，该行动严厉打击涉枪涉爆违法犯罪活动。其中，检察机关早就被纳入党政机关属地化综合治理的整个框架当中。如此一来，特殊时期的治安工作不再局限于法律职权意义上的工作机制，而是变成一项由公安机关、检察机关等集体合作完成的维稳任务。因为在国家主义的理念下，维护社会稳定成为政法组织内部

---

① 关于“犯罪正常度”指标的阐释，见储槐植：《刑事一体化与关系刑法论》，北京大学出版社 1997 年版，第 67 页。

② 传统的观点认为，选择性执法的本质在于公权力使用的随意性和不受约束性，但是有关条款一直未被公安机关启动适用，摆摊射击的娱乐行为也一直未被当作犯罪行为进而推动公安机关执法，恰恰说明了选择性执法受到了某种隐性力量的约束，而不是传统认为的仅仅是权力行使不受限制。

最具压力性与支配性的目标。在公共活动中一旦出现社会的不稳定因素,必将成为地方治理竞争中的负向指标。

在如此治理压力下,检察机关至少扮演了两重角色:一是审查起诉的侦查监督机关和提起公诉的公诉机关;二是政法综合治理体系中的一员。前者属于法律角色的定位。我国《宪法》第134条和第136条对检察机关的定位是国家法律监督机关,依法行使检察权和法律监督的职能。检察处于整个司法程序的中枢环节,这个关口不但要把握住,还要成为案件质量的传递通道。[①] 后者则是政法传统的历史性延续和社会治理的现实需要。按照现有的法治话语,法律角色的定位应该高于综合治理的角色定位,当二者相冲突时,后者应该服从于前者。但是在现实的刑事实践中,有时后者的联动治理角色扮演超越甚至支配了前者的法律角色,出现了治理压力支配下检察机关双重角色的反转现象,从而导致检察机关与侦查机关之间过分的权力配合,而不是制约和监督。

检察机关对于侦查机关的实质性监督一般局限于不予起诉或者退回补充侦查等程序性决定或制裁,如果侦查机关和检察机关事前联合为特定治理任务捆绑下的"利益共同体",尤其是在强调"协同作战"和"统一指挥"的情形下,那么本来就监督不足的检察机关更可能放松对侦查机关的监督,起诉条件很可能也跟随降低,审核的形式意义将大于实质意义,两机关会为了共同特定目标而让查处的案件顺畅地进入法院审判阶段。

这样看来,人民检察院法律监督职责的折扣式履行,其实隐性地助益了犯罪情节显著轻微甚至在常人看来不构成犯罪的案件进入法院。由公安机关侦查进入法院审判阶段的第一道门槛是检察院对提起公诉条件的审核,如果在审查起诉阶段,"天津大妈摆摊射击案"能

---

① 刘哲:《检察官的司法观刍议》,载《检察日报》2019年3月17日第3版。

够以不予起诉了结,那么该案根本没有机会进入法院的审判阶段。[①]在此意义上讲,无提起公诉即无法院审判。换言之,公诉机关的提起公诉行为促使了风险的司法转移和审判风险的产生,成为选择性执法风险向法院转移的继原动因之外的第一续动力。

于是我们可以发现,在国家本位的治理体系中,平时分割治理的各种职权角色在特殊的社会治理任务和目标面前都可能要处于相互配合的状态,而不再过分地强调职权制约。统一服务大局和中心任务的意识在此时显得尤其重要。平时强调的程序制约、职权发挥和权利保障功能在如此情境下不仅具有更大的弹性,而且秩序价值和权益保障的权衡机制也失去了往日的衡平功效。暂且抛却法院不予考虑,此时呈现出一种公检两机关的"共议"格局。公检两机关为实现共同的"绩效"目标,在互动中寻求一致,凝聚成了利益共同体,反复地沟通协调增加了两机关间互动的频率和次数,加剧了原有人缘化空间结构下组织间的关系密度,进而导致相互间应有的制约型组织结构被共议型组织结构所取代。[②]

综上,此案横跨了公安执法、检察公诉、司法审判三个场域,从公安机关选择性执法导致风险产生,到检察机关提起公诉风险顺利转移到法院,造成审判舆论的激烈化,这一系列行为使法院成了矛盾的积聚之地和待解决之地。其实质上是把社会公众的日常合法常识与警察执法带来的"官—民"不同犯罪观念的极致冲突和错位从公安机关、检察机关转移到了法院。选择性执法造成枪支立法规范标准和实际的公众认知标准产生严重的偏差,这种偏差又促成了关于此案罪与非罪的巨大张力。随着检察机关提起公诉,这种巨大的张力位移至司法

① 譬如,2012 年赵某在北京市大兴区农贸市场摆摊贩卖玩具枪,后经查明,其所贩卖和持有的部分枪形物达到了枪口比动能 1.8 焦耳/平方厘米的枪支认定标准。但是,大兴区检察院最终决定对该案作存疑不起诉处理。《北京版"摆摊大妈"也被认定真枪 检方为何没起诉?》,http://news.163.com/17/0221/20/CDQT94AV00018AOR.html,2018 年 8 月 15 日访问。

② 徐清:《刑事诉讼中公检法三机关间的"共议格局"——一种组织社会学解读》,载《山东大学学报(哲学社会科学版)》2017 年第 3 期。

场域，于是司法场域成为舆论关注的“热场域”，之前的公安部门和检察机关则成为“冷场域”。由此，在原动因和续动力的顺承合作下，选择性执法风险成功地转移到了法院，继而转变为审判风险。就其实质而言，风险的流动性转移在一定程度上也意味着多元责任的顺向转移。法官在审判的过程中遭遇着不利于自身存在和发展的可能性，可能是职业前途不确定性系数增加、获得社会舆论的负面评价，也可能是其他权力的潜在反抗、政治权威的问责，甚至是人身受到损害的威胁等。①

第三节 法院在审判风险中回应社会的基本图式与逻辑转向

正如上节所言，本案之所以成为难办案件就在于规范正义和社会认知存在巨大的错位，法官的难题在于如何来弥合这种错位，以回应社会的诉求与期待。对于这种风险转移的回应图式和背后逻辑不仅关系到法院处理审判风险的能力表达，更涉及个案正义的实现以及司法公信力和司法权威的塑造等效果显现。

一、法院在审判风险中回应社会的基本图式

自“天津大妈摆摊射击案”进入审判阶段开始，根据法院对此案的回应次序，可以将其分为一审阶段的回应、二审终审的回应和事后发布司法解释的回应。（见图 4-1）首先，“天津大妈摆摊射击案”第一次开庭意味着法院就该案对社会的回应拉开了序幕。2016 年 12 月 27 日，法院一审判决赵春华犯非法持有枪支罪，判处有期徒刑 3 年 6 个月。法院以判处有罪且为实刑的方式回应了当事人以及社会公众的关注。其次，一审宣判后，被告人不服判决提起上诉。2017 年 1 月 26

① 关于审判风险的更多论述，见刘明奎：《基层法官审判风险规避行为研究》，吉林大学 2019 年博士学位论文。

日，二审法院公开审理了赵春华非法持有枪支上诉一案，并依法当庭宣判。在定罪方面，法院没有改变一审的判决，赵春华依然构成非法持有枪支罪，但是基于对社会危害性等量刑因素的考量，法官通过行使自由裁量权最终判决赵春华有期徒刑 3 年，缓刑 3 年，实现了从实刑到缓刑的跨越。再次，2018 年 3 月 8 日，最高人民法院、最高人民检察院《关于涉以压缩气体为动力的枪支、气枪铅弹刑事案件定罪量刑问题的批复》发布，相关部门也通过发表文章、报道给予解读。按照现有关于司法解释的规范性文件可知，此批复属于司法解释的范围。最高人民法院和最高人民检察院发布的司法解释是试图在不改变枪支致伤力标准的前提下，通过赋予法官、检察官较大的自由裁量权达成两个方面的目的：一是坚持严格管控枪支，依法严惩涉枪犯罪，保障国家长治久安；二是考虑到不同类型枪支、弹药的致伤力存在重大差异，对相关案件实行差别化的定罪量刑标准，以保障对相关案件的处理能实现法律效果与社会效果的有机统一，确保人民群众在每一个涉枪犯罪案件的处理中感受到公平正义。[①]

图 4-1　法院在审判风险中回应社会的基本图式

二、法院在审判风险中回应社会的逻辑转向

(一) 从纯粹形式理性转向有限实质理性

如果对以上一审判决和二审判决加以对比，就会发现法院判决所体现出来的纯粹形式理性和有限实质理性。之所以说是纯粹形式理性思维，是因为一审判决和二审判决完全一致地遵从了行政立法(《公

① 最高人民法院研究室刑事处：《〈最高人民法院、最高人民检察院关于涉以压缩气体为动力的枪支、气枪铅弹刑事案件定罪量刑问题的批复〉的理解与适用》，载《人民法院报》2018 年 3 月 29 日第 3 版；万春、杨建军：《〈关于涉以压缩气体为动力的枪支、气枪铅弹刑事案件定罪量刑问题的批复〉解读》，载《检察日报》2018 年 4 月 22 日第 3 版。

安机关涉案枪支弹药性能鉴定工作规定》与《枪支致伤力的法庭科学鉴定判据》)的枪口比动能 1.8 焦耳/平方厘米的枪支认定标准，将其作为入罪的依据。[①] 这一判决具有“先例”示范功能和法官“路径依赖”的行为倾向，可能致使今后的类似案件都如此判决。换言之，法官为自身的判决找到了形式的“合法性”(legality)，试图通过纯粹的形式理性来建构自身判决的正当性。而有限的实质理性是指，二审判决综合考虑了“赵春华非法持有的枪支均刚刚达到枪支认定标准，犯罪行为的社会危害性相对较小，其非法持有枪支的目的是从事经营，主观恶性、人身危险性相对较低，二审期间能如实供述犯罪事实，认罪态度较好，有悔罪表现”[②]等情节，不是仅仅依赖于形式化的枪支标准，而是进行了一定程度的实质性权衡。但是，很显然，此实质权衡是不足的，“摆摊射击行为”依然被定为犯罪，只是在量刑上作出了比一审更能够使人接受的决定，并未实现整全意义上的实质正义。

按照韦伯的观点，在一个文化多样、价值多元，同时又注重功利和效率的时代，一切法律的基本特征应该是形式主义的，形式理性法律所要求的确定性、逻辑性和体系性本身构成了现代法治的理念和追求。[③] 但是，法官裁判案件如果过分痴迷于法律形式主义，只强调适用法律的抽象正确性效果而忽视个案的社会效果，就极易被韦伯自身也不得不承认的形式理性之铁笼所禁锢。[④] 比如，作出一审判决的人民法院的一名副院长表示，判决结果出来后，产生的社会效果确实超出了预料。他指出，从法律的审判依据来看是没有问题的，但是否符合

---

① 陈兴良：《赵春华非法持有枪支案的教义学分析》，载《华东政法大学学报》2017 年第 6 期；江溯：《规范性构成要件要素的故意及错误——以赵春华非法持有枪支案为例》，载《华东政法大学学报》2017 年第 6 期。

② 天津市第一中级人民法院(2017)津 01 刑终 41 号刑事判决书。

③ 〔德〕马克斯·韦伯：《论经济与社会中的法律》，张乃根译，中国大百科全书出版社 1998 年版，第 62—63 页。

④ 〔德〕马克斯·韦伯：《法律社会学》，康乐、简惠美译，广西师范大学出版社 2005 年版，第 324 页。

情理,在作出判决时“可能想得没那么多”[①]。由此,可以明显地看出,法院的一审判决只是简单地在适用法律,作出法律形式主义的判决,而没有考虑到实质正义下判决的可接受性。过分的形式理性思维不仅仅是一种简单机械理解法条的表现,更是一种思维懒惰下表现出的能力不足和缺乏担当。正如有学者所讲,由于严重依赖司法解释与上级法院的内部规范性文件,依赖请示汇报,由此造成思维上的固化与惰性,大多数法官缺乏足够的能力与能动性来根据现实需要对刑法条文作出合理的解释。[②] 也正是因为看到了形式理性法的缺陷和危机,才出现了德国利益法学和美国现实主义法学等学派的形式理性法的实质化倾向思潮,[③]以期提高司法和法律的社会适应性与回应性。

(二) 从个案裁判转向司法解释、司法政策的制定

正如前文所述,从最高人民法院在案后发布的司法解释以及其他司法行为的时间节点可以总结出,最高人民法院走的是一条倾向于“从个案裁判到一般性司法解释、司法政策的制定”这一转向型的回应策略路径。但是,从“天津大妈摆摊射击案”背后的法律适用逻辑又可以看出,坚持“案中继续适用行政立法枪支标准”的态度,即既主张修正相关标准,但是又在相关标准没有修正之前继续适用。最高人民法院坚持如此态度很可能是认识到了下级法院司法判决之漏洞或者不当之处,从而产生了司法系统内自我补救的自觉意识以及行动计划,但是又想策略性地维护自身系统的司法权威——不能在案件审理过

---

① 《法院谈天津射击摊大妈获刑:是否合情合理,判决时没想那么多》,http://news.163.com/17/0118/20/CB3CU8RH000187VE.html,2019 年 8 月 12 日访问。

② 劳东燕:《法条主义与刑法解释中的实质判断——以赵春华持枪案为例的分析》,载《华东政法大学学报》2017 年第 6 期。

③ 这源于 20 世纪以来法理学为应对法律形式主义之危机而开展的“形式法实质化”运动,涉及利益法学(以耶林为代表)、现实主义法学(以弗兰克、卢埃林等为代表)、社会法学(以庞德为代表)、批判法学(以昂格尔、肯尼迪、霍维茨为代表)和法律经济分析(以波斯纳为代表)等法学流派。陈雨薇:《论反思性的法社会学的现实价值》,载《东方法学》2018 年第 2 期。

程中修改自身的审判依据,只能在案件裁判生效之后发布新的司法解释和司法政策。可见,从一审、二审法院和最高人民法院的回应过程中可以总结出其回应背后的逻辑转向:从个案司法裁判回应转向司法解释、司法政策等准立法性质的回应;从具体回应转向抽象一般回应;从案中回应转向事后案外回应。这种抽象性质的一般性回应,相比于前一种回应而言,更具一般性。

第四节　法院在审判风险中回应社会的内在缺陷与结构制约

法院在审判风险中回应社会的过程虽然有自身的基本图式和逻辑转向,但是这些回应方式和逻辑转向存在一定的缺陷,而且受到结构性因素的制约。受二者的共同影响,法院在审判风险中回应社会诉求的效果有待提升。因此,对回应缺陷和制约因素的阐释可以为法院回应社会诉求的转型升级指明问题所在,同时为其理路矫正和结构优化奠定基础。

一、法院在审判风险中回应社会的内在缺陷

(一) 保守姿态导致行政法与刑法混同

"刑法内涵与外延并不一定非要同民法及其他部门法丝丝相扣,完全吻合。刑法并非隶从于民法或其他部门法的附属品,而更应该具备其独立风格与品质。"[①]而这种独立之品性恰恰需要法官裁判权的依法独立行使来维持。换言之,法律本身的独立性除了立法本身给予此部法律以独立性之定位以外,作为法律适用者的法官在其中也起到了巨大的能动作用。而本案的缺陷就在于,在枪支认定标准上,完全遵

① 王立志:《货币可以成为侵占罪的犯罪对象》,载《河南师范大学学报(哲学社会科学版)》2009 年第 3 期。

循了公安部的内部规范性文件，欠缺了区别行政法和刑法的分殊意识。完全借助行政立法的标准作为非法持有枪支罪的枪支认定标准，没有发挥法院自身的法律适用和法律解释的自主性，更没有建立起法院自身认定标准的法律“保卫圈”，而是在犯罪与否的认定中直接让行政立法侵入刑法的适用当中。

“刑事规范的内容要建立在刑法语言与符号体系之上而不是行政法上。”[①]行政法上涉及枪支的规定与刑法中涉及枪支的罪行规范相比，保护的目的往往不同，行政法和刑法中的相同概念完全可以利用限缩解释、目的解释、体系解释等方法作出不同的内涵解释。倘若枪支的司法标准由公安机关掌握，法院无权进行独立判断，就等于把此类犯罪的定罪量刑权交由公安部门掌握，这明显违背行政权与司法权之间的权力分配原则，导致司法权从属于行政权。[②] 在枪支犯罪标准确定过程中，如将枪支的动能参数压得过低，则过去合法的玩具枪也被纳入了枪支的范围，容易导致公民动辄入罪。换言之，在刑法条文框架没有作出任何修改的情况下，通过标准的变化可能使得某个犯罪责任范围大幅度地扩张，这种扩张可能导致行政标准背离立法目标，从而将实际没有造成该法律禁止的危害、邪恶，或者没有造成该法律禁止的危害、邪恶风险的行为涵摄到犯罪中，最终必然导致刑法成为“行政执行法”或刑法具有“行政从属性”，隐性扩大了刑法的犯罪圈。即使我们承认违反行政法律规范是部分犯罪构成的前置要件，但是，违反前者也并不必然意味着构成刑事犯罪。实际上，“天津大妈摆摊射击案”引发的公众对枪支标准的普遍质疑和对赵春华的极致同情，反映了现行的枪支认定标准脱离了公众的法感，[③]并且有一种

---

① 孙万怀：《生产、销售假药行为刑事违法性之评估》，载《法学家》2017 年第 2 期。

② 劳东燕：《法条主义与刑法解释中的实质判断——以赵春华持枪案为例的分析》，载《华东政法大学学报》2017 年第 6 期。

③ 关于法感在法律推理中的作用，见徐雨衡：《“法感”在法律推理中的价值及其适用》，载《法制与社会发展》2020 年第 2 期。

将司法认定推向简单机械化、形式技术化、入罪过度化的倾向，[①]完全背离了定罪标准的形式因素与实质因素相结合的兼顾性和复杂性。

(二) 裁判文书说理不充分与实体判决结果的单一回应

如果把此案的一审判决和二审判决文书加以对比，就会发现，除却二审法院对社会危害性给予了相对全面的考量而促使实体判决结果出现从实刑到缓刑的转变之外，其余的说理部分几乎没有实质性的变化。[②] 更为关键的是，说理部分并不充分，而这不免让人产生众多质疑。

一方面，关于行政立法中的枪支标准是否科学、赵春华是否有犯罪故意、违法性认识等问题，判决书没有正面分析，而是给予了很大程度的回避。判决书在说理部分只是简单地提道："涉案枪支外形与制式枪支高度相似，以压缩气体为动力，能正常发射，具有一定致伤力和危险性，且不能通过正常途径购买获得，上诉人赵春华对此明知，却在此情况下擅自持有，即具备犯罪故意。"[③]可见，此判决书用一种非常宏观的表述掩盖了本该细致分析、说明的枪支标准问题、犯罪故意问题以及违法性认识等问题。因为非法持有枪支罪中的"非法""持有之危险性""枪支"等关键的罪状组成都包含了多种可能和多元理解，所以如果不仔细地加以阐释，很难将如此具有争议的案件梳理清晰以实现判决的可接受性。

另一方面，量刑发生如此大的变化也并未给出充分、科学的理由。从判决书中可以看出，二审判决给出"判三缓三"的刑罚主要是权衡了此案的社会危害性，但是一审和二审的裁判文书都将社会危害性纳入

① 〔美〕道格拉斯・胡萨克:《过罪化及刑法的限制》，姜敏译，中国法制出版社 2015 年版，第 239 页；孙国祥:《构成要素行政性标准的过罪化风险与防范》，载《法学》2017 年第 9 期。

② 天津市河北区人民法院(2016)津 0105 刑初 442 号刑事判决书；天津市第一中级人民法院(2017)津 01 刑终 41 号刑事判决书。

③ 天津市第一中级人民法院(2017)津 01 刑终 41 号刑事判决书。

了自由裁量的范围，最终却产生如此大的量刑变化；二审判决文书中给出的被告人社会危害性相对较小、人身危害性较小等笼统性表述结论也难以令人信服。总而言之，二审裁判文书的说理部分不仅不充分，而且只是从实体判决结果的单一角度进行说明，而非从裁判说理、推理论证、法律解释等各个层面回应社会公众和专家学者的疑惑。

（三）个案正义未从整全意义上获得实现

正如前文表明的，“从个案裁判到司法解释、司法政策等准立法性质的抽象回应”反映了最高人民法院可能已经认识到了法院系统自身司法判决的漏洞或者不当之处，从而产生了系统内自我补救的自觉意识以及行动计划。如此行动轨迹或者策略选择虽然由于司法解释或者司法政策适用的“不溯及既往”而具有避免以后实质正义缺失等悲剧重演的属性，同时相比正式立法的原则性和滞后性，这种带有强烈政策导向的准立法性质的司法解释也能够产生更加直接的规范约束力，更具灵活性和弹性，更能适应社会生活，①但是这种“亡羊补牢”之后进式的进路是以案件中当事人的利益作为隐性成本的，而这显然违背了社会公众以及法治观念中关于社会公正的基本共识和核心理念。如果从维稳与维权的关系视角看，则是出现了二者的失衡，并未达到通过维权来实现维稳的良性状态。这也因此表明，我国司法的这种从司法裁判到司法解释、司法政策等准立法回应方式转换的策略选择本身具有较大的个案正义缺陷。即使个案正义的折损可能换来以后贯穿于大量案件中的一致性，甚至麦考密克也把后果性考量中的“后果”定性为一般性或者是可普遍性的后果，②但是其中的问题是，个案正义的折损也是非正义的，甚至是违背司法本质的。③ 在这种境遇下，司法裁决或决策对于个体正义的诉求回应并非是个体主义和权利本位的，

---

① 彭宁：《最高人民法院司法治理模式之反思》，载《法商研究》2019 年第 1 期。

② Neil Maccormick, On Legal Decisions and Their Consequences: From Dewey to Dworkin, *New York University Law Review*, Vol. 58, 1983, pp. 239-258.

③ 有学者认为司法的本质就在于实现个案正义。周少华：《刑事案件的差异化判决及其合理性》，载《中国法学》2019 年第 4 期。

而缺位的个体正义继而也就难以成为支撑裁判正当性的理由。

除此之外,如果从坚持无罪的批判性立场出发,从赵春华依然被定罪的角度而言,个案正义也未获得整全性的实现。而这与法官的机械形式主义判决存在很大的关系,其背后彰显的是司法伦理和司法良知的缺失。正如有学者所说的,如果法官过于形式主义、严格的法条主义,机械地适用法律,其实也有可能是(尽管不完全是)法官不负责任、推卸责任的表现,而不只是严格依法办事。[①]

二、法院在审判风险中回应社会的结构制约

根据帕森斯、莫顿等结构功能主义大师的理论,社会系统之所以能维持下去,是因为社会找到了一种结构去满足人类的功能需要。[②]功能是指某种活动在社会生活中所扮演的角色,或者为维持结构之延续所做的贡献。[③] 确实,法院的结构化存在为法院的功能发挥提供了良好的先在基础,但是这些结构的预先存在也会为功能发挥和突破制造瓶颈,也即卢曼后来在功能结构系统论中所提出的,不是结构决定功能,而是功能决定结构。[④] 换言之,将"结构—功能"之因果关系的正向分析转变为"功能—结构"的逆向分析,而这种"结构的凸出"恰恰让我们关照到了法院在审判风险中回应社会过程的结构性制约因素。这种结构性制约因素又镶嵌于整个政法体制当中,一般具有"牵一发而动全身"的连锁效应。

(一)公检法三机关诉讼权力关系的结构问题

概括而言,诉讼权力关系的结构问题主要体现在两个方面:一是公检法制约不足、配合有余的"流水线"作业方式;二是公检法三机关

---

① 〔美〕理查德·A.波斯纳:《超越法律》,苏力译,中国政法大学出版社 2001 年版,译者序第 9—10 页。

② 邓伟志主编:《社会学辞典》,上海辞书出版社 2009 年版,第 69 页。

③ 〔美〕莫顿:《显性功能与隐性功能》,载〔美〕帕深思、莫顿等:《现代社会学结构功能论选读》,黄瑞祺译,巨流图书公司 1981 年版,第 35 页。

④ 陈秀萍:《功能、结构和社会系统——简介卢曼的功能结构系统理论》,载《社会》1985 年第 4 期。

权力结构的不均衡。如果把前者视为一种结果性呈现的话，那么后者则是导致前者出现的重要原因，二者密不可分。按照现有法治架构而言，在刑事诉讼程序之侦查、起诉与审判的三个阶段中，审判作为罪与非罪、此罪与彼罪的最终决定者，具有终局性和决定性，几乎可以称为“守护正义的最后一道防线”，重要性不言而喻。正如有学者所讲的那样，宪法文本的规定以及法、检、公顺序的排列具有深刻的宪制内涵。[①] 再考虑到最近一轮司法改革的核心内容——推进以审判为中心的诉讼制度改革，确保侦查、审查起诉的案件事实、证据经得起法律的检验，司法改革正是要打破侦查中心主义的格局以及提升审判权依法独立行使的能力。以审判为中心可以如此表述：从实体意义上“以审判为中心”意味着法院独立行使定罪量刑之权；从程序意义上“以审判为中心”意味着侦查与起诉活动是否有效，只能由法院来裁判。[②] 最终形成一种审判机关制约检察机关，检察机关制约侦查机关的“递进制约”格局。[③]

可见，不管是在宪制架构上，还是在司法改革推进上，法院似乎都被赋予了优势地位。但是现实却是另外一种关系表征：侦诉审一体化、流水化作业般的大诉讼、大司法构架依然巍然屹立。[④] 即使司法改革早已拉开序幕，人民法院“四五改革纲要”也已到期，“五五改革纲要”已经启动，但是法、检、公的权力力量对比并未发生实质性变化。换言之，以审判为中心的司法体制改革在提升法院的地位方面效果并不十分明显。因为司法改革还是停留于学者所言的“技术性”的审判中心论上，[⑤]并未触及固有的“流水作业式的线型”和“步进式的分段”

---

① 韩大元：《宪法文本与检察机关的宪法地位》，载《法学》2007 年第 9 期。

② 陈卫东：《以审判为中心推动诉讼制度改革》，载《中国社会科学报》2014 年 10 月 31 日第 5 版。

③ 樊崇义：《“以审判为中心”与“分工负责、互相配合、互相制约”关系论》，载《法学杂志》2015 年第 1 期。

④ 左卫民：《地方法院庭审实质化改革实证研究》，载《中国社会科学》2018 年第 6 期。

⑤ 龙宗智：《“以审判为中心”的改革及其限度》，载《中外法学》2015 年第 4 期。

诉讼结构之间的矛盾。[①] 那种由司法裁判者在整个刑事诉讼程序中占据中心地位的诉讼格局始终没有形成。[②]

除了《宪法》以外,我国《刑事诉讼法》第 7 条也规定:“人民法院、人民检察院和公安机关进行刑事诉讼,应当分工负责,互相配合,互相制约,以保证准确有效地执行法律。”但是,“分工负责,互相配合,互相制约”也只是关于三机关关系的原则性规定,既没有明确的内涵,也没有说明如何分工、如何配合和制约,更没有相应的“程序性制裁机制”。[③] 其实,在我国长期的刑事诉讼实践中,三者的诉讼地位已经出现了异化。由于公检法三机关对“分工负责,互相配合,互相制约”原则的选择性遵守,刑事案件的办理显得“配合有余、制约不足”,形成了以侦查为基点,起诉、审判围绕侦查进行的“以侦查为中心”的局面。[④] 但是,这种局面更有利于入罪而非出罪。因此,在我国无罪判决是小概率事件。一个案件当通过前一道程序进入下一道程序的时候,会依照惯性,而如果想要阻止它进入下一道程序,则要付出十倍的努力。[⑤] 因为法官的无罪判决不仅挑战了处于诉讼结构强势地位的侦查机关和检察机关通力合作下的案件定性和判断,而且也面临着巨大的权力反抗风险(比如抗诉);而不管是法院的无罪判决还是检察院的抗诉都会影响彼此的绩效考核,所以在此情境下,最为经济理性的选择则是彼此的紧密合作或者有限度的调试性合作。[⑥] 这样一来,刑事法官在侦查人员和检察官追诉活动的基础上,就发挥了“临门一脚”的作用,最终完成了对被告人加以治罪的使命。[⑦] 进而,受制于结构性牵制、隐

---

① 李拥军:《司法改革中的体制性冲突及其解决路径》,载《法商研究》2017 年第 2 期;刘静坤:《冤假错案的司法治理:政策、风险与防范》,载《中国法律评论》2019 年第 4 期。

② 陈瑞华:《司法体制改革导论》,法律出版社 2018 年版,第 444 页。

③ 陈瑞华:《程序性制裁理论(第三版)》,中国法制出版社 2017 年版,第 90—189 页。

④ 孙运利:《“以审判为中心”对公安刑事侦查工作的影响及应对》,载《山东警察学院学报》2018 年第 1 期。

⑤ 陈兴良:《赵春华非法持有枪支案的教义学分析》,载《华东政法大学学报》2017 年第 6 期。

⑥ 李拥军:《司法改革中的体制性冲突及其解决路径》,载《法商研究》2017 年第 2 期。

⑦ 陈瑞华:《司法体制改革导论》,法律出版社 2018 年版,第 382 页。

性强势权威制约的司法也就难以保障自由裁量在个案实质公正层面的充分展开。

(二)法律解释权配置中的法官主体阙如

将司法镶嵌入政治结构当中,根据“回应型国家”的“协作式权力组织”和“能动型国家”的“科层式权力组织”的国家权力类型将司法划分为“纠纷解决型司法”和“政策实施型司法”,后者在当事人参与、程序的控制、律师的地位、判决的可更改性以及法官的管理等方面都处于一种强控制的状态。① 按照此标准,我国的司法类型更偏向于“科层理想型权力组织”下的“政策实施型司法”。在此种类型中,法官实际上处于一种被类科层管理、被考核约束、被政策制约的状态;而不是像“纠纷解决型司法”那样,拥有更大的自由裁量权和个案解释权,甚至是推翻先例或者创制判例的权力。

我国司法实践彰显出来的是一种集权结构的解释权配置,法官即使有解释法律的现实需要以及现实操作,但是依然不像最高人民法院、最高人民检察院等主体那样具有规范意义上的解释权。在最高人民法院承担的全国法院的审判管理工作环境中也可以看出,法院和其他行业的管理有非常大的相似性,法官被期望严格按照法条主义和司法解释的规定进行裁判,不鼓励法官造法或者通过其他形式解释法律。② 这种想法在大多数的案件中无可厚非,也促进了中国形式法治的进程。但问题在于,在难办案件中,特别是在可能出现规范正义和个案正义错位的案件中,如果法官还是按照简单的形式主义进行裁决,不免造成个案中实质正义的缺失,以及司法正义对社会诉求回应的空间大大缩减,所作裁决更是可能僵化得令社会公众难以接受。而

---

① 〔美〕米尔伊安·R.达玛什卡:《司法和国家权力的多种面孔——比较视野下的法律程序(修订版)》,郑戈译,中国政法大学出版社 2015 年版,第 92—235 页。

② 日本学者滋贺秀三也曾提及,中国传统法在运用上不重视解释学,而是“副法”(比如条例)在发挥实质性的作用。季卫东教授指出,这种副法发挥作用的情况依然还在当下的中国法律体系中上演。法律规定的细密周详固然是一种好事,但是如果这种细化不是着眼于完备适用要件,而是致力于否定适用裁量,那么很可能导致法律僵化,压缩法官适用法律的空间。季卫东:《法治秩序的建构(增补版)》,商务印书馆 2015 年版,第 58、60 页。

造成这种局面的缘由很可能就是“政策实施型司法”环境下，法官个案解释权阙如所导致的思维惰性和保守姿态依赖。在无直接、明显规范层面支持的语境中，法官即使有创造性解释法律或适用法律的冲动，也很可能会在各种内部行政权力的管理下和“充分”形式主义依据的诱惑下，作出不行使个案解释的实然权力。反过来思之，假如法律有限但明确地规定法官具有个案解释权，那么法官在行使此权力时不仅不会因规范依据的缺失而承担过多的法律风险，而且可能在规范的支持下和后果主义的考量下，被激发发挥此权力以弥合教义思维和后果思维之罅隙的冲动和责任感，创造性地适用法律或者解释法律，进而在个案中彰显示范性的制度化意义。

综合以上所有问题和结构性制约因素，虽然公安机关的选择性执法和检察机关的审查起诉促使了风险的产生并且转移于法院，但是真正使得法院陷入审判风险困境的还是法院自身。换言之，审判风险持续发酵的真正原因不在于公安机关的选择性执法和检察机关的提起公诉，而在于法院回应审判风险的基本图式和背后逻辑所存在的缺陷，再加上预先存在的结构性制约因素，这些最终导致了法院自身并未处理好从侦查、公诉机关处转移来的潜在风险，使其从潜在的审判风险彻彻底底地质变为了实实在在的、真真切切的审判风险。这一过程也恰恰说明了：一般而言，如果公安机关办理的案件本身没有争议，符合常人的直觉正义，即使其选择性执法（比如十个行窃人员却只抓一个），按照正常的诉讼程序经过检察机关的审查起诉进入审判阶段，也不会产生如此大的舆论效应。因此，重点在于，某个案件本身（比如摆摊射击行为构不构成犯罪以及赵春华该不该被刑事立案并采取强制措施）以及司法判决是有事实和规范争议的（比如赵春华之行为是否构成犯罪以及如何量刑）。如果法院不慎重对待，很容易导致司法正义和社会认知出现巨大错位，这才是真正的审判风险所在。而选择性执法行为只不过促成了“天津大妈摆摊射击案”这一潜在风险的产生，并且将其通过检察机关顺势转移给了法院。

第五节　法院在审判风险中回应社会的理路矫正与结构优化

法院在审判风险中回应社会时存在的三大缺陷都可以通过回应理路的矫正来弥补或者挽救,完全可以在不同程度上减少甚至避免它带来的法治伤害。但是面临结构性的制约,必须如同美国学者欧文·费斯所讲,结构性改革隐含着司法和官僚机构的冲突……除非对这一组织的现有结构进行根本性之变动,否则宪法意蕴的价值就很难真正释放。[①] 换言之,结构性问题也只能通过结构化的改革来实现,现代司法体制的确立不能仅仅通过司法改革的内部技术性变化得以实现,而应寻求一种更强意义上的体制性改革。[②] 而在这个结构性改革的过程中重点应该是创造发挥法院能动性的优良环境并激发法官自身的内在活力,提升司法的自主性。

一、优化司法职权配置:结构性权力关系的微调

第一,行政立法权与法官个案解释权以及最高人民法院司法解释权的博弈。如果遵循行政法决定着国家刑罚权的投入方向和实施程度,那么行政立法权和法官个案解释权、司法解释权的博弈将显得不仅必要而且具有很强的现实意义。因为对于个案当事人而言,行政法和刑法标准的选择性适用或者解释将直接决定罪与非罪的命运走向或转换;而对于法院和公安部门而言,这则是公、法两家刑罚权限的博弈,公安机关希望自身的侦查行为是有效的,而法院则会期待自身掌握最终的定罪权和量刑权。如果说由于职能系统设置的分割阻却,公安机关遵循公安部的规定实施侦查行为具有可理解的成分,那么作为

---

① Owen M. Fiss, Foreword: The Forms of Justice, *Harvard Law Review*, Vol. 93, 1979, p. 3.

② 徐显明:《司法体制改革是顶层设计的政治改革》,载《北京日报》2017 年 9 月 11 日第 13 版。

具有独立性、被动性、中立性以及超然性的法院则应该从刑法解释的角度建构出独立的理解体系和裁判准据。

但是从法院一审、二审的现实应对表现和回应逻辑看,判决甚至没有体现出法官个案解释权与行政立法权博弈的姿态,而是直接遵循了公安部的内部规范性文件规定,但裁判文书中却不直接表达,而是含糊其词地给予了罪名的认定。只是到了后来(此时赵春华案判决已经生效),在多方动员(人大代表、政协委员、法律工作者、专家学者等)和媒体呼吁之下,最高人民法院才以司法批复的形式出台司法解释。这时,司法解释权和行政立法权才真正显示出博弈的色彩。从最高人民法院对司法解释的解读中可知,此类气枪案件的定罪量刑不再简单机械地按照 1.8 焦耳/平方厘米的行政法规定来直接定罪,而是综合考量枪口比动能、数量、用途以及行为人动机目的、一贯表现等案情因素,对涉以压缩气体为动力且枪口比动能较低的枪支案件,在决定是否追究刑事责任以及如何裁量刑罚时不能唯枪支数量论,以防止具体案件的处理背离一般公众的常识,违背罪责刑相适应和主客观相一致原则。[①] 其实,这也在提醒我们,在行政立法对司法所判定事项之构成要素进行界定的前提下,即使行政立法和刑事司法的标准相统一,也并不意味着刑事司法就可以简单地按照行政立法标准作出罪与非罪的裁决,行政立法是作为刑事司法作出何种判决的一个必要条件而非充分条件而存在。换言之,刑事司法裁决的作出只是把行政立法作为考量的因素之一,并非全部或者唯一。

可见,最高人民法院已经通过司法解释对刑法条文的具体适用进行了说明,同时也通过附加条件的方式对行政法的定罪标准给予了一定程度的否认,进而对国家刑罚权的行使空间进行了适度的压缩和调整。在此意义上讲,虽然法院没有通过“天津大妈摆摊射击案”的个案解释直接形塑出具有约束作用的指导性案例,但是“后来居上”

---

① 最高人民法院研究室刑事处:《〈最高人民法院、最高人民检察院关于涉以压缩气体为动力的枪支、气枪铅弹刑事案件定罪量刑问题的批复〉的理解与适用》,载《人民法院报》2018 年 3 月 29 日第 3 版。

的司法解释对这一缺憾或多或少地进行了弥补，并且由于司法解释的准立法抽象性质，这种规定有了超越个案的制度性、普遍性意义。

其实，以法院职权为代表的司法权虽然是一种国家权力，但不应该仅着眼于国家稳定利益的维持，还应当关注个人权利的救济，并且在其中取得适当的平衡。就刑事法律解释而言，最高人民法院根据司法的需求，也理应基于权利保障与自由价值的需求，作出合理的出罪解释。[①] 法院虽没能力直接改变行政立法，但是可以在司法权的限度内回应社会，实现司法权与行政权之权力关系的微调，彰显法院依法独立行使审判权，发挥司法能动性。防止"行为承担刑事责任的关键性要素既不是立法机关，也不是司法机关，而是由行政机关所制定的标准决定"之下的"提线木偶"现象发生。[②] 对最高人民法院的定位应在整个国家权力结构的配置及其实际运行当中进行。最高人民法院可以通过制定司法解释这一权力争夺部分"立法权"，通过新的司法解释提高行政立法入罪的标准，进而隐性扩大自身的影响范围。

面对行政性的入罪标准，法院应秉持自身的独立性，对行政机关确定的立法标准成为司法机关裁判的"过度刑法化"[③]的判断标准或者"刑法行政化倾向"[④]的标准承担起实质验证的责任。标准的采纳与超越并不矛盾，对于明显偏离刑法目的的行政性标准，通过个案的司法综合裁量予以矫正或重新诠释，以激活行政性标准与刑法价值的勾连，突显刑事司法追求的公平正义目标。[⑤] 这有利于在审判环节维护并彰显刑法作为"二次规范"的独立性地位，充分发挥其对行为是否入罪的准据适用与最终评价功能，[⑥]从而实现行政立法标准和刑事入罪标准的双轨制，建立属于各自领域且具有不同严格性的枪支标准。此

---

① 王帅：《最高人民法院刑法解释权的功能扩张与复归》，载《政治与法律》2018 年第 6 期。

② 孙国祥：《构成要素行政性标准的过罪化风险与防范》，载《法学》2017 年第 9 期。

③ 何荣功：《社会治理"过度刑法化"的法哲学批判》，载《中外法学》2015 年第 2 期。

④ 同上。

⑤ 孙国祥：《构成要素行政性标准的过罪化风险与防范》，载《法学》2017 年第 9 期。

⑥ 莫晓宇：《刑法阈值标准研究》，载《中国刑事法杂志》2017 年第 5 期。

外,这还有利于构建刑法犯罪圈概念的解释体系,通过对非法持有枪支罪中的"枪支""持有""抽象危险"等构成性要素作限缩性的解释,以区别行政立法简单地以技术标准所确立的枪支认定标准,将我国目前对枪支的单一刑法管理体制转变为刑法和行政法二元并行的管理体制。更为关键的是,这种双轨制的标准一旦确立就具有制度示范效应,不局限于个案,也为以后的类案处理提供了裁判规则。

以上分析足见最高人民法院司法解释在化解审判风险、回应社会诉求中的重要性,但是在本案中,司法解释发布得太晚,时间上的迟滞致使"天津大妈摆摊射击案"的个案正义并未得到整全性的彰显。考虑到我国偏重"政策实施型司法"的属性,法官的个案解释权受到结构性因素的制约,在短时间内无法完全改变整个法官群体个案解释权的行使格局,今后如遇到类似的案件,最高人民法院应该在维护国家法律实施中发挥更重要的作用,及早发布司法解释,寻求并抓住司法解释权发挥影响力的"关键时刻",适度调整行政立法权和司法解释权的权力关系与行政法和刑法各自内容的边界及适用范围,为法官在科层型权力组织中发挥自身的能动性和自主性提供良好的裁判环境。

第二,法院/法官应该抓住微调公检法三机关权力结构关系的契机,适度提升自身在整个政法体制中的地位。有学者意识到了公检法在刑事解释领域隐藏的另外一种关系:由于法院具有被动性,所以法院的审判权行使不得不受制于检察机关。因为即使按照最高人民法院的刑法解释某一行为构成犯罪,但是除非侦查机关或者检察机关自觉认同或者惯例性地尊重,否则它们完全可以采取不同的主张认定其不构成犯罪,进而不予立案或提起公诉,从而在制度安排上通过相互监督体制下的案件筛选形式合法地将最高人民法院的司法解释废止。[①] 虽然最高人民法院可以通过联合最高人民检察院以共同的意志(俗称的"两高")发布司法解释来初步解决此类结构性难题,但是这种

① 林维:《论刑法解释中的利益相关性》,载《法制与社会发展》2005年第4期。

方式并未完全消解公诉权和审判权运行的隔阂。在“天津大妈摆摊射击案”中，甚至在更多的案件中，都可能存在两个主体对于罪与非罪以及如何量刑之理解不同的情境，但是也恰恰是这种理解的差异化存在给予了法院独立行使审判权以及自主决定刑法内涵与裁判准据的契机。因为最终的罪与非罪、此罪与彼罪以及量刑的决定权都在法院的职权范围内，通过这种自主化的裁决而非附随、附和或者形式化走过场的实质审判路径，法院不仅可以形成相对于检察机关的制约机制，还可以彰显法院之独立性、中立性的角色定位，实现个案正义，做到维护和保障人权。

强调审判在整个诉讼过程中的中心地位应主要着眼于侦、诉、审三大诉讼阶段之间的结构关系调整以及相应的功能转变，涉及的是更为宏观的刑事诉讼结构甚至是体制问题。[①] 就此案而言，如果法院采用实质的刑法解释观和目的性限缩的解释方法，将非法持有枪支罪中的枪支、违法性认识以及抽象危险等内涵给予刑法意义上的司法权界定，适当分殊于公安机关制定的规范性文件之标准，将司法审判权独立于行政管理权的限制，那么很可能就会寻找出司法权依法独立行使的特殊价值。

而且，选择性执法风险的司法转移为法院微调其在现有政法体制中的结构性地位提供了时机或者推动力。“天津大妈摆摊射击案”虽然是在政法联动机制的启动下发案的，但是与其他黑社会性质的涉枪案件相比，不管是因为违背国家政策和司法政策而存在的社会危害性，还是因为群体性所隐藏的社会稳定因素而具有的维稳政治性，都微弱很多，甚至是没有。既然该案几乎不具有政治性，那么法院实现司法权扩张的成本就会更低一些，实现权力结构微调的风险也就更小一些。在社会瞩目或者社会公众对法院有所期待的时刻，利用此案件受到社会公众极度关注而成为影响性案件的契机，法院完全可以运用法治框架和自身智识，特别是应用法律方法，把社会舆论转化为法

---

① 左卫民：《审判如何成为中心：误区与正道》，载《法学》2016 年第 6 期。

院改变公检法之间权力结构关系不均衡、适度提升法院地位的动力机制和良好理由，进而使得现行的公检法“线型结构”得以松动，潜移默化地微调公检法之间的诉讼权力关系，①促使法官更加独立地、实质地行使裁判权，推动司法权自身的运行与外部职权配置处于更加有利的状态，②提升法院的话语权和行动权，实现司法权的隐性扩张。

二、赋予法官个案解释权：规范正义与个案正义的张力弥合

最高人民法院对于个案请示的积极回复，以及其他各种决定、批复、规定、解释等形式的司法解释频繁发布，甚至是对法官创造性适用法律等自由裁量权的限缩，都在一定程度上直接或者间接地抑制了法官的个案解释权。甚至从某种意义上正如有学者所言，最高人民法院力图取代法官解释权的个案评价功能，但是这种取代只能是法官裁判之前的一种姿态，难以针对法官事中或者事后的行为进行规制。③ 法官不是生产流水线上的单个齿轮或“法律工匠”，而是具有个体能动性

① 这其实与当下大力推进完善政法部门之间制约监督体制机制的政法改革不谋而合。《郭声琨在政法领域全面深化改革推进视频会上强调 加快推进执法司法制约监督体系改革和建设 全面提升执法司法公信力》，http://www.moj.gov.cn/news/content/2020-08/27/zfyw_3254926.html，2021 年 8 月 29 日访问。2022 年的中央政法工作会议也提到要健全完善执法司法制约监督体系，要健全公安机关、检察机关、审判机关各司其职，侦查权、检察权、审判权、执行权相互制约的体制机制。《中央政法工作会议：细化执法司法人员正负面权力清单和履职指引制度》，https://www.sohu.com/a/516989481_123753，2022 年 1 月 16 日访问。

② 根据学者的考察，在现实的司法实践中，法院确实能够从自身所嵌入的政治和权力中塑造出一定程度的独立性，尽管其行为仍然镶嵌在特定的政治和权力背景之中。通过策略性地解读法律，同其他强势政治权力谈判，法院有能力精心盘算和改变其自身的状况，能够借助某种时机的存在和制度的缺陷在政治背景下微调其权力位置，从而提升自身的自主能力。贺欣：《为什么法院不接受外嫁女纠纷——司法过程中的法律、权力和政治》，载苏力主编：《法律和社会科学(第 3 卷)》，法律出版社 2008 年版，第 66—96 页。2018 年 5 月 30 日，最高人民法院发布了《关于拒不执行判决、裁定罪自诉案件受理工作有关问题的通知》，明确在公安机关、检察机关不履行法定职责的情况下，公诉案件转为自诉案件。这体现出最高人民法院在处理法院与公安机关、检察机关之权力关系上的态度，也在一定程度上彰显了司法权自主能力的提升。

③ 王帅：《最高人民法院刑法解释权的功能扩张与复归》，载《政治与法律》2018 年第 6 期。

的“法律艺术家”，即使在类科层制的司法体制当中，也不应该让层级的制度成本完全消耗掉法官这份能动性的热情发挥，尤其在处理疑难、复杂案件时，恰恰需要法官的这种“创造性”。马克思也曾提道：“法官的责任是当法律运用到个别场合时，根据他对法律的诚挚的理解来解释法律。”[①]就法官个案解释权而言，与其一味地加以回避和限制，还不如在有限度地赋予法官个案解释权的同时，对其实现法治化的约束，从而建立准立法性质的司法解释和法官个案解释的二元并存模式。[②] 同时，这也在一定程度上实现了从以上级和院庭长为主导的行政管理司法模式到以法官个体为主导的自由主义司法模式的转变，放权于法官自身，提升法官的地位，促进法官裁判主导作用的发挥，真正实现“让审理者裁判，让裁判者负责”。

“天津大妈摆摊射击案”出现的司法判决与社会认知之间的巨大错位，不是法官过于司法专业化的裁判技术造成的，而恰恰是因为缺乏非常精致的个案解释。精致专业化不是简单的机械司法、法律形式主义，而是在法治知识和智识的综合运用下更好地适用法律和解释法律，发挥法官自身的个案解释权并进行充分的裁判说理，进而实现实质正义。虽然有论者认为，“强势意义上的法官的自由裁量权通常会受到批评，因为它不仅与明确性所张扬的秩序价值冲突，而且与法的明确性背后的民主价值相矛盾”[③]，但是可以赋予法官个体“弱势意义上”的个案解释权。暂且避开现实司法实践中法官实际上所正在行使的个案解释权不谈，法官对于法律的解释也只能局限于个案，而且往往通过个案的解释来保证个案正义的实现，个案的制度创制意义也只能是附带衍生而出的，不能是过分能动性地、抽象地积极造法。至于如何实现在赋予法官个案解释权的同时，又能处理好法官自由裁量权与依法裁判的良性关系，则需要司法责任制、对裁量规范的限制等其

---

① 《马克思恩格斯全集》(第 1 卷)，人民出版社 1956 年版，第 76 页。

② 张建伟：《理性立法模式的司法解释——以刑事诉讼法解释为视角的观察》，载《中国刑事法杂志》2018 年第 1 期。

③ 劳东燕：《罪刑法定的明确性困境及其出路》，载《法学研究》2004 年第 6 期。

他制度的配合才能完成。

三、坚守良法善治：规则输出与个案正义的生发

法治应属于规则之治、良法善治，而非机械法条之治。法官在解决纠纷时，要有一颗输出规则的观照之心和能动姿态，不仅仅满足于特定案件的纠纷解决，而应树立并且坚守规则之治的意识，发挥司法判决对同类案件的导引作用和对未来行为预期的信号示范效应。在此案中，法律规则的供给是非常充足的，但是法律的形式规定和社会生活的一般观念有了冲突，如果此时法官只是简单机械地适用法律，很容易造成个案的判决结果不公，引起社会公众对司法判决的不认同。这种判决的不认同代表了如此司法回应方式除却对司法权威和司法公信力造成损害以外，更重要的是“使我们丧失了通过司法来补充社会规则的机会”[①]。换言之，每一个疑难案件或影响性案件的发生都是司法得以明晰规则或者输出新规则的契机，如果司法抓不住此类契机，很可能使得审判规则处于一种已经导致或者将来还会导致个案处于非正义的缺陷状态。此外，输出规则能力的不断提升也会为消解诉讼权力结构关系失衡等结构性制约因素提供帮助。但是，这种规则输出不仅受到善治目的的约束，而且只能局限于创造性地适用法律，而不是直接创设法律。

四、人民陪审功能的再激活：社会经验因素的“审判进入”

除却惠特曼从宗教神学的根基揭示了陪审团的起源之外，[②]司法权力类型学大师达玛什卡也清晰地认识到了外行陪审在协作理想型的组织形态中的意义，他从协作型组织模式的视角阐释了陪审团的内在机理和合理性。由于陪审制中事实认定和法律适用的二分，在陪审

---

① 李杰：《法官“机械司法”的博弈分析》，载苏力主编：《法律和社会科学（2012 年第 9 卷）》，法律出版社 2012 年版，第 23 页。

② 〔美〕詹姆士·Q. 惠特曼：《合理怀疑的起源——刑事审判的神学根基》，佀化强、李伟译，中国政法大学出版社 2012 年版。

团参与下，审判结构不再是一种因裁判权集于某个法官而蕴含的显性或隐性的等级秩序，而变为了一种权力的平行分配。换言之，权力的中心由一元变为了二元，二元格局促进了权力之间的平等，而处于平等地位的决策者可以轻易地相互干扰或者抵消彼此的努力。因此，这种协作理想型的陪审制排斥任何可能导致如下结果的决策方式：这些决策方式或者要求法官们适用脱离于主流道德、政治或宗教规范的准则，或者迫使他们得出不受常识支撑的结论。也就是说，在这种组织类型中，纯粹的技术性或者逻辑法条主义的形式化裁决方式因偏离了实质正义的理想状态而变得不可欲。①

相比于司法和执法，立法过程是民意通过政治途径表达立场的最佳方式，执法通过依法行政，司法通过依法裁判来实现民意的具体化，所以这就决定了，相比于立法，司法场域和执法场域对于民意的回应有一定的不彻底性和局限性。但是，由于立法过程中民意表达具有非完整性、非精确性等缺陷，因此在执法和司法的过程中，依然存在着民众参与、诉求表达的情形和空间，社会公众可以通过直接和间接的方式参与到决策的过程中来，这也就有了学者所提倡的“立法民意”和“司法民意”的二元划分。② 但是由于具有自主、中立、被动属性，因此司法在对待民意的时候必须格外谨慎，但这并不意味着民意对于司法的决策是不重要的，它涉及司法裁决之民主性、合理性、可接受性和社会认同下的正当性。

就现实来看，我国 2018 年通过的《人民陪审员法》改变了过去法官一元化的职权，将陪审员的参审职权修正为与法官共同负责事实部分，而法官单独负责法律适用问题。在法官与人民陪审员职能分化逐渐明朗的境遇下，现在面临的棘手问题可能是如何有效对待法律与事

---

① 〔美〕米尔伊安·R. 达玛什卡：《司法和国家权力的多种面孔——比较视野下的法律程序（修订版）》，郑戈译，中国政法大学出版社 2015 年版，第 21—61 页。

② 周永坤：《民意审判与审判元规则》，载《法学》2009 年第 8 期。

实二分的识别问题，亦即何谓事实问题，何谓法律问题。① 如果法官和陪审员共同负责事实问题，那么很可能依然存在“陪而不审”的职能异化现象，因为法官依然可以隐性地处于支配地位。而不管是前者的差异区分还是后者长期存在的“陪而不审”，都有可能使得社会经验因素的“审判进入”受到阻却。可见，规范层面的职权确定为我国的人民陪审员制度提供了坚实的法律依据和相对固定的操作空间，而且可以实现“以组织决策在结构上的丰富性和决策认知层面的开放程度来提升司法裁判的社会认同”②的效果。但是现实中如何运行才能真正发挥人民参审的非专业性、平民化功能，既保持西方陪审制度在中国化之后的中国性，③又让社会经验因素进入庭审中来，实现司法理性和社会情理、常理的有机结合，依然是一个需要长期解决的问题。

到此，可以为本章的个案考察作一个总结。“长期以来，刑事司法在中国被视作实现社会控制的重要手段，以体现国家权力的动员统筹能力。”④换言之，我国的刑事诉讼模式更偏向于美国学者帕克所讲的“流水线式”的犯罪控制模式，而非“障碍比赛式”的正当程序模式。⑤而这一模式在“天津大妈摆摊射击案”中可谓体现得淋漓尽致。总体来看，在特殊时期以及社会治理任务的背景下，公安机关选择性执法挑战了社会公众的直觉正义和常理正义，成为规范正义和个案正义错位等风险生发的原动因；而在治理压力支配下，检察机关法律属性角色与综合治理角色的反转为选择性执法风险的法院转移提供了续动力，审查起诉的通过和提起公诉的举动促使风险顺利地转入法院，致

---

① 贾志强：《人民陪审员参审职权改革的中国模式及反思》，载《当代法学》2018 年第 2 期。

② 刘涛、蔡道通：《作为组织的法院及其决策运作：司法职业保障的系统论考察》，载《政治与法律》2017 年第 6 期。

③ 王人博：《业余者说》，广西师范大学出版社 2018 年版，第 221 页。

④ 李奋飞：《从“顺承模式”到“层控模式”——“以审判为中心”的诉讼制度改革评析》，载《中外法学》2016 年第 3 期。

⑤ 〔美〕赫伯特·L. 帕克：《刑事诉讼的两种模式》，梁根林译，载〔美〕虞平、郭志媛编译：《争鸣与思辨——刑事诉讼模式经典论文选译》，北京大学出版社 2013 年版。

使法院面临巨大的审判风险。法院在对当事人以及社会公众舆论所表达的正义诉求的回应过程中，由于回应图式和背后逻辑存在巨大的缺陷和受到结构性因素的制约，直接导致了审判风险的切实发生和持续发酵。由此透视出，法院在审判风险中回应社会的理路需要得到矫正，并且要实现结构性制约因素的结构优化。这样，法院才能在法治的框架内智识性地化解审判风险，实质性地回应社会诉求，切实地实现司法与社会的融洽相处。

总之，本章从一种批判性的立场出发，对"天津大妈摆摊射击案"涉及的选择性执法、检察机关的角色扮演、法院在审判风险中回应社会的理路以及存在的缺陷与结构性制约因素等问题，或进行了总结梳理，或进行了阐释分析，或进行了路径建构。本章自觉放弃了线性放射状单一因果关系的考察，采用一种动态的、整体的、系统的、结构性的视角去审视此案的来龙去脉、结构因素以及多元主体间错综复杂的关系，试图从个案中挖掘出制度性和普遍性的法治意义。本章的重点在于对法院这一主体回应理路的梳理、缺陷的揭示与矫正，以及挖掘出法院在结构优化中可以发挥作用的空间，以促进司法与社会的良性互动，而不在于过度关注如何杜绝公安机关选择性执法以及其他主体或者进路的考量。[①]

---

① 比如，如果确立审前司法审查机制，那么司法机构就可以通过裁判活动对检警机构的追诉行为实施严密的司法控制，以消解侦查中心主义或者追诉中心主义。但涉及立法过程中各主体间的博弈以及诉讼体制的重大立法改变，已经不是法院单一主体或者法院系统内部能够解决的问题了，所以不在本章考量范围之内。

第五章

中国司法回应社会的路径完善与未来指向

经过以上章节的分析可知,司法的社会回应力之核心在于确定司法正义输向社会的边界,而这个边界的确定又与司法自身的回应能力以及对回应力度的理性判断密切相关。一旦这个边界得以情景化地确定,那么司法回应社会的过程就转变为了司法为社会将来输出司法正义的努力,或者正在输出司法正义的行动过程。从回应的视角看,新一轮的司法体制基础改革、司法体制综合配套改革以及政法改革的核心,就在于提升中国司法回应社会的能力和效率。从目前改革的现状和成效看,中国司法对社会不仅具有现实的回应性,体现出了司法权的社会属性,还具备适当的社会回应力。

但是在当下,正如本书第三章所述,不管是新型技术的应用、新型权利的应对,还是对于司法正义与社会正义出现错位时的处理等情形,都在一定程度上凸显了社会公众对司法的过多期待与司法自身回应能力不足的矛盾。但是,司法的社会回应力不可能是无限度的,中国司法需要在克制主义与能动主义之间发展出一种平衡的艺术。在此境遇下,中国司法其实面临着社会回应能力不足以及回应社会之力需要得到控制的双重压力风险。回应能力不足极易造成司法与社会的隔阂,而如果司法事无巨细地回应社会,势必造成司法权的扩张,纠纷解决与政策实施之间的主次关系完全颠倒,出现一种泛司法政治化的倾向。因此,一方面在现有运作机理的基础上要逐步提升司法的社会回应能力,完成对司法公信力以及司法权威的塑造;另一方面又要防止因政治过分参与司法而导致的泛政治化倾向,只有坚持司法的公共理性与司法场域的社会开放、回应型判决理由与判决的可接受性、司法有限主义与复合型司法构造的回应力度控制,才能在司法的自治性与司法的社会回应性、法官的法律思维与政治思维之间取得平衡,扮演好中国司法的社会角色,防范、规避和化解中国司法回应社会之策略选择中的自主性缺失与机会主义行为、当事人司法产品诉求与法院司法产品供给不匹配、法院司法判决与社会公众判意错位等可能风险,也才能更好地助推中国社会的转型。此外,司法回应社会模式的转型升级对于处理司法的回应能力和回应力度，以及司法的自治性与社会回应性之间的关系也大有裨益，值得进一步在现有司法理论模型的基础上继续推进。

本章中，笔者将从回应能力之提升、回应力度之控制以及司法模式转型升级三个维度加以展开。除阐述中国司法回应社会之六大基本问题指向中剩余的两大问题（回应能力提升与回应力度控制）之外，还加入了对未来司法模式的探讨。在回应能力提升部分，笔者将重点阐释中国司法回应社会的能力提升之道，对接第一章中提及的，中国司法回应社会之基本问题指向中的回应能力提升；在回应力度控制部分，笔者将注重分析中国司法回应社会力度的控制原则与方式，对接第一章中提及的，中国司法回应社会之基本问题指向中的回应力度控制；在迈向反思性司法部分，笔者将在借鉴系统论的基础上尝试性提出一种司法回应社会的新模式，这种新模式会在一定程度上弥补回应型司法的缺陷，也指明这是中国司法在未来回应社会中值得期待的一种司法模式，同时也可以为司法与社会的良性互动提供一个初步的分析框架。

第一节 中国司法的社会回应能力之提升

总体而言，中国司法的社会回应能力之提升主要指向司法回应社会能力的提升。而司法能力的生成与发展必须要回应它所处的社会形态、社会诉求。[①] 而且，提升不仅局限于传统案件审判、执行等常规型司法能力，也涉及司法权自主运行、抵御外部权力侵扰、供给实质正义、通过司法价值引领社会正义，以及实现司法的社会回应力与社会的参与力协同推进等新型司法能力。具体而言：

一、提升中国司法在现有政法体制中的自主能力，注重整合法院功能，继续强化"自治型司法"建设，进而提升法官自主性，发挥法官在法院中的主导作用

正如有学者所讲，法律系统对社会应具有一定免疫能力下的不同

① 徐钝：《国家治理语境下司法能力嵌入与生成原理》，武汉大学出版社 2017 年版，第 40 页。

敏感度和反应度,[①]司法系统在对社会具有学习性适应能力的同时,也应该具有一定的免疫能力,可以对社会的诉求"激扰"进行过滤和屏蔽,即司法系统在裁判规范上是封闭的,但是在社会认知上是开放的。[②] 在面临社会产生的纠纷以及社会公众的诉讼请求时,司法应该具有一种适度主动导引社会制度发展或者价值塑造的自觉意识,通过自主性和非依赖性,不断发挥和增强自身的"免疫"能力,进而对社会产生一定应对能力和引领能力表现下的回应能力。纵观陕甘宁边区以来的司法历史变迁,可以发现,从一种宏观意义上而言,我国司法大体经历了从注重"回应"到注重"压制",再到注重"回应"兼顾"自治"的转变过程。特别是党的十八大以后,司法改革更加遵循了司法自治的逻辑,而不是从塞尔兹尼克、诺内特所讲的"自治型司法"到"回应型司法"的转换过程。换言之,中国司法的类型化发展并非三种司法理论模型的"线性单向顺势"发展,而是一种不规则的"顺势与逆向混合"的发展样态。但是,就中国目前的司法现状而言,司法"自治"的根基并不扎实,法院独立运作、决策以及法官自主行使审判权的良好状态还未完全呈现,[③]司法常常受到"法外政治合法性"的干扰,这种干扰也极易滋生非正常的社会期待。[④] 所以在此意义上讲,我国的司法不是急需完全迈向一种塞尔兹尼克和诺内特所讲的"回应型法"[⑤]下的"回应型司法",而是要继续强化"自治型司法"建设,因为没有司法的自主性也就无从谈及司法的中立性以及自我决策的能力。正如有学者所总结概括的,司法者最好的回应是内在境界的提升。[⑥] 通过内在境界的

---

① 〔德〕尼可拉斯·鲁曼:《社会中的法》,李君韬译,五南图书出版公司2009年版,第621—624页。

② Niklas Luhmann, The Unity of Legal System, in G. Teubner (ed.), *Autopoietic Law: A New Approach to Law and Society*, Walter de Gruyter, 1987, p. 20.

③ 刘斌:《"自治"与"回应":中国法院司法风格调整的评估与反思》,载贺荣主编:《公正司法与行政法实施问题研究——全国法院第25届学术讨论会获奖论文集(上)》,人民法院出版社2014年版,第35页。

④ 马长山:《公共领域的兴起与法治变革》,人民出版社2016年版,第303—314页。

⑤ 〔美〕P.诺内特、〔美〕P.塞尔兹尼克:《转变中的法律与社会:迈向回应型法》,张志铭译,中国政法大学出版社2004年版,第81页。

⑥ 廖奕:《转型中国司法改革顶层设计的均衡模型》,载《法制与社会发展》2014年第4期。

提升进而为司法回应社会提供良好的组织基础和个体条件。

通过"自治型司法"建设逐步提高司法对其他非法律因素侵入的筛选和排除能力,提升司法权运行的正当性和合理性,①最终增强司法自主运作语境下的反思平衡能力与回应社会的能力。否则,完全匆忙地转向"回应型司法",反而会侵蚀已有的司法自治成果。这其实说明,我们越是强调司法对于社会的回应,就越应该强化"自治型司法"建设,因为"自治型司法"的稳定是整个法治秩序的基点。

这种"自治型司法"建设不仅包括软件方面,还包括了硬件方面,注重两方面的合力。其中,最为重要的就是强化司法能力的建设,这里的司法能力至少包括排除外界干涉的自主决断能力与释法说理能力,尤其是要处理好政治权力的支持司法面向和介入的随意性之间的关系。这种"自治型司法"的建设恰恰是要试图改变因为民意的存在而促使政治权力介入的随意性与指令性局面,转而通过司法制度的优势直接有效吸收民意,以实现司法正义与社会正义的互惠,排除政治系统、经济系统假借民意的外衣来干涉司法的自主运作。最终实现司法以一种独立、理性的态度来回应社会诉求,维持司法行为或者裁决的合法性。② 而司法能力的建设又与司法职权配置、司法职权运行以及司法资源配置密切相关。其中,司法职权配置又可划分为内部职权配置和外部职权配置,内部职权主要涉及司法内部裁判权、管理权和监督权的配置,外部职权配置主要指向司法权和其他外部权力之间的结构关系;司法资源配置主要指向人、财、物的管理与分配。具体而言,至少从以下方面着手:

第一,提升司法的社会回应能力需要以提升法官整体素质为基本保障,其中不仅包括业务能力,更多时候需要的是司法伦理和司法良知的归位。法官是司法运行的一个重要变量。员额制改革遵循了一种优中选优、集中少数精英组合审判力量的思路,虽然相对地在整体

---

① 对此,法院人士也有类似的表达,见刘斌:《"自治"与"回应":中国法院司法风格调整的评估与反思》,载贺荣主编:《公正司法与行政法实施问题研究——全国法院第25届学术讨论会获奖论文集(上)》,人民法院出版社2014年版,第34—41页。

② 杜健荣:《民意影响司法的机制与效果——基于中美差异的比较分析》,载《河北法学》2014年第6期。

上提升了法官的素质,但是我们必须看到,员额制改革也只是筛选了一部分司法人员,减少了法官的数量,从绝对意义上讲,法官自身的素质并未发生根本性的变化,只是处于一种相对优势状态的法官进入了员额的行列。法官群体的素质提升有助于司法回应社会智识平台的形成和对伦理规范的约束。换言之,法官群体素质的提升亦是司法能力提升的智力基础要素和主体要素。

首先,智慧法院的建立以及大量专业性、复杂化的商事、知识产权案件的涌入,对法官的职业素质提出了更高的要求。如果法官面临人工智能司法应用等新型挑战,不能快速地掌握知识并更新技术,就很可能处于司法产品供给不能的尴尬局面。

其次,司法能力的提升很大程度上在于法院/法官处理个案正义与规范正义之间紧张关系的能力。因此,欲求提升司法能力,必须要培养法官处理个案正义与规范正义之悖论的技能和素质。这往往要求法官不仅有丰富的技艺理性,还有丰富的生活经验、社会科学知识,以及对规范和社会事实具有深刻的理解和建构能力。只有具备这些,法官才能在裁判的过程中平衡好各种要处理的利益关系。正如霍姆斯那脍炙人口的名言所揭示的:法律的生命不在于逻辑,而是经验,被感受到的该时代的需要,流行的道德和政治理论,公认的或无意识的对公共政策的直觉知识,甚至法官与他们的同胞所持有的偏见在确定支配人们的规则应是什么时,都比演绎推理更加重要。[①] 其实,这也不仅仅局限于传统案件审判等常规型司法能力的提升,在新型案件、复杂案件以及疑难热点案件中,更是需要提升法院/法官协调个案正义与规范正义的能力。如果说制度结构以及文化氛围构成了一个国家短时间内难以改变的客观现实,那么司法从技艺的维度发挥自身能动性则可能是一种彰显司法智慧的可行进路。[②] 其中,尤其需要提升法官裁判方法的运用能力,因为作为联结法律规范和裁决结果的法律方法在回应社会、提升司法裁决的正当性和可接受性等方面具有较强的

---

① 〔美〕斯蒂文·J.伯顿主编:《法律的道路及其影响——小奥利弗·温德尔·霍姆斯的遗产》,张芝梅、陈绪刚译,北京大学出版社 2005 年版,第 123—124 页。

② 彭小龙:《现代社会中司法的力量——兼论转型中国司法的两难困境及应对》,载《现代法学》2009 年第 6 期。

辅助功能。司法在法律适用的选择判断环节与社会期待之间，在方法论上也应该具有鲜明的回应性品格。[①]

最后，许多司法正义与社会正义错位案件的出现也凸显了法官司法伦理和司法良知的缺失，[②]导致了很多机械形式主义的判决，给当事人造成了很大的打击，也给社会公众传递了错误的法治观念，打破了社会公众的稳定预期。在社会转型期的大背景下，尤其当面对司法正义和社会正义可能出现错位的案件时，法官需要更有意识地承担责任和促使司法良知的归位，强化内控和自律。同时，在司法职业伦理归位的过程中，仍然要防止一种单纯行为规则指引下的"非道德化"现象，这种"非道德化"现象正日益脱离社会大众日常的道德评价和体验，逐步演变为一种纯粹的执业规范，用简化的规则服从代替令人紧张、冲动甚至愧疚、忏悔的道德的内在自我约束。好人和坏人的界限变得模糊，甚至消失，进而法律职业伦理与个人的日常生活道德观念也就产生了分离，中立的冷漠者可能就此诞生，正义精神从此迷失，律师如此，法官亦如此。因此，只有当法律职业者在强化自身伦理省思的基础上，考虑到社会公众的价值诉求，将公共福祉、个体正义以及制度的经济效益相统一，才能缓和二者之间的分离状态。[③]

第二，完善法官提升司法能力的制度激励机制，进一步改革司法资源供给体制，发挥制度激励对于司法能力的建构功能。"只见制度不见人"的改革很难让制度发挥预期的效果。[④] 法官也是普通人类群体中的一员，基本生存需求和对尊严的保障更是人性之内在要求。在审视中国司法回应社会背后的激励机制和制度空间等决定性因素的基础上，通过制度性的激励机制来保障法官物质福利待遇、提升法官职业荣誉感与心理满足感、完善法官晋升渠道和成长空间，去除法院内部长期积累的造成法官产生相对剥夺感的潜在规则，营造良好的司

---

① 莫良元：《转型社会司法热点案件的法社会学研究》，人民出版社 2014 年版，第 183 页。

② 刘艳红：《"司法无良知"抑或"刑法无底线"？——以"摆摊打气球案"入刑为视角的分析》，载《东南大学学报（哲学社会科学版）》2017 年第 1 期。

③ 李学尧：《非道德性：现代法律职业伦理的困境》，载《中国法学》2010 年第 1 期；万毅：《中国司法改革三大悖论之批判》，载蒋剑鸣等：《转型社会的司法：方法、制度与技术》，中国人民公安大学出版社 2008 年版，第 61 页。

④ 顾培东：《人民法院改革取向的审视与思考》，载《法学研究》2020 年第 1 期。

法人员竞争环境,这些都有助于法官司法能力的发挥和发展。特别是在科技日益发达的时代,法院更应该通过智慧法院的建设让法官从部分事务性工作中得到解放,从而提升司法效率,营造良好的审判环境。但是同时需要注意,激励机制的设置不能被异化为一种严重规训司法和束缚法官的"精细计算",否则只能让法官发挥其功能理性而不能激励其目的理性,这会致使司法产品的供给在很大程度上是偏离正义的。[①] 这就需要司法改革的顶层设计者更好地进行权衡。

第三,在法院组织体系内继续有效理顺与整合司法管理权和司法审判权之间的兼容关系,为司法权的运行营造适宜环境,激活法官群体的能动性。法院的管理能力也是司法能力建设的重要内容之一,司法管理权和司法审判权虽然性质不同,二元权力处于交织混合的状态,但是二者之间具有制约统一、相辅相成的关系,科学的司法管理可以为裁判权的运行提供有利环境和制度保障,从而提升司法审判的效率;而司法审判权的平稳有效运行,又可以为司法管理节省大量的制度成本,形成巨大的制度利益。在二者互促的有机结合下司法才能实现效率和公正的双赢。就此而言,司法管理权也必然是司法改革非常重要的对象之一,而且要从观念上给予司法管理权和司法审判权一定的分殊和差异化对待,不能将二者混为一谈,视为同一种性质的改革。司法管理权和司法审判权并不是平行的,因为法院的功能主要通过审判活动来实现,司法审判权是司法权的核心,司法管理权具有一定的附属性和服务性,两者遵循不同的权力运行规律。[②] 而在整个司法体制综合配套改革的契机下,继续优化司法职权和司法事权的配置也必将成为重点突破的内容。这一点也在最高人民法院发布的"五五改革纲要"中得到验证,纲要将完善法院机构设置和职能定位、构建科学合理的机构职能体系作为未来的重点任务之一。[③]

---

① 李拥军、傅爱竹:《"规训"的司法与"被缚"的法官——对法官绩效考核制度困境与误区的深层解读》,载《法律科学(西北政法大学学报)》2014 年第 6 期。

② 深圳前海合作区人民法院课题组:《精简法院的运行模式:人民法院司法行政管理体制改革的探索——基于对深圳前海法院司法行政管理体制改革的考察》,载蒋惠岭、郭彦主编:《法院内设机构与司法管理改革》,人民法院出版社 2018 年版,第 332 页。

③ 李少平:《以习近平新时代中国特色社会主义思想为指导 推进实施人民法院第五个五年改革纲要》,载《中国应用法学》2019 年第 4 期。

第四，优化司法决策过程的科学性、民主性和透明性，增强社会的参与程度以及社会经验的因素考量，进而提升司法与社会的相互理解。正如弗兰克所说的那样，消除司法体制中所存在的缺陷的最好方式就是让社会公众得知司法是如何运作的，而那些试图通过愚民政策来维护司法权威的想法是错误的。[①] 在认知了司法回应社会现实语境的复杂性以及调节社会秩序的艰难性以后，社会才可能更好地理解司法。这一点尤其针对社会重点关注的热点事件与案件，因为在互联网时代，媒体对于信息的裁剪式报道以及吸引眼球式的传播方式，在一定程度上加重了法律系统的信任危机。司法更应该提升司法信息的公开性，通过司法公开促使社会与司法的信息对称，保障公民的知情权和监督权，适当引导民意，促使公众对司法行为作出客观、理性评价。进而积极引导公众有序参与，减少司法决策的恣意性，增强司法决策的正当性和公共性。此外，要逐步缓解司法职业理性与社会民意之间的敌对心理，反思二者隔阂产生的原因，渐进性地完善民意反映渠道的制度化建设，提升司法与社会沟通的效率，使大众对既得利益作出良性维持，对愿得利益有一种良好预期，[②]进而以组织决策在结构上的丰富性和决策认知层面的开放程度来提升司法裁判的社会认同。[③]

第五，进一步推进和优化司法职权外部配置和运行机制的改革。作为结构性以及"体制性捆绑"的司法体制，其内含的司法职权配置与司法运行机制应该并行，而不是仅仅围绕一个方面"单兵突进式"地进行改革，否则很容易因为结构性和体系性的牵绊而使得其他改革措施的效果大打折扣。司法改革在司法职权的内部配置（比如员额制改革、人民陪审员制改革、审判委员会改革等）上注入了很大的精力，开展了很多的措施，但是在外部职权配置以及司法的运行机制上进行的改革明显偏少，即使改革，效果也不佳。尤其是司法的外部职权配置领域，

① 〔美〕杰罗姆·弗兰克：《初审法院——美国司法中的神话与现实》，赵承寿译，中国政法大学出版社 2007 年版，第 3 页。

② 万毅：《中国司法改革三大悖论之批判》，载蒋剑鸣等：《转型社会的司法：方法、制度与技术》，中国人民公安大学出版社 2008 年版，第 60 页。

③ 刘涛、蔡道通：《作为组织的法院及其决策运作：司法职业保障的系统论考察》，载《政治与法律》2017 年第 6 期。

比如上下级法院之间的关系、法院与其他权力部门之间的结构性关系等。[①] 虽然最近一轮司法改革也取得了规划中的“重要阶段性成效”，[②]但是如果接下来司法改革、政法改革对内外司法职权配置和司法运行机制给予全面的关照，并且实现各个领域的统筹，营造出良好的政法体制环境，为司法权的运行提供良好的制度支撑和组织载体，解除司法自身所嵌入的“体制性捆绑”，赋予司法足够独立运行的权能、条件与空间，以及减少民众因为这种“体制性捆绑”所形成的法外抽象愿景与期待，[③]那么改革很可能会取得更长远、更重大的成效，也更可能在最大程度上提升司法的社会回应能力，让司法最终迈向一种“独立性的诉讼结构模式”，并向发挥中立型的治理功能演变，[④]进而推动司法从政治正确转向政治正义，从社会公平正义的角度来审视执政者的政治要求，增强司法决策的社会功能定位，做到既有政治司法的

---

① 单独拿上下级法院之间的关系来谈，我们必须要厘清并定位好二者之间的关系，逐步弥合法律文本中的关系规定与实践中审级功能失范的二律背反。即使我们不得不承认这样一个事实：虽然许多法律体系中的下级法院处理的案件远多于上级法院或者上诉法院，但后者却被认为具有同等甚至更加重要的社会意义。基于各种原因，上级法院对社会能够产生的影响，要超出它在整个法院系统处理案件总量的比例。但这并不代表下级法院要完全服从上级法院，即二者处于领导与被领导的关系，而恰恰是上级法院有责任保障下级法院依法独立行使审判权。有学者对二者的关系作出了非常科学的定位：基层人民法院的职能定位于分流案件、解决纠纷；中级人民法院的主要职能为依法纠错，定分止争；高级人民法院的主要职能为再审监督，指导审判；最高人民法院的主要职能为形成规则，统一法律适用。〔英〕罗杰·科特威尔：《法律社会学导论(第二版)》，彭小龙译，中国政法大学出版社 2015 年版，第 214 页；何帆：《论上下级法院的职权配置——以四级法院职能定位为视角》，载《法律适用》2012 年第 8 期；傅郁林：《审级制度的建构原理——从民事程序视角的比较分析》，载《中国社会科学》2002 年第 4 期。也因此，考评指标的设置要与法院的职能定位相结合，以体现出不同审级的法院之职能定位有所差异。但是，在现实的司法实践中，这种区分度不是很高。上海市第一中级人民法院课题组：《审判绩效考核与管理问题研究》，载《中国应用法学》2019 年第 3 期。

② 周强：《最高人民法院工作报告——2018 年 3 月 9 日在第十三届全国人民代表大会第一次会议上》，载《人民日报》2018 年 3 月 26 日第 2 版。

③ 马长山：《公共领域的兴起与法治变革》，人民出版社 2016 年版，第 342—343 页。

④ 有学者认为，从古代到现在，中国司法经历了从“行政结构主义下的融合性诉讼模式”到“政法体制下的从属性诉讼结构模式”，并正逐步迈向“独立性的诉讼结构模式”。同时，司法的功能也在由以前的统治型治理功能、从属性多元治理功能，向着中立型的治理功能方向演变。赵贵龙：《迈向司法结构主义：以审判为中心诉讼结构的形成》，载《中国应用法学》2019 年第 3 期。

敏感力，又有社会司法的理解力。同时，改革还为执政者提供了一种制度化的纠错机制，可以成为政治正义的再生产装置。①

第六，发挥最高人民法院在回应社会中的总揽全局和谋篇布局之功能。就最高人民法院在整个国家权力结构中的定位而言，最高人民法院的政治地位最高、独立能力最强，在回应社会中的助推力量最大、可配置资源最多。它不仅可以通过政策制定、规则解释，甚至可以在必要时刻进行规则创制以回应社会多元化的利益诉求，平衡不同群体的特殊正义需求，关注政策可能产生的群体利益重组、行为动机改变以及社会平衡打破等矫正性的反作用力。此外，最高人民法院还十分注重司法决策的导向扩张机制，通过促进国家和社会通过新的规则、程序和组织来处理此类问题，助推多边认同的、具有扩散互惠性的普遍制度的产生。② 但是，最高人民法院在回应社会时，要注重各大利益群体的程序性参与和理性商谈，在充分吸取社会公众意见的基础上再通过司法解释、司法政策或者司法裁决来回应真实的社会。这样一来，不仅能够提升回应行为的正当性、合理性和科学性，还可以通过过程性的互动和反思强化司法与社会的互相理解，提升司法之公信力和亲和力。

二、增强司法情境思考的动机，不断提升司法对实质正义以及未来稳定预期的供给能力

虽然法律讲求一般性和普遍性，但是具体案件是鲜活的，充满个性化的，规范与事实之间的隔阂需要法官进行情景化的弥合。实质公正的司法裁决不仅安抚了当事人的内心，维护了社会的原有秩序，而且在一定程度上有利于避免私人复仇等观念的养成。法官审判案件已经不能再简单过去式地“向后看”，还应前瞻性地“向前看”，必须进行一种相对“周全”的法律规范和裁判后果的考量。③ “必须考虑整个

---

① 吴英姿：《司法的公共理性：超越政治理性与技艺理性》，载《中国法学》2013 年第 3 期；杨力：《司法多边主义：以中国社会阶层化发展趋势为主线》，法律出版社 2010 年版，第 190—203 页。

② 杨力：《司法多边主义：以中国社会阶层化发展趋势为主线》，法律出版社 2010 年版，第 75 页。

③ Guarnieri, Carlo, Patrizia Pederzoli, *The Power of Judges: A Comparative Study of Courts and Democracy*, Oxford University Press, 2002, p. 8.

社会秩序结构及其占支配地位的价值结构和支配该社会的正义理想,以发现一个能够解决有关相互抵触的原则或社会利益之间的冲突问题的正确答案。"[①]今后,司法回应社会的方式应该逐步走向一种连贯性的表达,旨在为社会公众提供一种法治规则认同下的行动框架,而非任意逻辑下的"一事一议"以及不确定的未来预期,从而促成司法场域下法治观念从无到有、从旧到新等多个维度下的再生产。[②] 并且这种正义的输出要考虑到具体案件的情境,不能机械地从一种法律形式主义的思维出发,正如棚濑孝雄指出的法官司法裁判的两个基轴:合意性—决定性、状况性—规范性。前者注重的是当事人的合意与法官裁判之间的流转,而后者聚焦的是案件本身的特殊情境与法律规范的一般性。[③] 在两个基轴之下,不仅"个案—规范"之间建立了良性的互动,个案化的本土经验上升为了法律制度,还在"法院—个案—当事人"之间建立了沟通渠道,实现了案件的理性商谈。同时,法官应对社会环境和社会民意保持一定的敏感度,逐步提升法官对于各个群体诉求的理解能力,能够感应出当事人所在阶层之一般期待及基本诉求,并且适时地将这种诉求结合于司法产品的生产当中,进而创制出社会欲求的司法产品。因为对社会诉求的感知充足是司法主动回应社会的认知前提,如果感知滞后,那么回应必然是延迟的,或是被动的、外来压力型的。[④] 特别是最高人民法院在规则创制时,需要深切关注不同阶层的利益需求和权利愿望,实现对司法需求侧和供给侧的双重考量,周全地通过特殊权衡来推动整体公平正义的实现。[⑤]

---

① 〔美〕E. 博登海默:《法理学:法律哲学与法律方法》,邓正来译,中国政法大学出版社2017年版,第582页。

② 侯明明:《"通过司法判决塑造公众法治观念"命题的逻辑理路》,载《天府新论》2017年第4期。

③ 〔日〕棚濑孝雄:《纠纷的解决与审判制度》,王亚新译,中国政法大学出版社2004年版,第7—8页。

④ 杜健荣:《论司法回应民意的模式转换》,载《理论导刊》2014年第6期。

⑤ 杨力:《司法多边主义:以中国社会阶层化发展趋势为主线》,法律出版社2010年版,第67页。

三、注重司法价值的指引功能，从法律效果以及社会效果的综合评估和拷问中提取处理案件价值指引的社会共识或公共理性可能是司法未来回应社会的一条可靠路径

最高人民法院在司法裁决之社会效果评估的基础上，主动将司法裁判的具体回应转向司法解释、司法政策等准立法性质的一般回应，继而实现以后司法裁判的良好适用，可以避免法律效果和社会效果的再冲突，保障了形式法治和实质法治的紧密结合。但是，这种“亡羊补牢式”的回应如上所述，不仅凸显了刑法解释权被各种形式的司法解释和请示汇报所垄断的事实，还显示出最高人民法院力图取代法官解释权的个案评价功能，而且如此行为也存在一定的个案正义损失之缺陷。那么与其如此，还不如让法官在个案中发挥应有的自由裁量权以确保能够在自主选择的前提下对法律进行解释、适用，复归和保障法官的个案解释权，充分利用法律不确定性的开放结构，吸收社会共识中的其他资源作为裁决的支撑性考量，从而寻求一个既合法又合理的正当判决。“这样一来，公众共同的道德观如何有效作用司法的问题，便往往表现为司法以‘常识、常理、常情’‘正义’等道德话语系统去解释法律之不明确规定，需要从‘邪恶与救济的普遍公共看法’中寻求判决之道。”[①]因为法官如果要解决规范之间的冲突问题，就无法避免对作为有效规范而事先给定的这些规范进行重构性评价。[②] 张明楷教授也指出，欲破解法定犯正当性不足的弊端，必须依靠实质性的法律解释。[③] 法官不只是被动地适用法律，还应主动地解释法律；法官不只是形式逻辑地进行推理，还要探寻法律之目的；法官不只是简单地追求工具理性，还要彰显立法精神下的价值理性。如果发现法律或者司法解释中有不合理之处，虽然不能直接确认其无效，但是可以通过选择其他规则的方式隐性地拒绝适用，实现一种规则在场的不在场化。

---

① 姜涛：《道德话语系统与压力型司法的路径选择》，载《法律科学（西北政法大学学报）》2014 年第 6 期。

② Jürgen Habermas, *Between Facts and Norms: Contributions to a Discourse Theory of Law and Democracy*, The MIT Press, 1996, p. 232.

③ 张明楷：《自然犯与法定犯一体化立法体例下的实质解释》，载《法商研究》2013 年第 4 期。

正如有学者所表达的："法官忠于法律，不是对制定法的简单遵循，而是对'制定法和法'的遵从，即当'实证的法律与不正义的矛盾达到不能忍受的程度，以至于作为不正确的法的制定法不得不屈服于正义'时，法官需要通过一般的正义、道德、伦理和事物本质予以自主评价。"[①]当然，"法律的不确定性将案件的解答分解成了多个备选方案，而如果法官的裁判结果不是一种形式合法掩盖下的恣意和任性，最终的抉择便需要其他实质理由加以支撑。"[②]这样，在裁判理由的论证下，不仅避免了个案中当事人利益的牺牲，维护了最高人民法院的权威，而且最高人民法院事后还可以根据案件社会效果的反馈、总结，及时修正以前发布的司法解释或者重新发布司法解释，制定新的司法政策，从而完善相关裁判依据，并以"润物细无声"的方式实现最高人民法院自身认知盲区的修正或者价值观念的转变。这也避免了既往司法判决和公众判意错位带来的司法资源浪费以及司法公信力和司法权威的受损。

四、提高司法正义与社会正义的沟通理性、弱化误解的基本模式之一就是践行案例法治文化实践模式，实现司法的社会回应力与社会的参与力协同推进、双向建构

案例法治文化实践模式就是提供一个让各方参与的场域，让利益相关者或者自愿加入者利用此场域进行案例议论，以实现程序性和主体间的互动，满足公众表达的欲望和参与社会管理及公共决策的诉求。在议论中，一方面，得出带有各方参与痕迹的作为司法产品的司法判决；另一方面，让司法判决内部包含的法治观念在主体间得以传播，促使当事人以及其他监督主体不同程度地参与到司法判决作出以及价值释放的过程中，实现中国语境下的法律精英与社会大众之间的扁平化沟通。通过"落细、落小、落实"的具体路径感知和领悟法治观念。同时，利用各种场合和时机，通过司法判决、以案讲法等途径形成培育法律文化的浓厚氛围，使司法案例文化深入人心，弘扬司法理念

---

① 陈绍松：《司法裁判的评价与认同》，载《法学杂志》2018年第1期。

② 陈杰：《基于裁判理由的民意判决的正当性探析》，载《河北法学》2018年第4期。

和法治精神。当然,在重大案件以及社会热点案件当中,很多学者以及法律职业群体在心中正义感的驱使,以及各种功利主义的诱惑下会主动质疑案件的判决结果,再加以媒体的各种渲染与传播,会在很大程度上促使案件进一步发酵,引起更多群体的围观,导致舆论场的漩涡越来越大。这种社会不同群体的关注又会倒逼司法机关以及有关的部门不得不启动相关程序或者采用推出新闻发言人等方法分散社会压力,直至舆论场消散。这样一来一去,反而在社会中形成了一种托依布纳意义上的"反思合理性",将一种法的解释、逻辑封闭系统变为一种日常的逻辑和议论系统。[①] 这也因此而表明,仅仅涉及当事人等利益群体的法律议论或者法律交涉是远远不够的,必须将更多的评价因子引入对司法判决等司法产品的评价中,让更多的无关群体进入评价机制当中,发挥社会的力量,以便促成一种博弈状态下的有机平衡与稳步推进,逐步走向司法的公共理性。[②]

但是需要注意的是,司法回应力与社会参与力的力量平衡才能构成良性的司法与社会互动,否则很可能因为力量的失衡而造成回应效果的不佳。由于受到案件性质以及其他信息共享、参与渠道的影响,法民关系的表现程度不一,具有很强的可变性,[③]而在中国当下的司法实践中,问题的症结就在于这种可变性的偶然性太强劲,因此我们在提高司法回应能力的同时,也要提升社会公众的参与力,优化社会公众的司法需求以及理解能力,使社会公众初步认知到司法的有限性以及自身权利使用的合法性。后者主要涉及社会公众的商谈能力,而商谈能力的核心在于论辩实践。哈贝马斯提到:"作为交往行动的反思形式,论辩实践在所谓社会本体论上的特征就在于参与者视角的完全的可能逆转性,它使商谈性集体的高层次主体间性成为可能。"[④]因此,提升社会公众参与力实质上就是增强社会公众

---

① 季卫东:《法治秩序的建构(增补版)》,商务印书馆 2015 年版,第 20—21 页。

② 关于司法的公共理性,见吴英姿:《司法的公共理性:超越政治理性与技艺理性》,载《中国法学》2013 年第 3 期。

③ 凌斌:《当代中国法治实践中的"法民关系"》,载《中国社会科学》2013 年第 1 期。

④ 〔德〕哈贝马斯:《在事实与规范之间:关于法律和民主法治国的商谈理论(修订译本)》,童世骏译,生活·读书·新知三联书店 2014 年版,第 280 页。

与司法主体间论辩实践的能力。随着公共领域的结构转型,社会公众参与司法的方式已经不再局限于沿袭传统,而是将重心转移到互联网虚拟公共领域,而在这样一个相对于实体空间具有"脱域"色彩的虚拟空间内,社会公众的司法案件参与也往往被打上了"非理性"的标签,[①]常常是感性的随意表达多于理性思考后的言说。在如此境遇下,更应该从社会论辩实践的能力维度发力,培育公民的健全人格和法律素养,扶持社会组织的成长,进而提升社会公众的参与力,以期实现司法回应力与社会参与力的平衡发展。

第二节 中国司法的社会回应力度之控制

上节的论述中又存在一个悖论:法院一方面必须遵守不得拒绝裁判的原则,另一方面又并非所有的案件都可以达成共识或者具有唯一正确答案。[②] 因此,法官在面临一个案件,尤其是疑难案件时,究竟该如何裁判?如何发挥自身的判断权?这时的司法如果有必要生发出一种在法律框架内导引社会公众价值观念的自觉意识,那么界限在哪

① 当然,正如前文所提到的,简单地认为大众的就是世俗的、功利的,肯定过于偏颇。孙笑侠、熊静波:《判决与民意——兼比较考察中美法官如何对待民意》,载《政法论坛》2005年第5期。

② 德沃金认为,一个法律问题实际上总有一个唯一正确答案,此即著名的"正确答案论题"(right answer thesis),但是这种观点越来越遭到质疑。Ronald Dworkin, On Gaps in the Law, in Paul Amselek, Neil MacCormick (ed.), *Controversies about Law's Ontology*, Edinburgh University Press, 1991, p. 84. 批评中最为典型的就是哈贝马斯的观点,他认为,德沃金的建构性诠释中的融贯性概念不能仅仅从语义学的角度来理解,而指向交往结构中论辩过程的一些语用预设。Jürgen Habermas, *Between Facts and Norms: Contributions to a Discourse Theory of Law and Democracy*, The MIT Press, 1996, pp. 223-237. 卢曼也曾从法律系统的偶在性等角度对法律的不确定性进行论证。Niklas Luhmann, *Observation on Modernity*, Stanford University Press, 1998, p. 45. 其他观点见邱昭继:《法律问题有唯一正确答案吗?——论德沃金的正确答案论题》,载陈金钊、谢晖主编:《法律方法(第9卷)》,山东人民出版社2009年版,第105—122页;尹建国:《不确定法律概念具体化的模式构建——从"唯一正确答案"标准到"商谈理性"诠释模式》,载《法学评论》2010年第5期;王天华:《行政法上的不确定法律概念》,载《中国法学》2016年第3期;周赟:《于不确定处寻确定:论司法的本质是自由裁断》,载《苏州大学学报(法学版)》2017年第1期;王志勇:《"司法裁判的客观性"之辨析》,载《法制与社会发展》2019年第3期。

里？法官是否必须在社会议论达成共识的前提下才能作出判决？法官可否在众多的可选项里根据现有的条件、情势、知识来选择一项可能的裁决结果进行判决？如果答案是肯定的，也就是说，对于此案件的处理即使通过广泛的议论还没有达成共识，法官也必须通过司法裁判的形式回应当事人，甚至是整个社会的焦急等待。法官在共识未达成之前依然可以依靠自身的法律职权作出一个代表性的判决来促成共识的达成，但是这并不意味着这个试图促成共识达成的判决是没有争议的，从现实的司法实践来看，这种争议恰恰经常存在，并且在法学界的批评声以及败诉一方当事人屡次上访中体现得淋漓尽致。但是争议的存在并不能抹去生效司法判决的效力，而恰恰是这种争议促成了其他回应案件方式的产生。在这个过程中，法官的主观能动性必定要得到发挥，甚至法官一定程度上要发现"新法律"或者"创造性地适用法律"。

进而，我们可能想到，在司法回应社会这面理念大旗之下，法官可能过于滥用自由裁量权而任意地作出判决，法院也可能存在过于能动司法的境况，造成司法权力的泛化，[①]甚至会利用回应社会的名义突破法治的底线，造成整个司法系统面临失控的风险。那么"中国司法回应社会"这一理念以及此理念导引下的回应力度是否应该得到控制？如果应该受到控制又该受到什么样的控制？对于第一个问题，我们基本可以达成共识，那就是需要得到控制，法官/法院的权力或回应力度不可能不受到制度"笼子"的约束，不可能随心所欲地对社会加以回应。从本质上讲，对中国司法的社会回应力度之控制的关键在于，对法院的权力行使以及法官自由裁量权的运用加以控制，因为司法回应社会的本质就在于司法公权力的运用。至于如何控制以防止出现"回应过度"之困境，在此，笔者提供三个思路以供讨论：一是司法回应社会要得到适当开放司法场域中公共理性的控制；二是司法裁判要受

① 有学者指出，司法权力的泛化指向司法权力这种富有特性而为特定主体所专属的权力在主体范围上的扩展，既表现为司法权力在不同国家机关之间的泛化，也表现为司法权力朝向社会层面扩展。而在我国特定法治建设的历史和现实环境之下，司法权力泛化的趋势更是明显。石茂生：《司法权力泛化及其制度校正——以司法权力运行为中心》，载《法学》2015 年第 5 期。

到回应型判决理由的制约，同时要注重司法裁决的可接受性；三是司法对社会的回应要坚持有限主义原则和复合型司法构造。

一、司法的公共理性控制与司法场域的适度社会开放

经过司法改革的法官员额制运行以后，我国的司法基本上实现了进一步的专业化与职业化，但是这种状态的实现也可能隐藏着一种司法的精英化与大众化分离的风险。在封闭的司法场域中，不管是传统的法律形式主义还是法律现实主义都是从法官“自我化”[①]的视角定格下进行的阐释，将法官视为一个完全独立的行为个体，过分探求法官追求法律或者其他利益的“自我偏好”，忽视了开放司法场域中其他行动者或者制度性约束对其司法活动产生的控制，这在疑难、难办、复杂案件当中尤其明显。因此，中国司法应该走向一种“超越技艺理性和政治理性的公共理性”[②]。“只有让私人参与到公共领域所控制的正式交往过程中去，批判的公共性才能在一个具有社会学意义的秩序当中，把两个交往领域联系起来。诚然，少数私人是政党或者公共团体的成员。只要这些组织并不仅仅在官僚或者管理者的层面上，而且在所有层面都允许一个内部的公共领域存在，那么私人的政治意见与准公共舆论之间就有可能联系起来。”[③]而且，司法权威形成过程的支撑力量也不同程度地体现在司法职业者的责任伦理以及对社会整体司法产品欲求的关切当中。换言之，司法权威形成的可能性孕育

---

① 这种“自我化”一元性分析进路暗含的一个前提条件就是：法官是独立的行为主体，不受其他行动者的支配或限制，他们并没有劝说他人的责任，同样也没有接受他人劝说的义务，而是自由地作出并执行他们眼里的最佳决定。〔美〕弗兰克·克罗斯：《美国联邦上诉法院的裁判之道》，曹斐译，北京大学出版社 2011 年版，第 103 页；徐霄飞：《司法治理中的决策模型研究》，载《浙江社会科学》2018 年第 1 期。其实，弗兰克·米希尔曼也批评过德沃金对司法实践的独白式理解，且声称德沃金笔下的赫拉克勒斯是一个孤独者，他的叙述性建构是独白的。Jürgen Habermas, *Between Facts and Norms: Contributions to a Discourse Theory of Law and Democracy*, The MIT Press, 1996, p. 224.

② 吴英姿：《司法的公共理性：超越政治理性与技艺理性》，载《中国法学》2013 年第 3 期。

③ 〔德〕哈贝马斯：《公共领域的结构转型》，曹卫东等译，学林出版社 1999 年版，第 294 页。

在封闭司法场域与开放社会场域的紧密结合以及良性互动的过程当中，司法场域的塑造不必达到社会根本无法触及的闭合程度。特别是在热点案件当中，封闭司法场域与开放社会场域的重新组合不仅为司法技术或者法律方法证成的社会识别提供了契机，还为多元主体的扩展参与以及声音表达的规范化提供了具体的案例语境。这时，“单个法官原则上必须把他的建构性诠释看作是一项以公民间公共交往为支撑的共同事业。”①通过引入“公共理性”对中国司法的社会回应力度加以控制，促使司法从封闭的司法场域转变为适度开放的社会场域，这样司法不仅具有民主等正当性基础，而且也在一定程度上化解或者弥补了二者潜在的背离风险，进而能够避免出现有学者所讲的，“司法对民意表现出‘专断’与‘被动’两个极端——裁判时无视受害人和民众的意见与感受，闭门造车；当案件成为公共事件后又经不起舆论的拷问，随风而倒”②。

司法之社会回应力度的公共理性控制是在一种“司法—社会”协作式的结构框架中得以实现的，司法的公共理性在本质上是一种司法与社会相互结合的“各种不同善观念的群体之间的一种重叠共识”③，也是法律的公共理性与社会公共理性的结合。公民个体通过自律、理性的表达参与到公共理性的建构当中，司法权力对这种公共理性的呈现进行不同程度的法治框架内的评估与参与，进而在参考性、程序性达到某种程度的情况下作出专属性或者民主式的判断，实现道德代码的法律转译。当然，这个过程可能是徘徊、反复的，因为不断有新的理性加入，法官需要在一定时间内持续地通过某种便宜的信息收集装置直接或者间接地对其进行辨析并实现和法律的对接。

---

① Jürgen Habermas, *Between Facts and Norms: Contributions to a Discourse Theory of Law and Democracy*, The MIT Press, 1996, p. 224.

② 吴英姿：《司法的公共理性：超越政治理性与技艺理性》，载《中国法学》2013 年第 3 期。

③ 〔美〕约翰·罗尔斯：《公共理性理念新探》，谭安奎译，载谭安奎主编：《公共理性》，浙江大学出版社 2011 年版，第 129 页。

从霍布斯的“主权者理性”①到罗尔斯的“公民理性下达成基本共识的能力”,②再到哈贝马斯的“理性的商谈式/交往理性的公共程序运用”,③对“公共理性”的理解一直在不断地完善并且逐步延伸至包括司法权在内的一切公共权力的运作层面。而涉及中国司法的特殊语境,总体而言,笔者认为这种公共理性的控制不仅仅局限于司法裁判作出的过程当中,还应该穿插于司法权运作的任何一个可能的阶段,比如,立法提案的提出过程、司法解释的拟制过程、司法裁判的运作过程、司法政策的制定过程、司法与民意的沟通过程等,在这种公共理性的控制之下导向多元社会聚合下的价值共识。这时,法律规范不再是一个统一化的、既定性的、不可解释的“实体之物”,而变为了通过商谈程序之后合理性和可接受性理由的来源依据和法律论证的资源。总而言之,不管是司法公信力和司法权威的自然演进还是人为塑造,都不能远离司法的自律、公平与理性而赋予人民外部监督和内在民主参与的权利,并且应不断地将其制度化和程序化,将司法过程打造为一个公共理性得以呈现的过程才是最为根本的路径。④

具体到最为核心的司法裁判的过程而言,公共理性的控制可分为判决作出前的控制和判决作出后的控制。判决作出前的控制又可分为通过法律的控制和通过议论的控制。前者主要指法律作为“公意”(general will)⑤或者“公共善品”(common good)而成为法官裁判的依据,这也已然成为国内三大诉讼法和各大实体法的内在规定,已是不可动摇的根基。法官审判案件必须在法律的框架内发挥主观能动性,而不能“跨越法律”成为“无法裁判”,因为司法的权威最终来自宪法法

① 〔美〕迈克尔·里奇:《霍布斯式的公共理性》,陈肖生译,载谭安奎主编:《公共理性》,浙江大学出版社2011年版,第69页。

② 〔美〕约翰·罗尔斯:《政治自由主义》,万俊人译,译林出版社2000年版,第225—226页。

③ 〔德〕尤尔根·哈贝马斯:《通过理性的公共运用所作的调和:评罗尔斯的政治自由主义》,谭安奎译,载谭安奎主编:《公共理性》,浙江大学出版社2011年版,第354—372页。

④ 胡铭:《司法公信力的理性解释与建构》,载《中国社会科学》2015年第4期。

⑤ 〔法〕卢梭:《社会契约论》,何兆武译,商务印书馆1980年版,第44—49页。

律的权威赋予。而司法的过程实质上就是根据宪法法律这一规范性共识对公共价值、社会价值进行界定。[①]这种通过法律的控制使得司法行为的作出必须依据事前制度性的共识。

通过议论的控制一般表现为从职业角度、学术角度和普通大众视角进行论辩协商而逐步达成共识。但是判决作出前，要想实现三类群体都得以不同程度的参与有一个前提，即需要案件从封闭的司法场域演变为公开的司法场域或者半公开的司法场域，如果未发生这种变化，那么这种控制很可能不是真正意义上的公共理性，而变为法律职业视角狭小范围圈内的理性，这常常表现为受理案件的法院有机体内部专业法官之间（主要是司法系统内部，比如合议庭、主审法官会议、专业法官会议或法官联席会议等）的意见交流（在不进行实质改革的情境下，人民陪审员制度[②]徒有审判形式而无实质裁判权运行的尴尬局面可能仍会延续），至多升至审判委员会的内部看法交换。但是，现有法律制度以及司法制度并非不能负担这种境遇下法官个体职业的有限理性承受，因为司法场域的演变动力源有很多，其中就涉及案件的复杂疑难程度，而在疑难复杂案件中，场域演变的可能性非常大，如果未加演变，很大情况下说明此类案件属于常规案件，职业理性与社会正义的距离不是太远，前述的小范围专业理性足以应对，无须占用其他公共理性主体的过度关注力，因为这时二者一般是处于一种“默会契合”的状态，所以从此意义上讲，法官个体的职业理性发挥的过程也是职业理性社会化、公共化的过程。而这种只聚焦于疑难、复杂、难

① 〔美〕欧文・费斯：《如法所能》，师帅译，中国政法大学出版社 2008 年版，第 3、16 页。

② 制度的功能预设是一回事，实际的实践运行又是另一回事，二者的落差可能很大。有学者通过实证调研得出，1998 年以来的人民陪审员制度在多种社会需求合力的作用下得以复苏，它承载了推进司法民主、维护司法公正、强化司法监督、提高司法公信等多种功能期待，但是经验材料显示出陪审员难以有效地参与审判，出现“极少发言”“附和法官”“难以参与表决”“陪而不审”“编外法官”“陪审专业户”“三陪：陪听、陪坐、陪签”等制度异化现象。彭小龙：《人民陪审员制度的复苏与实践：1998—2010》，载《法学研究》2011 年第 1 期。2018 年 4 月 27 日，《人民陪审员法》由十三届全国人大常委会二次会议通过，但其实施效果还有待观察。

办案件的关注力恰恰值得提倡,否则很可能因为产生“疑难案件到处都是,处处需要关注”的错觉使得公众把不平常变为了平常,进而失去了关注的耐心和精力。

正如上文所讲,促使封闭场域演变为开放场域的因素有很多,除了案件本身的性质以外,法官在司法场域演变的过程中也具有一定的主动权,他可以通过“审时度势”的“自由裁量”影响场域的变化。而且,当事人、律师和媒体的结合也可能起到关键性的作用。如果当事人、律师诉求于媒体,再加以“卡里斯玛式”权威人物的助推,而案件本身又确实疑难复杂,或是引人瞩目,就会迅速地传播,成为一个“公案”[①],得到社会公众的关注。这时司法场域得以延展的动力主要来源于信息时代案情公布之后社会公众的持续关注。

对判决作出后的控制,大多表现为公众舆论监督的主体参与,这显示出司法系统内外之主体间性理念对司法的整合和改造功能。[②] 因为“公众对司法活动和结果形成的主流看法也具有公共性,其中内含了解决利益冲突的社会共识,从而为法官发现和确立公共理性准备了必要的条件”[③]。裁判文书公开平台的建立、当事人及其律师的维权意识、对判决的争议或者当事人极其满意判决结果,都在一定程度上促使裁判文书通过媒体进入大众的视野,当然,也不排除法院或者法官自己认为对某个案件的裁判实现了法律效果和社会效果的良好结合,而主动让它进入社会公众的视线,进而引起不同群体的关注与议论。学术群体会对这些案件进行批判和阐释分析,社会普通大众凭借朴素正义观对案件进行讨论,其他法律从业者则可以通过规范性再分析表达支持或者某种程度的不赞同。比如,社会公众对“南京彭宇案”经验常识推理的极度不赞同;对“天津大妈摆摊射击案”违背常情的不理解;对“深圳王鹏鹦鹉案”打破常理的反对,以及专家学者、法律职业者

---

① 孙笑侠:《公案的民意、主题与信息对称》,载《中国法学》2010年第3期。

② 李拥军、郑智航:《主体性重建与现代社会纠纷解决方式的转向》,载《学习与探索》2012年第11期。

③ 季晨溦:《民意沟通:公共理性的司法构建基础》,载《政法论丛》2017年第3期。

对“电梯内劝勿吸烟猝死案”判决的法理分析等，都是公共理性参与的体现。在这样三类群体的议论中，社会上形成了一种托依布纳意义上的“反思合理性”，一种法的解释、逻辑封闭系统变为了一种日常的逻辑和议论系统，[①]并逐步形成了处理案件的社会基本共识。当然，在面对这种共识时，司法的回应举措是不一致的，回应的速度也存在差异。[②] 但是其中几乎都涉及了司法与社会公众的互动、法律与社会规范的碰撞、司法正义与社会正义的衡量。

同时必须注意的是，这种司法裁决的公共理性控制最终是通过公共理性支撑下的法律规则之间的竞争性适用而得以呈现的，公共理性本身并不一定直接出现在司法裁决当中，大多数情况下它恰恰作为一种衡量因素隐藏在背后，实现司法方法与裁判实质基准的紧密结合。正如有学者所说的那样：“民意判决并非如表面上所显示的，是法律同民意的竞争，而实质上是法律规范之间的竞争，民意潜藏于一方之后。”[③]此时，来自司法系统之外的公众意见在作为证成裁判依据选择正当性的二阶证成过程当中发挥作用，[④]使公共理性所反映之社会事实转变为制度性事实，从而将法律外的事实转化为法律之内在要求。也就是说，这种公共理性与法律规则并非单纯地表现为二元的截然对立，反而是法官在多种可能的法律适用结果之间选择一种更加符合公共理性的裁决结果或者法律规范。在这种判决中，公共理性并非法律规则的对立面，而是作为一种社会基本共识性的支撑因素起到加码或者说服的作用，促使法官心中自由裁量的天平在合法的底座上更加倾

---

① 季卫东：《法治秩序的建构（增补版）》，商务印书馆 2015 年版，第 20—21 页。

② 比如，在“内蒙古农民无证收购玉米案”中，最高人民法院主动指令巴彦淖尔市中级人民法院再审王力军非法经营案；“山东于欢杀人案”二审审判结果将国法、天理、人情相结合，在国法的框架内，不违天理，合乎人情；在“卢荣新无罪释放案”中，云南省高级人民法院坚持无罪推定原则以及以审判为中心的诉讼制度，宣判卢荣新无罪，当庭释放；等等。

③ 陈杰：《基于裁判理由的民意判决的正当性探析》，载《河北法学》2018 年第 4 期。

④ 陈林林：《公众意见在裁判结构中的地位》，载《法学研究》2012 年第 1 期。

向公共理性可欲的一边，从而不致使整个社会的基本价值共识被撕裂。[①]

而且，公共理性并非简单地等同于民粹主义、网络舆论，它是一种经过各种主体民主商谈、论辩达成的共识或者"半共识"状态的集体智识与能力。因此，需要注意区分公共理性和民粹主义的界限，司法的公共理性不等于司法的民粹主义，要防止打着司法公共理性的旗号作出民粹主义司法的行为。司法的公共理性注重的是在规范标准的框架内以尊重多元主体为基础而进行理性商谈后达成共识；而民粹主义拒绝商谈的进行，带着群体偏见和愤懑之气，固执地表达自身的不满，[②]还会将法律规范的存在抛在一边不予理会，只将自身的利益或者感性的道德否定考虑在内，即民粹主义不仅丢弃了法律边界的考量，夹带了太多对于司法的非理性私货，而且拒绝意见形成的交互性。在司法自治性不足、抵御外界干扰能力不足的情况下，民粹主义很容易让司法走向被舆论间接干预的危险境地。

二、回应型判决理由的控制与判决的可接受性

著名的逻辑学家、法哲学家萨伊姆·佩雷尔曼曾表示：法官具有裁判案件并充分说明其理由的义务，论证的目的就在于能够引起和增强作为普通听众内心对于说话者所提出意见的认同。[③]从说者和听者的角度看，司法判决的说理已经成为司法与社会沟通的一种方式，由于审判是一个"诉讼三角形"的三方格局，因此回应型司法判决理由主

---

① 日本学者佐立治人认为，中国古代审判官或者从各种各样的解释中，选择一个被认为可行的、妥当的解释，或者否定当事人的解释而由自己做出解释。为使审判官自身的解释获得正当化地位，就需要一个判断解释的基准，这个基准正是"人情"。〔日〕佐立治人：《〈清明集〉的"法意"与"人情"：由诉讼当事人进行法律解释的痕迹》，载杨一凡、〔日〕寺田浩明主编：《日本学者中国法制史论著选（宋辽金元卷）》，姚荣涛译，中华书局 2016 年版，第 353—385 页。

② Edward Shils, *The Torment of Secrecy: The Background and Consequences of American Security Policies*, The Free Press, 1956, pp. 100-101.

③ 谢小瑶、赵冬：《裁判可接受性的"理想"与"现实"——源于听众理论的启示》，载张仁善主编：《南京大学法律评论（2013 年春季卷）》，法律出版社 2013 年版，第 171 页。

要指法官在判决说理时，要回应当事人以及控辩双方在各个阶段提出的异议或者主张，不管法官是持一种采纳还是不采纳的态度，都应该在裁判说理中给予回应，而不是简单独白式的说理方式。回应型说理不意在强调裁判说理的“多”，而在于说理时要以“听者”和“说者”的姿态，有针对性地和精致性地分析事实和法律以回应当事人的诉求，避免法官自我封闭式地自说自话。一味追求说理的“多”，对于“案多人少”的中国法院不仅不切实际，还会造成裁判文书冗长，使得当事人或者读者失去耐心。严格意义上讲，判决理由的回应必须是有效的，换言之，不能是故意“文不对题式”的回应，而必须是有针对性地进行回应，特别是涉及定罪（定性）、量刑（赔偿）的关键性问题，法官更应该直接回应、精细回应、准确回应，不能出现笼统性回应、模糊化回应等无效回应。

最高人民法院2018年发布的《关于加强和规范裁判文书释法说理的指导意见》中也提到，“裁判文书中对证据的认定，应当结合诉讼各方举证质证以及法庭调查核实证据等情况阐明证据采纳和采信的理由。”“刑事被告人及其辩护人提出排除非法证据申请的，裁判文书应当说明是否对证据收集的合法性进行调查、证据是否排除及其理由。”“诉讼各方对案件法律适用存有争议或者法律含义需要阐明的，法官应当逐项回应法律争议焦点并说明理由。”这一系列的表述都在着重强化司法裁判说理的回应属性。回应型判决理由和独白式判决理由虽然都是在实现司法判决这一司法产品的“可公共化性”[①]，但是回应型判决理由是一个“对话与合意”过程的呈现，也是换位思考的一个过程，具有针对性、互动性和回应性；而独白式判决理由是法官“自我化”的一种彰显，具有很强的弥散性、单向性和独白性。很显然，前者更加能够说服控辩双方或者当事人，更具有说理意义上的可接受性。而且，这也是通过司法判决在法官和当事人之间建立一种制约和

---

① 〔美〕欧诺拉·奥尼尔：《理性的公共运用》，陈肖生译，载谭安奎主编：《公共理性》，浙江大学出版社2011年版，第100—103页。

平衡机制，实现事实认定和法律适用的理性公开化。[①] 另外，回应型判决理由也彰显了一种说服力竞争下的正当性，即控辩审三造或者原被告与法官三方展开关于裁决结果的相互说服，通过论证说理进行竞争，希冀在复数化的规范中寻求正确的答案或者“最大公约数”下的“重叠共识”。但是，由于中国目前裁判说理的自白性和非论证性特征，这种论证性对话和说服力竞争并未得到很好的体现。[②]

此外，请注意这里关注的是判决理由的控制而非判决依据，现在看来，判决理由和判决依据的二分已经成为一种趋势，即裁判的依据必须是法律，“法律唯一”是审判的“元规则”，[③]而裁判的理由可以综合运用多种资源加以论证，丰富论证的内在构成，进而展示出常理、情理等社会规范和法律规范的合力。这样一来，才能达到有学者所讲的，司法判决正当性的来源不是公民出于对惩罚的预测，而是公民真正从内心肯认判决理由及所表达的正义原则——义务只能出于行动者内在观点的接受。[④] 关于判决依据的控制本书在公共理性中已有所阐释，这里不再赘述；而关于判决理由这方面的学术成果更可谓是硕果累累。但是，现实司法实践中的应用效果却让人大跌眼镜，热火朝天的司法裁判说理的学术研究与日常现实的司法实践操作之间存在巨大的错位。[⑤] 让司法中心主义的学术研究范式实现和现实司法实践操作的有机衔接，想必也会遇到很多现实因素的阻拦。比如案多人少，

---

① 李红海：《认真对待事实与将常理引入司法——减少争议判决之司法技术研究》，载《法商研究》2018 年第 5 期。

② 季卫东：《中国式法律议论与相互承认的原理》，载《法学家》2018 年第 6 期。

③ 周永坤：《民意审判与审判元规则》，载《法学》2009 年第 8 期。

④ 朱振：《法律的权威性：基于实践哲学的研究》，载张仁善主编：《南京大学法律评论(2015 年春季卷)》，法律出版社 2015 年版，第 4—7 页。

⑤ 有学者从整个法律方法论的司法实践运用角度，对法律方法论的沉默提出了自己的忧思，认为目前的研究并没有通过有效的法律方法论证实现法律的修辞，打通专业性与公共伦理的沟通路径。他提到法律方法论学者选择沉默可能有两种原因：一是法律方法论只是一种“屠龙术”；二是法律方法论学说发展尚不充分，现有理论的发展还处于建构阶段，不具备应用于司法实践的能力。陈绍松：《司法裁判的评价与认同》，载《法学杂志》2018 年第 1 期。

法官精力有限，不可能每个案件都把理由写充分；又比如法官不敢写过多的理由，担心言多必失，怕出错误承担责任等。[①] 总之，不管是司法内部严格的科层制，还是僵化的判决书样式，又或是泛化的司法责任制度，都无法为法官运用法律方法论成果发挥自身创造性和能动性提供良好的制度激励，也没有为法官通过司法裁判回应当事人及社会公众创造良好氛围。对于这些司法现实问题的识别、关注与解决依然是非常重要的。

同时，值得再加以强调的是，在涉及情理法相冲突、需要进行价值取舍的判决时，即类似"山东于欢杀人案""深圳王鹏鹦鹉案""大学生掏鸟窝案"等案件，更需要强化回应型判决理由的塑造。法典中的法定犯会由于缺乏民众的合意而出现合法性不足的情况，那么由司法解释细化后的法定犯则会使这种不足的合法性表现得更加突出，[②]所以法官在处理此类案件时更应该进行充分的说理论证，充分调动各种资源进行说服，[③]将学界法律论证学、法律解释学以及法律修辞学的法律方法研究成果加以运用，不仅展示出自身思考的过程，而且要对社会公众以及控辩双方的意见进行回应，通过让司法技术从封闭的司法场域进入适度开放性的社会场域，展现权衡法律效果和社会效果的一套鲜明的法律方法证成逻辑。

但是，司法裁判的考量因素不能止步于法律方法的运用，它还涉及多元主体、多种技术、多种价值、多种情境掺杂下的动态平衡，只有这样才能提升司法判决的可接受性和社会的认同感，逐步打破司法判决只有"刻度"没有"温度"的传统印象，形成尊重个体、克制自我、超越

---

① 更多的理由，见王聪：《我国司法判决说理修辞风格的塑造及其限度——基于相关裁判文书的经验分析》，载《法制与社会发展》2019 年第 3 期。

② 李拥军：《合法律还是合情理："掏鸟窝案"背后的司法冲突与调和》，载《法学》2017 年第 11 期。

③ 这一观点还可以由最高人民法院印发的《关于加强和规范裁判文书释法说理的指导意见》加以印证。其中提到，法官在裁判说理中除了引用司法解释等规范性文件外，还可以引用公理、情理、经验法则、民间规约、法理或者通行学术观点等论据，实现论证资源的多样化。

偏见，而且充满同舟共济情怀的法官裁决，[①]进而展示出“司法的理性说理对于社会正义的建构能力”[②]。这样一来，司法公正不仅仅是一种物质利益的分配，还是一种“以移情为认知机制的承认合法型正义”[③]。

三、司法有限主义的控制与复合型司法构造

首先，司法需要回应社会，但是这并不代表着司法对于社会的任何诉求都要回应，因为社会公平正义的整全性实现需要国家和社会的系统性治理，而非司法一家独担，司法只是实现公平正义的一条路径，即便是“最后一道防线”。即使被定位为治理者的角色，司法也应该“力所能及”地承担与其职责相适应的治理责任，而不可承受其无法承担的重任。[④] 除却人、财、物等资源有限之外，受程序的限制，司法也不能受理所有的案件，很多秩序的调整与塑造需要各种调解、仲裁、复议等非诉讼纠纷解决机制以及保险等市场机制，尤其是在面临道德权利的诉求时，“司法无法像道德一样将触角伸向每一个社会角落”[⑤]，因此，必须保持适当的司法克制主义，[⑥]即使在谋求引领社会风尚的价值弘扬时，司法判决也应该在遵守罪刑法定、疑罪从无等法治基本原则的框架内彰显司法权力，否则“道德化的法律要行道德的职能，司法过程便成了宣教活动，法庭则是教化的场所”[⑦]，最终只会走向道德权利

---

① Richard Rorty, *Philosophy as Cultural Politics: Philosophical Papers*, Cambridge University Press, 2007, pp. 42-55.

② 王旭：《“回应型司法”更能粘合民心》，载《人民日报》2013 年 9 月 27 日第 5 版。

③ 杜维明、雷洪德、张珉：《超越启蒙心态》，载《国外社会科学》2001 年第 2 期；杜宴林：《司法公正与同理心正义》，载《中国社会科学》2017 年第 6 期。

④ 从此意义上讲，完全的“健讼社会”和极致的“无讼社会”其实都是不可取的，也是无法独立解释和处理社会现实问题的，它们只能是一种学术研究的理想类型或政治理想。范愉：《诉讼社会与无讼社会的辨析和启示——纠纷解决机制中的国家与社会》，载《法学家》2013 年第 1 期。

⑤ 夏锦文、徐英荣：《现实与理想的偏差：论司法的限度》，载《中外法学》2004 年第 1 期。

⑥ 王国龙：《论道德权利诉求中的司法克制主义——以浙江温岭“虐童事件”为分析背景》，载《西部法学评论》2014 年第 3 期。

⑦ 梁治平：《寻求自然秩序中的和谐》，上海人民出版社 1991 年版，第 270 页。

的泛法律化，模糊法律与道德的界限。这时，司法虽定位于“测度立法权威所确立的价值和现实生活之间的差距，从而找到弥补两者罅隙的方法”[①]，但是因为大多数的社会情势已经被法律规则制度化，所以司法回应社会的大部分空间已经被制度预设，司法只需要落实国家的法秩序即可。换言之，司法回应社会的小部分空间才是一种必要时刻的“超越法律”[②]。

其次，由于案件可执行性的限定，很多的纠纷虽然属于法律的调整范围，但是执行起来非常困难或者根本就无法执行，那么司法此时的回应也应该是克制的，特别是在面对社会公众对于司法之“社会功能”[③]

---

① 〔美〕欧文·费斯：《如法所能》，师帅译，中国政法大学出版社2008年版，序言第1页。

② 这里的超越法律不同于波斯纳所讲的“超越法律”，波斯纳在《超越法律》一书中强调通过隐私权、女权主义以及同性恋等具体的讨论语境，将社会学、修辞学、经济学、文学、历史学等知识融入其中，所以其“超越法律”注重的是社会科学知识在法律问题中的应用。而笔者强调的是法官在法治的架构内通过运用各种智识对案件进行裁判，对社会进行回应，从而达到一个比较好的法律效果和社会效果相统一的结果。〔美〕理查德·A. 波斯纳：《超越法律》，苏力译，中国政法出版社2001年版，译者序。

③ 孙笑侠教授将司法的功能分为法理功能和社会功能。其中，法理功能主要指辨别是非、释法补漏、维护权益、控权审规、定罪量刑、定分止争；社会功能主要是指缓解社会矛盾、促进社会经济、引领社会风气，以及政治困境的解决、法治秩序的建构等。孙教授主张更应该重视司法的法理功能，而有限度地实现司法的社会功能，通过司法的法理功能实现司法的社会功能是最佳的司法状态，当社会功能的实现影响到法理功能的效果而且二者不能调和时，应该果断地选择后者。孙笑侠：《论司法多元功能的逻辑关系——兼论司法功能有限主义》，载《清华法学》2016年第6期。同时，也有学者从司法的调控领域、司法的价值目标选择、司法的“证据中心主义”以及司法人员的非纯粹理性四个维度详细论述了司法的限度。夏锦文、徐英荣：《现实与理想的偏差：论司法的限度》，载《中外法学》2004年第1期。此外，李拥军教授还提到，当下中国的法院既是司法机关又是政法机关，所以它不仅承担审判任务，还要肩负维稳、扶贫、普法、支农、救灾、创建文明城市等本不该由其承担的任务，呈现出一种过分“能动司法”的样态，最后造成法院不堪重负。对于这种司法内部改革与外在制度环境的冲突必须要进行体制性的改革。李拥军：《司法改革中的体制性冲突及其解决路径》，载《法商研究》2017年第2期。

的过分欲求以及富勒所说的“多中心任务(polycentric task)”[①]时,司法更应该谨慎地揣摩自身量力而行的范围,在所追求的众多价值目标中实现秩序、效率、正义等价值的衡量与取舍,[②]否则司法判决结果只可能是一种“象征性承诺”,而非“切实利益”。同时,从欧文·费斯所说的“结构性诉讼”(structural litigation)角度看,因为司法面临的不仅仅是单个纠纷而是结构性改革的诉求,而司法在制度性引领方面的能力和扮演制度变迁推动者角色的能力是非常有限的,所以它只能通过司法建议的方式向有关部门表达自身的建设性意见,没有国家强制力的支撑,而且更多作为的空间狭小。如果把“孙志刚案”中民众对收容教养制度的改革诉求、“唐慧案”中民众对劳动教养制度的废除要求、“吴英案”中民众对民间借贷/企业融资制度的变革欲求等统统都抛给司法来进行界定,或者司法把以上诉求作为自身的基本任务以试图彰显自身的功能,那么它只会陷入“回应能力不足”的深渊与“超越司法”的“体制性想象”之中,最终陷入一种“司法全能主义”

---

① 在富勒的理论中,多中心任务的特征包括:第一,问题或任务像一张蜘蛛网,具有多个中心。第二,多个中心之间具有相互作用。第三,多中心任务是一个需要各种变量互动、协调的任务,没有任何一个变量是确定的,所有的变量都因价值的选择而受到影响。在多中心任务中,受影响方、时间的变迁等方面都具有某种“情势流变性”(fluid state of affairs)。相互作用的中心越多,就越可能受到情势变更的影响。第四,多中心问题的判断、区分在很大程度上是一个程度问题,关键在于认清在何时多中心要素变得重要和鲜明以至于达到了司法的适当限度。其中最为典型的就是“外嫁女”的遗产继承问题。L. Fuller, The Forms and Limits of Adjudication, *Harvard Law Review*, Vol. 92, 1978, pp. 393-401. 王籍慧:《论司法的限度》,吉林大学2018年博士学位论文。

② 有学者将中华人民共和国成立以来的司法价值观总结为:“为阶级斗争保驾护航”的政治司法价值观、“为经济建设保驾护航”的经济司法价值观、“为社会稳定排忧解难”的社会司法价值观以及多元价值衡平的司法价值观。但不管是政治司法价值观、经济司法价值观,还是社会司法价值观都是司法工具主义的产物,只有以“公正、廉洁、为民”为核心的衡平司法价值观才是在现代法治文明中司法对社会多元价值的一种理性回应。江国华:《转型中国的司法价值观》,载《法学研究》2014年第1期。

的泥淖而无法自拔。①

最后，中国的司法体制、政法体制也不同于美国三权分立的宪法体制，由于美国的体制遵循了立法权、司法权、行政权之分权制衡的权力结构配置，因此司法具有更大的独立能力和自主权行使的空间。自20世纪50年代以来，美国法院在越来越多的领域发挥着积极的政治作用，②在塑造美国的制度以及确立先例方面具有极大的先天便利。但是我国的司法一直被定位为落实国家法秩序的角色，严格限定在法典的界限内进行裁判，有司法克制主义、法条主义以及建构主义的唯理论传统，因此司法的自主能力以及对政治、经济、文化等领域的影响能力受到较大的限制。可见，同样强调司法对社会的回应，美中两国的司法语境却有所差异，一个是司法权的不断主动扩张，另一个是面临法律与社会之间存在巨大张力的"现代型诉讼"下的主(被)动回应。也正是在这样的语境下，中国"通过司法引领社会制度发展"命题的开展空间变得极为有限，公众参与诉讼的过程一般不大可能变为公共政策制定的过程，更不大可能实现社会的重大制度变革。对于英美法系之司法系统而言，中国的司法更多的不是对于公共政策的创制与塑造，而是对公共政策的执行和完善，甚至在很多问题上，司法还要获得

① 当然，这里暂时不考虑最高人民法院的功能发挥，因为大多数案件还是由基层人民法院和中级人民法院来审理的。相比于其他级别的法院，最高人民法院作为最高的审判机关，发挥着较强的政治功能，在政策制定、规则形成、推动制度变迁等方面享有独具的政治优势，可谓引领整个司法系统。侯猛：《中国最高人民法院研究——以司法的影响力切入》，法律出版社2007年版；喻中：《论中国最高人民法院实际承担的政治功能——以最高人民法院历年"工作报告"为素材》，载《清华法学》2006年第1期；郑智航：《调解兴衰与当代中国法院政治功能的变迁——以〈最高人民法院工作报告〉(1981年—2010年)为对象》，载《法学论坛》2012年第4期。

② 〔美〕劳伦斯·弗里德曼：《二十世纪美国法律史》，周大伟等译，北京大学出版社2016年版，第312—344页。其实想想"布朗诉托皮卡教育委员会案""《纽约时报》公司诉萨利文案""布什诉戈尔案"就可一清二楚了。其中最为经典的就是"布什诉戈尔案"，联邦最高法院恰当地解决了政治上的危机。Richard A. Posner, *Breaking the Deadlock: The 2000 Election, the Constitution, and the Court*, Princeton University Press, 2001. Cass R. Sunstein, Richard A. Epstein (eds.), *The Vote: Bush, Gore, and the Supreme Court*, University of Chicago Press, 2001.

政治力量、行政力量的支持才得以实现其权力的运行。[①]

正因如此,司法必然是有限的。不管是从现有的政法体制、司法现状出发,还是从未来司法的良性发展角度而言,树立一种“司法有限主义”理念都是必要的,而且是紧迫的,也是对现实的必要妥协。也就是说,司法正义对社会正义的回应并非都能达成,而是有条件地、有选择性地、力所能及地进行回应。当这种理念传达给公众,公众对司法的过分期待可能会减少,转而呼吁对政治体制和司法体制作出改革,司法本身也许会因此获得一种“同情式”的理解。

接下来的问题则是,如果坚持一种司法有限主义的观念,那么有限司法的边界在哪?对于结构性诉讼,司法只能无动于衷吗?还是要在司法能力范围内,作出尝试性的努力,试图改变不利的结构呢?[②] 这时,如果非要给予这种回应状态以定位的话,那么我们可以采用区分性的策略,分别称其为司法的强回应性和司法的弱回应性。在强回应性中,司法要积极地回应社会,即使司法能力不足也要不断持续提升自身的回应能力;而在弱回应性中,司法要坚持一种有限主义的原则,坚守自身的边界以及认清自身所嵌入的结构性体制,实现司法回应能力和回应力度的匹配。当然,树立一种司法有限主义的观念并不等同于忽视社会结构性问题,法院可以通过司法建议等方式,将社会的建设性思考反馈给相关部门,促成社会结构性问题的解决。同时,我们也意识到回应社会正义并不能止步于司法正义的个案回应,而应突破个案的内在局限,透视出个案所承载的制度诉求,通过立法、司法、执

---

① 欧文·费斯立基于美国的政治体制和法律制度,认为法官对于威胁宪法价值的病态官僚体制进行识别,并且承担起“重构官僚组织”和“通过禁令的方式实现社会的结构性改革”的责任。这种设想显然不符合中国的国情。〔美〕欧文·费斯:《如法所能》,师帅译,中国政法大学出版社 2008 年版,序言第 4—5 页、第 93—116 页。

② 富勒和欧文·费斯关于司法的争论焦点也是在此。Fuller Lon L., The Forms and Limits of Adjudication, *Harvard law Review*, Vol. 92, 1978, pp. 353-409. Fiss Owen M., The Social and Political Foundation of Adjudication, *Law and Human Behavior*, Vol. 6, 1982, pp. 121-128. Fiss Owen M., Foreword: The Forms of Justice, *Harvard Law Review*, Vol. 93, 1979, pp. 1-58.

法、守法等多元化的渠道，解决个案背后隐藏的结构性、制度化问题。

换言之，中国司法必须要将司法有限主义作为基本的原则，打造一种以纠纷解决型司法为主，以政策实施型司法为辅的复合型司法。因为司法不可能不带有执行公共政策的职能（不管这种职能以何种面貌得以呈现），但是“太多的政策又会毁掉法律”[①]。当然，复合型司法构造是相对于司法裁决的案件类型以及不同层级的法院功能而言的，政策实施型司法主要集中在高级人民法院和最高人民法院，它们回应社会的力度更大、范围更广，但往往局限于疑难、复杂、难办的案件，社会关注度比较高的案件以及司法正义和社会正义可能出现错位的案件。在这些案件类型中，司法不仅要考量中国传统道德价值观念，在增强司法判决可接受性的同时，适度通过创造性地适用法律引领规则发展、构建法治秩序，而且还要处理好司法权、行政权和立法权的界限，促进权力平稳良好运行，执行国家公共政策，促进社会稳定。但是，这种政策实施也要接受法治面向的形塑，不能机械化、片面化地被理解和执行，违背基本的法治框架。而纠纷解决型司法主要集中在基层人民法院和中级人民法院，它们会通过司法场域对日常的大部分纠纷进行法律层面的“定分止争”，较少承担贯彻执行国家政策等延伸性政治功能的使命。但是不管是哪种类型的构造，司法都是在力所能及的范围内行使法律赋予的裁判权的，并且态度是谨慎的。正所谓，司法有所为，有所不为。这也正如田中成明教授所言：“审判的正统政策形成功能应当限定在本来的纠纷解决功能在现行司法审判制度框架内得以正确发挥的同时，以附随地、不与之矛盾地促进该功能顺利实现的方式可以发挥或者应当发挥的功能。”[②]这种复合型司法构造的设计不仅合理发挥了各级别法院的资源优势，而且在一定程度上彰显出司法对结构性诉讼的解决做了尝试性的努力。

---

① Roy L. Brooks, *Structures of Judicial Decision Making from Legal Formalism to Critical Theory*, Carolina Academic Press, 2005, pp. 4-5.

② 〔日〕田中成明：《现代社会与审判——民事诉讼的地位与作用》，郝振江译，北京大学出版社2016年版，第121页。

总之，虽然司法回应社会之问题不单单是司法本身的问题，它还是社会治理、市场规制、权力制约等各个领域的“晴雨表”和“指向标”，但是提升司法的社会回应能力或者对司法的社会回应力度加以控制，并且处理好二者之间的关系，却是解决种种问题的突破口。

第三节 迈向反思性司法：系统论视野下司法回应社会的新模式

在本节，笔者的旨趣就在于在前文分析的自然延伸下，根据卢曼、托依布纳之系统论①的启发，尝试提出一种反思性司法模式，并且将此模式与司法回应社会之面向进行勾连，或者将反思性司法放置于中国司法回应社会的视域中加以理解，并利用其他理论资源对回应型司法进行完善，进而为分析司法与社会的良性互动提供一个初步的框架。本节的大体安排如下：首先，简单阐明反思性司法出场的关系处理背景；其次，进一步指明反思性司法模式提出的问题指向以及预期功能；再次，对反思性司法模式的基本内涵和双重属性进行精细化阐释和辨析；最后，对中国真正迈向反思性司法模式进行司法改革上的宏观考量和前瞻，并且指出反思性司法模式是一种未来讨论司法回应社会问题时值得期待的模式，它有利于中国司法回应社会的转型升级和模式创新。

一、司法回应社会的关系处理与反思性司法的出场

如上书所述，随着人民日益增长的诉求的多元化，外部社会与司法回应之间的供需矛盾不断突显，甚至在社会结构化的过程中，很多诉讼不再是单纯地解决纠纷，而是夹杂了制度性变革或者政策性改革

① 受反思性法(反思性的法/反身性法)(reflexive law)的启发，反思性司法是在吸取反思性法之核心内涵基础上而提炼成的概念，但是二者之间的理解并非完全等同，前者只是受到了后者的启发。何谓反思性的法，托依布纳做出如下解释：第一，它标志着法律系统自身中的自我识别过程；第二，它指明了法在其他社会系统自我识别过程中的支持作用；第三，它指出了法律秩序在此所使用的自我关涉的规范性机制。〔德〕贡塔・托依布纳：《魔阵・剥削・异化——托依布纳法律社会学文集》，泮伟江等译，清华大学出版社 2012 年版，第 281—282 页。

的诉求。一方面,供需矛盾构成了当下司法不断得以改进的基本社会动力;另一方面,司法和外部社会的关系成为司法权运行过程中必须要处理的问题。在此语境下,首先需要思考的是,司法是否应该回应社会诉求?继而,不得不进一步追问,司法本身的存在及其权力运行是否已经预设了回应社会的必然性?或者说司法功能是否必然包含了外部社会属性?

可能单纯从宪法法律之形式体系角度,无法直接看出司法的设立与社会之间存在必然的因果关系,司法具有独立于社会的设置理由,二者并非彼此依赖的关系。但是,从实质因素上考量,司法权的配置与社会的存在却是紧密联系的。

从法律以简约应对复杂的特性看,作为法律适用者的司法也必然需要通过自身主观能动性的发挥来回应社会诉求,以缓解立法之简约与社会事实之高度复杂的不对称关系。也正是在此意义上讲,现代法治就是"司法之治"。此外,从司法功能的角度而言,不管将司法定位于"定分止争",还是"落实国家法秩序以提供稳定规范预期",司法的最终目的都是指向社会的,司法系统与社会环境之间的交往和沟通甚至可以说是司法回应社会复杂性的方式之一。即使司法的法理功能和社会功能是二分的,二者其实也仍都具有社会属性。因为不管是维权护益、控权审规还是定罪量刑,都必须放到整个社会的语境当中去界定,彼时的标准未必是当下社会所欲求的,同时也必须根据时代的变迁而作出标准的微调,特别是赔偿额度、量刑幅度部分,自由裁量的空间浮动更是需要司法场域适度的社会开放以获得认知信息的法外社会资源。[①] 换言之,不管是法律的理解、解释还是适用都必须与法律之目的进行结合,而法律的终极目的往往是促进社会之福祉的增加。[②] 即使司法权应该依法独立行使,也必须区分"如何独立行使"与"为了

---

① 孙笑侠:《论司法多元功能的逻辑关系——兼论司法功能有限主义》,载《清华法学》2016 年第 6 期。

② 正如卡多佐所说的,法律的最终目的是增进社会福祉。〔美〕本杰明·卡多佐:《司法过程的性质》,苏力译,商务印书馆 1998 年版,第 39 页。

什么而行使”，后者指向的就是司法之目的，尽管司法回应外部社会在一定程度上体现出了司法的工具主义属性。① 综上，司法的社会属性孕育于司法的诞生之中，是与生俱来的一种必然。正如马克思所言：“社会不是以法律为基础的，那是法学家们的幻想，相反地，法律应该以社会为基础。”②

如果说司法回应社会是一种必然，那么接下来面临的难题则是司法应在何种程度上回应社会诉求？即如何处理好司法的自治性和司法的社会回应性以及司法的回应能力和回应力度之间的关系变得至关重要。很显然，这需要达到某种程度的平衡，而不是单单追求某种极端下的失衡。换言之，既要坚持司法的自治性，又要回应社会诉求；既要发挥出司法之“力所能及”，又要关照到司法之“力所不及”。在如此语境下，反思性司法恰恰可以作为一个处理司法回应社会中面临以上难题的整合性概念而被提出。如果将反思性司法放到司法对社会的回应中加以理解，我们就会发现司法回应力度掌控的理性维度与托依布纳所讲的反思结构很相似，他提到：“在任何社会子系统中，反思结构的任务是通过对既定子系统施加内在限制来解决功能与实施之间的冲突，从而使它们适合于作为其他子系统的外在环境的构成要素。”③换言之，能力和实施之间还需要反思理性的调和以掌控好实施的力度，进而处理好回应能力不足与回应力度缺乏控制的局面。而这种反思理性恰恰需要司法既保持运作封闭的一面，又兼顾对于社会的认知开放，从而解决司法的自治性和社会回应性难以兼容的问题。

二、反思性司法的问题指向与功能预设：超越回应型司法

任何司法模式的提出必有其问题所指和功能预设，而反思性司法

---

① 申伟：《中国司法的“系统—功能”定位》，载《环球法律评论》2021年第5期。

② 《马克思恩格斯全集》（第6卷），人民出版社1961年版，第291—292页。

③ 〔德〕图依布纳：《现代法中的实质要素和反思要素》，矫波译，载《北大法律评论》编委会编：《北大法律评论（第2卷·第2辑）》，法律出版社2000年版，第615页。

的问题指向和功能预设指,提出反思性司法模式针对的是什么问题,欲求解决什么现实难题或困境,最终期望表征出哪些功能。在上文提到的关系处理语境下,进一步细言,反思性司法相对机械司法和回应型司法而言,一是要避免现实实践中机械适用法律,从而出现"自动售货机"式的司法僵化局面;二是避免过分追求社会功能下的回应型司法而造成偏离法律轨道的法治危险。前一种状态也曾经被韦伯和哈贝马斯称为"理性之铁笼"[①]和"生活世界的殖民化"[②],在这种语境下,纯粹的法律形式主义无法再维持法律/司法系统的自治,法律/司法系统所产生的规范性预期也面临被质疑的危机。这时,"规则之治"的形式化理想便也遭遇"失望"。[③] 后一种险些脱离法治专业化轨道、过分强调司法能动的回应型司法在司法实践中也不同程度地得以呈现。正如上书所述,主张回应型司法论者大多是试图在塞尔兹尼克、诺内特等伯克利学派之回应型法(responsive law)[④]的理论基础上,构建一种宏大的理论模型,进而阐释出其理想的属性和预设条件,只有当这些属性和条件在未来的某个时刻符合要求,其理想的回应型司法样态才得以实现。[⑤] 可以说,回应型司法更多地阐释了一种彰显法律目的的实质理性下的司法样态,它偏重司法基本公共价值的逻辑预设和角色扮演设定,司法对社会事实给予更多的回应,而不仅仅是按照以往的法律理解简单地给予形式主义的回应。这种回应转向提升了规则

---

① 〔德〕马克斯·韦伯:《新教伦理与资本主义精神》,康乐、简惠美译,广西师范大学出版社 2007 年版,第 187 页;〔德〕马克斯·韦伯:《法律社会学》,康乐、简惠美译,广西师范大学出版社 2005 年版,第 324 页。

② Jürgen Habermas, *The Theory of Communicative Action: Lifeworld and Systems, a Critique of Functionalist Reason* (*Vol. 2*), Beacon Press, 1987, p. 325.

③ 陈洪杰:《法律何以自治:"规则之治"的系统论阐释》,载《人大法律评论》编辑委员会组编:《人大法律评论(2019 年卷第 2 辑)》,法律出版社 2020 年版,第 182—183 页。

④ 〔美〕P. 诺内特、〔美〕P. 塞尔兹尼克:《转变中的法律与社会:迈向回应型法》,张志铭译,中国政法大学出版社 2004 年版,第 81 页。

⑤ 高志刚:《回应型司法制度的现实演进与理性构建——一个实践合理性的分析》,载《法律科学(西北政法大学学报)》2013 年第 4 期;吴建国:《中国回应型司法的理论逻辑与制度建构》,厦门大学出版社 2016 年版;吴建国、汪进元:《回应型司法的理论逻辑与制度平台》,载《东疆学刊》2014 年第 1 期。

的事实回应力，在一定程度上解决了规则与事实之间的不对称矛盾，具有很强的社会效果倾向，这一点值得肯定。但是，回应型司法本身也存在一定的缺陷。

首先，回应型司法并未处理好形式理性和实质理性之间的权重关系，过分注重法的"回应"面向而削弱了法的"规范"维度。在回应型法的内涵阐释中，回应型司法在一定程度上排斥了形式理性，将法律视为一种达至目的的手段，而且希冀实质正义的实现也能够超出形式上的规则性和程序上的公平，甚至是实现某种程度上的"法律衰亡"和"法律的重新政治化"。[①] 在将法律与社会、政治重新整合的进路中，如果只过分地强调实质理性，必然会造成对形式理性的解构，破坏法律体系内部的完整性，也很可能面临合法性(legality)危机，甚至是沦落到法律虚无主义的危险境地，最终造成法律与政策的混淆。[②] 简言之，回应型司法虽注意到了发挥司法的能力，但忽视了掌握、拿捏好司法能力发挥的力度。在这种情形下，回应型司法很容易退化至突破司法规律和法律规定的境地。

其次，回应型司法作为一种司法的理想类型，相对缺乏对司法实际运作状态的实然考量，并且一心扑向回应型司法的未来指向性。虽然诚如维姆斯特所言："一种理想类型对于解释的意图而言是一个犀利的概念工具，"[③]但不可否认的是，这种理想类型化的归属不仅割裂了司法的日常现实与纯粹的逻辑定性，而且忘却了司法的历时性问题共时性解决的双重使命。因为在司法日常的现实中，特别是在司法的改革期与后发型法治国家建设的转型期，司法的存在状态不再类似于

---

① 〔美〕P. 诺内特、〔美〕P. 塞尔兹尼克：《转变中的法律与社会：迈向回应型法》，张志铭译，中国政法大学出版社 2004 年版，第 121—122、129—132 页。

② 正如有学者所讲的那样，正如自治型法有可能倒退回压制型法一样，回应型法也有倒退回压制型法的可能。侯瑞雪：《整合进路中的发展策略：伯克利学派的理论纲领——兼评〈转变中的法律与社会：迈向回应型法〉》，载《河北法学》2006 年第 10 期。

③ 〔英〕山姆·威姆斯特：《理解韦伯》，童庆平译，中央编译出版社 2016 年版，第 121 页。

纯粹逻辑中的线性思维，而是两种或者多种司法类型共存，[①]只择其一的简单思维是不可取的，这种单一的线性思维在面临现实司法实践的拷问时，时常会陷入"失语""失效"的尴尬境地。换言之，理想类型的一般性框架构想与现实社会的变革之间存在巨大的张力，这恰恰说明应该从权重分配的视角或者在组合存在的视野下进行司法功能的过渡。总之，我们真正需要的是一种既建立在经验基础之上，又具有理论根基的整合性司法模式。

再次，诺内特和塞尔兹尼克的回应型法理论虽已经具备了实质要素（substantive elements）和反思要素（reflexive elements），但是系统论学者托依布纳仍然对此提出过批判："虽然较现实主义法学与利益法学而言，更加重视法律系统的内生因素，但仍然没有区分法律的政策性回应与反思性回应。所谓反思性回应，就是借鉴卢曼关于现代社会功能子系统与自身关系的思考。同时，加州伯克利学派理论的另外一个问题，就是仅仅重视法律内生变量的变化导致法律范式的转变，而没有或者根本缺乏能力对外在于法律的社会本身的转型及其对法律范式的转变的影响提供清晰的说明。"[②]换言之，他们虽然也是从社会科学角度对法之演变进行构想，但是并没有让法完全置身于一般的社会结构之中，而是视其为"自治"的社会制度，其发展是法律系统自身内部动态过程的"自我关涉"的结果，并没有看到法与社会的发展过程间的相互依赖性。[③] 因此，亟须一种从法的内部增长到社会与法之共同变化的视角。这运用于司法系统就是，司法与社会共同变化的互

---

① 也正如卡佩莱蒂在对司法责任制度进行类型划分时所说的那样："然而，没有任何模式可完全适用于任何实际的司法责任制度，这甚至对我们的模式来说也是真实的……对特定国家的途径具有直接、实际了解的那些人将不得不自己来决定，其途径在多大或多少程度上符合下文所设计的模式（压制型模式、社团自治型模式、回应型模式）。"〔意〕莫诺·卡佩莱蒂：《比较法视野中的司法程序》，徐昕、王奕译，清华大学出版社 2005 年版，第 142 页。

② 泮伟江：《法律系统的自我反思——功能分化时代的法理学》，商务印书馆 2020 年版，第 365 页。

③ 〔德〕贡塔·托依布纳：《魔阵·剥削·异化——托依布纳法律社会学文集》，泮伟江等译，清华大学出版社 2012 年版，第 272—275、283 页。

动模式。把司法的内在结构与外在的社会系统环境进行联结,作为一个完整的视角进行考量,这样一来,或许能够建立"内部变量"和"外部变量"共同变化的整全性司法模式。

反思性司法就是在此背景下,为了弥补机械型司法和回应型司法的缺陷应运而生的模式类型。对此,托依布纳曾有过令人启发的表述:"诺内特和塞尔兹尼克侧重于借助法律制度'内在'的变量来说明法律变迁,而哈贝马斯和卢曼则倾向于强调法律与社会结构之间'外在'的相互联系。我们的策略是将'内在'变量和'外在'变量统合于它们的共变模型中。"①反思性法的外部功能合理性就在于它致力于构造和重构内在商谈系统和外部协调系统;它的内在结构合理性在于它以程序为导向,并以关系主义为本位来建构制度结构和决定过程(未来行动的组织前提和程序前提)。② 这就在很大程度上同时解决了单一"规则之治"无法为裁判案件提供足够化约社会复杂性的机制困境。

最后,回应型司法虽然提及了司法回应社会的问题,但它并未触及司法回应社会的力度问题,以及如何处理司法回应能力和回应力度之间的关系问题。而反思性司法更多考虑的是当下转型社会的复杂性和政治体制的特殊性语境,在这样的语境下如何一方面提升司法回应社会的能力,另一方面又保持克制,掌握好回应社会的力度,即不仅要关注当下的社会多元诉求,而且要平衡司法的价值追求、能力建设和回应力度。反思性司法虽也对未来司法与社会的互动关系作出预测,但却是一种在包容自治型司法和回应型司法基本架构的基础上作出的改进式综合性角色设定。它吸收了部分回应型司法理论的内容,也采纳了部分自治型司法模型的内容,同时又汲取了系统论的理论资源,以及结合了司法与社会当下的情势,所以回应视域下的反思性司

---

① 〔德〕图依布纳:《现代法中的实质要素和反思要素》,矫波译,载《北大法律评论》编委会编:《北大法律评论(第2卷·第2辑)》,法律出版社2000年版,第586页。

② G. Teubner, Substantive and Reflexive Elements in Modern Law, *Law and Society Review*, Vol. 17, 1983, pp. 254-255. 王小钢:《托依布纳反身法理论述评》,载《云南大学学报(法学版)》2010年第2期。

法并不必然地和回应型司法模型的基本内容相重合。正因如此，反思性司法相对于回应型司法又具有一定的超越性、复杂性、实证性和反思平衡性。相对于回应型司法，反思性司法不是要舍弃法治（法律）本身的目的，而是试图扩大和完善司法内部结构和外部环境系统的联结方式、范围以及营造联结的秩序性，并且对形式理性和实质理性形成一种适恰的权重分配。

其实，司法对社会的回应往往和司法的反思联系在一起。把反思性司法放到司法对社会的回应中加以理解，包含了两个基本的预设：一是司法理应对社会加以回应；二是司法对社会的回应要和司法的封闭性与开放性处于协调一致的状态。后者的和谐状态才保障了司法回应社会的能力得以提升、力度得以控制。司法的开放性在于将社会价值适度引入裁判领域，以影响法官对于规范的解释和适用。但是司法的这种开放是一种有节制的开放，并且这种开放受到规范体系和法内秩序的限制。社会价值只能在多种解释或者适用法律存在多种可能性的境遇下发挥作用。这样一来，司法不仅有了自身的规范合法性，还拥有了社会价值的正当性；不但保持了自身的自主性和独立性，还提升了自身的灵活性和回应性。

特别是在疑难、复杂和难办案件的办理中，司法的两重属性——封闭性和开放性之优势尤其明显，可以有效地应对社会多元化的诉求，确保在司法裁决的合法性和合理性、规则效果和社会效果之间取得平衡，同时规范体系和社会正义也得以相互检视和反思。即使我们过分提倡形式法治的重要性，也没有充分的理由阻碍我们对社会的正义诉求给予一定程度的考量和权衡。正因如此，把司法裁判规范依据的封闭性和司法认知的开放性进行二元化的完全割裂是有许多弊端的。正如刑事政策通过影响价值判断和利益衡量而对刑法规范的适用和解释产生影响一样，社会诉求以及社会正义观对规范适用的选择以及解释的方法与限度也会产生同样的机理作用。反之，司法对于社会诉求的回应也是建立司法公信力和权威性的过程。可见，反思性司法模式最终强调的是根据社会的转型而在自身内部发生的范式变化。

但是，为了防止社会因素对司法系统的过度影响甚至是入侵，导致司法的“社会殖民化”或者异化（脱离本功能），司法自身必须时刻坚守封闭性并警惕过度开放。如此一来，我们就可以很好地解决回应型司法所面临的合法性（legality）危机，甚至托依布纳所指出的缺陷也可以被弥补，反思性司法不仅注重了法律内生变量，还关照了法律外生变量。

三、司法决策认知上的社会开放：司法系统回应社会的开放性

针对司法与社会的复杂关系问题，我们可以区分两种意义上司法的相对独立形态：一种是宏观上司法系统与社会系统之间的独立；二是微观上司法审判过程的独立。前者指向系统—功能运作意义上的独立，因为司法和社会都具有相对独立的系统功能和运作机制，是整体社会进一步功能分化的结果。也正是这种法律功能的分出才成就了司法的自治。后者是法院依法独立行使审判权，不受任何行政机关、社会团体和个人的干涉。我们在日常的学术讨论中，常常谈及第二种意义上的独立形态，往往忽视第一种意义上的独立形态。

最为关键的是，第一种意义上的独立形态和第二种意义上的独立形态并非完全分割，因为在依法独立审判的过程中司法依然面临如何处理与社会之关系的棘手难题。司法不仅要考量系统内部行政干涉的问题，还要权衡社会舆论与社会常理、情理和法律规范的解释、理解相冲突的问题。正如有学者所提倡的功能主义刑法解释论所说的那样：“功能主义的刑法解释论不是要弃形式逻辑于不顾，而是强调形式逻辑应受价值判断的支配，服务于合理解释结论的得出。”“法解释论中对形式推理的强调，并不是要与实质的价值判断切断关联，而是为了减轻司法者价值衡量的负担，便于其直接得出契合法内价值判断的结论。”[①]换言之，司法不仅要处理对内的独立问题，还要处理对外的独立问题，它其实处于一种内外独立交织的复杂格局当中。也正是这种

① 劳东燕：《能动司法与功能主义的刑法解释论》，载《法学家》2016年第6期。

既相对独立(功能分化)又相互依存(功能互补)的关系决定了司法对于社会要具有一定的回应性并保持适度的认知开放,司法不可能完全隔绝于社会。

由于通过立法途径存在法律规范本身变通的时间成本等控制缺陷,因此仅仅通过立法来协调难以独自完成这一任务。所以司法决策本身通过对社会的开放而获取认知信息变得格外重要,社会情势可以作为司法裁判的背景性信息进行认知。正如有学者所阐释的那样:"在恪守法律教义的基础上,还必须在司法认知层面保持适度开放性,从而将法外资源融入法律适用过程。这里的'法外资源',广泛涉及公共政策、政治导向、经济效率、社会舆论、文化因素等社科领域的各种资源和工具。之所以强调司法认知的开放性,是因为成文法无法随社会变化而随时做出修改,但政策权衡、价值判断和政治考量却具有显著的灵活性,将其融入裁判过程可有效提高司法裁判的社会适应性。就个案而言,借用法外资源可帮助法官准确预测各种裁判结果可能的意义与影响,进而为裁判方法选择和司法技术运用提供指引。"①

但是随着社会功能的不断分化,如何处理司法裁判与社会变迁的协调问题变得越来越复杂。那么,司法与社会如何沟通?司法与社会的"结构耦合"(structural coupling)之处就在于社会问题的司法化,最为典型的就是社会纠纷通过司法来进行化解。司法功能的发挥依凭于社会问题的司法化,如果没有纠纷进入司法领域,司法存在的价值也就荡然无存,司法的自主性运作需要通过社会纠纷的进入才能得以真正运转,否则司法内部的法律规范只能处于一种"法律就是法律"的空转状态;而社会问题的解决亦需要司法程序的介入,司法的中立、权威、公正等属性也决定了司法程序是纠纷解决中重要的方式和渠道。

此外,社会问题司法化还给司法认识社会的复杂性提供了契机,如果某个社会问题未进入司法场域,那么整个司法就失去了感应这个问题复杂性以对社会变迁作出回应的机会,反之,司法可以通过对个

---

① 宋亚辉:《追求裁判的社会效果:1983—2012》,载《法学研究》2017年第5期。

案生发与普遍现象的关系进行反思，作出制度化与非制度化的或者正式与非正式的选择性回应。[①] 司法政策、司法解释或者其他相关司法文件的出台，甚至是通过创造性的解释和适用法律而形成的一种类似于“判例”的“规则输出”效果，都是制度化或正式化回应的很好例证。

其实，司法自身也具有较强的学习能力和反思能力，可以及时根据社会的变化，作出相应行为层面与制度维度的调整，司法会把社会变化当作学习的契机，从而在认知上获得深化。当然，在开放认知的情形下，司法可能是通过司法裁决，也可能是通过司法解释、司法政策或者其他司法行为对社会进行回应。司法裁决的改判、司法科技的应用、司法制度的创立等无一不是其中的体现。在回应的过程中，司法可以根据社会结构不同程度地体现出被动适应和主动塑造的双重面向。一方面，司法根据社会的变化而变化，并且在一定程度上“把社会压力理解为认识的来源和自我矫正的机会”[②]；另一方面，司法自身也具有形塑社会结构的意愿和能力，能够促使社会朝着预期的方向发展。也正是这种司法场域的认知开放才使得司法系统能够进一步完善自我，形成一种相对成熟的现实应对经验和规则理解体系，以应对今后更加复杂的社会变迁。但是，如果一些涉及司法正义实现的信息不能被适度开放的司法认知所感受到，那么即使法官拥有较大的自由裁量权，也无法对社会作出有效的回应。

(一) 司法认知社会开放的功能:“激扰”下的反思

司法认知的社会开放就在于社会认同的集聚和集聚之后对社会认同的反思与议论。司法通过案件审理公开或者其他形式的案件公开渠道，实现场域的适度社会开放。随着社会对某个案件关注度的提升，舆论场形成的公共结构愈加明显，社会认同的观念形状也逐步显现。当出现针对某个案件的一致性或者压倒性处理意见时，就可以称

① 泮伟江:《当代中国法治的分析与建构(修订版)》，中国法制出版社 2017 年版，第 31 页。

② 〔美〕P. 诺内特、〔美〕P. 塞尔兹尼克:《转变中的法律与社会:迈向回应型法》，张志铭译，中国政法大学出版社 2004 年版，第 85 页。

其为社会认同下的公众判意，此谓社会认同的集聚；而跟随其后的其他群体的继续思考以及司法对此社会认同的再议与衡量，则是集聚之后的后续反思。

关于某个案件所形成的社会判意对司法认知具有“激扰”和“点醒”的作用，在认知（呈现于法官的意识）上会促使法官反思裁决作出的合法性和合理性，甚至是反思裁决背后的规范选择或者解释，及其后果考量。但是二者的“重叠共识”是否能够在法治的框架内得以适恰地规范表达则是司法得以独立运作（呈现于法官的意志）之后的结果。而后者如果得以实现，那么司法场域开放下对于公众判意的认知在一定程度上很可能会成为推动法治进步的重要社会力量。①

司法场域适度社会开放所获得的认知信息（尤其是关于常识、常理和常情的部分）又在一定程度上促使司法对于自己行动轨迹（以司法裁决为核心的司法行为）进行反思。可见，司法认知适度社会开放的目的不仅仅在于获取司法系统外的信息，而是通过信息的“激扰”来影响自身的认知，最终反馈到规范的封闭性选择上，形成反思合理性意义上的裁决。当然，从外在视角看，司法的这种开放举动也为司法裁决的合法性和合理性提供了更多的证成依据。

社会热点案件的不断发生，更大程度地唤醒了司法系统沉睡的反思能力，并且为其提供了预警机制。正如有学者所提示的那样：“系统运作的惯性削弱了反思既有规则的能力，除非系统在极度膨胀后彻底崩溃，合理化的进程不会开启。”②此表达虽有些夸张，但是从某些侧面或者片面深刻的角度而言确实如此，如果司法系统过度地自我封闭和与外界疏离，很可能会进入一种充满偏见和傲慢而不自知的状态，逐步丧失先前所存有的对自身运作的反思能力。

（二）司法认知社会开放的属性：适度性与备选性

司法在认知上虽具有社会开放性，但是这种开放具有适度性和备

---

① 陈杰：《“民意审判”及其法治应对》，载《甘肃政法学院学报》2018年第5期。

② 陆宇峰：《中国网络公共领域：功能、异化与规制》，载《现代法学》2014年第4期。

选性的特征。适度开放意味着并非时刻和永远都开放;备选性则类似于国家暴力机器的后盾选项,具有开放的备选功能。司法认知的适度开放要在考量社会之情势和待决案件之状况的基础上,自主作出开放决策时才能真正地开启,如果没有决策的存在,那么这种司法场域的认知开放将处于未真正开启的状态,但是它具备了可以随时开放的敏感度、自觉意识和能力。正如有学者总结的那样:"反思性的法不同于以往法律的'命令与控制'的调整而是一种在符合社会需要时才被采取的'选择权政策'的调整,尽管这使法律保障预期与裁决冲突的功能被弱化,但这种具有任意性特征的法律之优点在于减少抵抗,因为法律的规范性预期在被调整的系统内进化了。"①此外,司法认知适度社会开放的备选属性也决定了"认知的社会开放"具有边缘性而非具有运作封闭的中心性和首要性。

随着信息时代的到来,互联网公共领域的形成为司法认知的适度社会开放提供了良好的平台,这种平台可以成为个人观点的集聚之地,在短时间内形成倾向某种价值的集体性认知。但是在认知开放的过程中,至少面临着两类群体的法律知识分化:法律职业群体和社会普通公众。这也涉及有学者所提到的司法改革之职业性和平民性之间的根本性矛盾。② 虽然两者的功能都有待开发,但是相对于司法认知适度社会开放的目的而言,二者其实也都发挥着极大的"反思效应"。由于前者的自觉性更高一些、知识的专业化更强一些,因此如何在公共领域激发后者的批判性潜力和创造性异议将是未来开发司法反思能力之动力机制的一个重要突破口。

如果社会公众对司法问题议论的积极性问题得以解决,那么接下来的难题是,如何在开放的过程中解决"随时准备欢呼"的声音掩盖公

---

① 陈雨薇:《论反思性的法社会学的现实价值》,载《东方法学》2018 年第 2 期。

② 孙笑侠:《司法职业性与平民性的双重标准——兼论司法改革与司法评估的逻辑起点》,载《浙江社会科学》2019 年第 2 期。

共理性的问题。[①] 换言之,如何保障司法认知的社会开放是适度的、谨慎的,而不被舆论左右,陷入舆论司法的境地。因为社会诉求既可能以个体化诉求的方式呈现,也可能以集体化公众意见的方式表达。即使是个体化的诉求也在很大程度上展现着当下时代的诉求,所以司法对于社会的回应,总体上将诉讼参与人和其他社会公众拉入视野,给予一种整体性的审视,关照到他们本身所具有的建构力量。但是这种关照并非不加辨别地一味给予肯定的前提预设,而是将之放置到具体的司法场域中加以甄别、议论和控制。

这可能需要从量和质两个维度加以控制:一是量上的控制。单单就司法裁决而言,这种司法认知的开放应尽量放置于疑难、复杂或者难办案件当中,不是处理任何一个案件都要使司法认知处于相当程度的开放状态。司法裁决之外的其他司法决策、司法行为也要遵从量化的控制,尤其关系公共利益的司法决策或行为。二是质上的识别。在司法认知的社会开放方面,要从理性论证的角度和一般公共之善的角度对外界信息进行认知上的识别。对于那些非理性的无稽之谈、谩骂和纯粹感性的意气用事之语言或者行为,司法可以有意识地进行忽略;对于那些经过严密逻辑论证的异见,司法应该慎重地组织专业研讨;对于那些符合人类基本价值、公共之善取向的结果考量以及可普遍化的社会诉求、社会性主张,[②]司法应该真诚地反思这些与案件本身是否存在因果关系或者相关关系的密切程度,不能为一种宏大的价值叙事所遮蔽,[③]同时也要兼顾考量司法对社会公众未来行动的引领作用和观念塑造功能,适度地通过司法正义引领社会正义。最终通过质和量两个"过滤装置"的筛选和甄别,将网络公共领域的司法民意转化

---

① 〔德〕哈贝马斯:《公共领域的结构转型》,曹卫东等译,学林出版社 1999 年版,第 251 页。

② 关于普遍化诉求、社会性主张的详细论述,见陈林林:《公众意见在裁判结构中的地位》,载《法学研究》2012 年第 1 期;陈林林、王云清:《论情理裁判的可普遍化证成》,载《现代法学》2014 年第 1 期。

③ 有学者对此提出了三项原则:普遍性原则、一致性原则和融贯性原则。褚国建:《法院如何回应民意:一种法学方法论上的解决方案》,载《浙江社会科学》2010 年第 3 期。

为可供裁判过程参考的、涉及法律与事实问题的论辩性资料，甚至是构成性因素，从而实现司法理性和社会理性的有机结合、司法正义和社会正义的良性互动。

四、司法决策依据上的规范性表达：司法系统回应社会的封闭性

正如上书所述，反思性司法模式在司法回应社会诉求的语境下，不仅有社会开放性的一面，也有封闭性的一面，而且司法系统回应社会诉求的开放性和封闭性是辩证统一的关系。

（一）司法系统回应社会的封闭性

司法系统回应社会的封闭性在于，司法通过认知开放所获得的其他法外资源对裁决所形成的某种影响只能通过规范的依据来加以表达，依据合法性认证系统完成最低限度的合法性检验，而不能直接将其作为裁判的依据。换言之，法律规范是司法认知开放的制度性担保，它联结了事实认定与价值考量，并不像回应型司法那样没有预设法律体系的完整性和逻辑一贯性。因为制度上要求司法给出的裁判理由应当对规范和结论之间的逻辑作出系统的、有说服力的说明，所以裁量只能在对一般规范加以解释的范围内才成为可能。[①] 如果法官脱离规范的拘束，那么司法很可能会演变为一种弥散性的、不具有逻辑连贯性的、迷失在情景中的“治理术”。[②] 换言之，其中必然要通过转介机制发生一次转译，法律语言才会成为最后的表达方式。但是并非所有通过认知开放而获得的资源都可以实现转译，只有那些被认为可以纳入法律体系内部，同时又不造成法律体系紊乱、司法逻辑混乱的成分才可以实现转译。

而转译机制是多样的，最为常见的是法律方法论的运用，[③]它将司

---

① 杨力：《司法多边主义：以中国社会阶层化发展趋势为主线》，法律出版社 2010 年版，第 78 页。

② 陈林林：《公众意见在裁判结构中的地位》，载《法学研究》2012 年第 1 期。

③ 陈金钊：《批判性法理思维的逻辑规制》，载《法学》2019 年第 8 期。

法场域开放后获得的认知信息与裁判依据的规范性表达进行勾连。在此基础上,法律本身的规范性预期不但保持了原来的状态,而且适应社会的灵活性在反思性司法的作用下也得以提升。这恰恰弥补了以往形式理性和实质理性非此即彼的单一选择下的弊端,消除了司法正义与社会正义错位的风险,实现了规范正义和个案正义双重综合考量下的共赢。但是,司法方法的适用必须以充分的说理论证作为支撑,否则容易陷入目的和手段的不匹配状态,造成过多弥散化的场景,打破"同案同判"的稳定预期,甚至对整个法律秩序形成重大的冲击。

以上这种规范化的表达立场凸显了现实主义法学的缺陷,因为它忽视了这种表达的法教义学的结构性制约。"法律只能通过系统内部的运作对外部世界的变迁进行有限度的回应,因此,法律系统的社会适应性并不意味着对传统法律教义学的突破,而必须在法律教义学工具的帮助下才能够实现。"①在这个意义上,法教义学的研究对于司法系统的封闭性运作是非常重要的。② 如果法律规范建设不完善,很可能会造成司法裁决无法可依,司法裁决的不可裁决悖论也会更加明显地呈现出来。因此,彰显司法的社会回应性并不是突破传统法教义学的边界,而是必须借助法教义的边界来实现。

在法的社会系统论者看来,司法可以视作专门进行法律沟通(communication)和法律决策的组织。司法的"不得拒绝裁判"原则换言之就是司法不得不沟通以及不得不作出决策。而司法的自主化决策就在于司法只能依据法律规范来正当化自身的决策,而不能用其他元素(比如道德、政治、经济等)来挤占法律的证成位置。"只有当法院的裁决体现为把制定法、判例和法学学说中的规则或原则'适用'到案件事实的过程,只有在法官决策所运用的区分符码是合法/非法时,我

① 〔德〕贡塔·托依布纳:《魔阵·剥削·异化——托依布纳法律社会学文集》,泮伟江等译,清华大学出版社 2012 年版,第 10 页。

② 泮伟江:《作为法律系统核心的司法——卢曼的法律系统论及其启示》,载高鸿钧、於兴中主编:《清华法治论衡(第 12 辑)》,清华大学出版社 2009 年版,第 155—177 页。

们才能说,这是具有法律属性的司法决策。”[①]但是那些其他元素都可以通过司法的社会认知开放而影响司法作出决策的法律选择,也就是说,在法律之内到底依据(适用)哪一部法律、哪一个法条或者如何解释法律(解释的尺度如何掌控、拿捏,使用哪一种方法解释法律等)都可能受到司法场域适度社会开放的影响。也就是说,司法决策(核心是司法判决的作出)要直接通过形式论证来完成,实质论证则是作为背后隐藏的间接论证。这正如卢曼所认为的,现代社会的法律系统中形式论证和实质论证是同时进行的。前者是自我指涉(self-reference)的,依据法律而展开;后者则是外部指涉(external reference)的,即对法律之外的因素加以考量,为形式论证提供实证性的理由和依据。[②]法官通过法律之内的正义来正当化非法律因素在司法决策中的影响力,不然他们的角色就偏向了政治家。即使是坚持自然法学派立场的德沃金在与哈特的论战中,虽然强调原则是一种道德原则,但是他也没有忘记证明这种道德是法律的道德。[③]

但是,司法系统所依据的法律规范本身和外界环境不存在输入和输出的关系,法律规范本身不会发生改变,改变的只是法官选择适用与解释法律的态度和方向。司法回应社会的封闭性就在于它所依据的法律规范体系的封闭性,司法与环境并非输入与输出的关系,只能是“激扰”与“被激扰”的关系。司法裁决所依据的法律规范只能通过自身的“合法/非法”编码来实现结构性变化,并以此回应社会的诉求。即使法律规范自身在运作上是封闭的,在这个过程中,法官显然还是起到了很大的能动作用。在“不得拒绝裁判”的原则下,法律解释等法律方法以及判例的创制才有了更大的发挥空间。

由此可见,在反思性司法中,其他系统对于司法的影响是通过系

---

① 宾凯:《从决策的观点看司法裁判活动》,载《清华法学》2011年第6期。

② Niklas Luhmann, *Law as a Social System*, Oxford University Press, 2004, p. 346.

③ 泮伟江:《当代中国法治的分析与建构(修订版)》,中国法制出版社2017年版,第55页。

统之间的交互观察、干涉的耦合以及组织的沟通得以实现的。① 只有当外部环境因素被司法吸收并加以转译后，才可能真正地影响司法，否则只是一种"激扰"，但是这种"激扰"并不会对司法产生实质性影响。换言之，不会让司法适用法律或者解释、理解法律产生任何改变。

（二）司法系统回应社会的封闭性与开放性之辩证关系

至此，我们可以总结出司法系统回应社会的封闭性和开放性之间的关系。司法系统回应社会的封闭性并不意味着司法与社会的完全隔离，而是保持一种封闭基础之上的社会认知开放。司法通过这种开放获得各种法外资源从而使规范的封闭性更加坚固，换言之，司法系统的封闭性恰恰构成了其认知开放的前提。在二者的结合下，司法的运行实现了"封闭下的开放"或者"封闭包裹下的开放"。也就是说，司法认知通过适度的社会开放和规范依据上的表达而获致自身运作的合法性和正当性。"总之，组织结构的功能是在对周围环境开放的同时，又重新折回到法律沟通网络内部，这样，就满足了法律在封闭操作下的开放，而开放性又成为封闭性的前提。"②由此可见，"封闭下的开放"综合了保持法律统一适用、体系自洽的法律应用性思维和实现个案实质正义的自由裁量性思维，促使了个案的实质化权衡，合乎法治的整体形式理性之要求。但是仅就司法裁决而言，司法系统运作大部分时间是处于完全封闭的状态，只是在面对疑难、复杂或难办案件时，司法认知上的适度社会开放才显得不仅必要，而且迫切。

此外，同构于卢曼所讲到的系统与环境的区分，法律系统通过外部指涉产生相关信息并运用该信息进行自我生产，以区别于环境的存在。③ 司法对外界因素的吸收以及回应也必须是在保持自主性的前提下作出的（是否回应以及回应的程度如何）。如果司法决策受到干扰

---

① 〔德〕贡塔·托依布纳：《法律：一个自创生系统》，张骐译，北京大学出版社 2004 年版，第 88—104 页。

② 宾凯：《从决策的观点看司法裁判活动》，载《清华法学》2011 年第 6 期。

③ Niklas Luhmann, *Law as a Social System*, Oxford University Press, 2004, p. 112.

成为现实的话，那么司法自身的封闭性、自主性和独立性势必被打破，司法也就不能再被称为司法，因为其属性已被破坏，成了外界其他因素干扰下的附庸。只有在自主性得以保持和运作的前提下，司法才能维持其封闭性和开放性的平衡，实现“自治下的回应”。

五、迈向中国的反思性司法：中国司法改革的未来指向

总结而言，反思性司法不是大包大揽的全面规划的司法，也不是纯粹坚守形式理性的机械司法，它重在提倡一种司法之裁判依据的规范性表达与司法认知适度社会开放的结合，并试图在保障“依法裁判”的同时，还处理好司法正义和社会诉求之间的紧张关系，换言之，不仅要实现“规则之治”，而且要呈现出“良法善治”。司法场域在适度认知开放下的实质正义考量并非意在表达形式正义向实质正义的让步，而是将实质正义作为一种欲求的结果，提供了对形式正义更加深刻理解或者加以变通的契机，反思了以往对某个规范或者某类规范之理解、解释和适用的惯性，以及如何通过形式规范的表达，更好地促使实质正义通道的开启。但是反思性司法不像诺内特、塞尔兹尼克所认为的自治型法或者回应型法那样，它既不预设法律的纯粹形式理性化，也不预设法律的过分实质理性化，而是倾注在具体的个案当中，利用司法内外的各种认知信息进行反思性平衡，从而作出一种“法律之内”的正义宣示，通过共同价值来解释规则，通过规则来表达共同价值，以此回应社会和时代的诉求。这时的司法是一种集能动性、认知性和封闭性等多元素为基本底色的反思综合体。

在保障司法自主运行的环境之下，反思性司法尝试着将封闭性和开放性进行一种结合，以实现司法对社会的回应和整合作用，但是又不至于使司法陷入承担全部社会责任的泥淖中无法自拔。其实，反思性司法对司法本身进行了一种新的角色定位，它既不能完全封闭，不顾开放，又不能只顾开放，而丢失封闭。司法的规范性运作封闭不等于司法本身的封闭，司法反而通过程序等渠道有了认知开放性的一面。但是，如何持续地保持封闭、何时主动开放，将考验

着司法自身的回应能力和理性判断能力。此外，反思性司法通过区分司法和社会的差异而提倡和界定二者各自领域的独立意识，同时又通过二者之间的“结构耦合”极力表达出它们之间的紧密关联，所以“司法回应社会、社会理解司法”成为二者相处的基本原则。这整个过程可以形容为：司法通过规范依据的内部变化（法律的选择性适用、创造性解释等）来回应社会，社会通过各种诉求来“激扰”司法自主地对规范进行选择和反思。社会正义诉求对规范的建构性力量就彰显于此。

就中国司法而言，一方面，已经取得初步成效的、以审判为中心的基础性司法体制改革和当前正在进行的司法体制综合配套改革在很大程度上都意在强化司法系统的封闭性运作，在这种封闭性中，司法行为的合法性不再简单地依赖于内部行政结构的授权或者管理，而是逐步转移于依据上的合法性和运作上的正当性，这促使法院或者法官不再只聚焦于“权力的魅力”和“权力的压制”，而是着眼于“法律的论证”“裁判的说理”以及“程序的正当”等对于提升司法的社会回应力具有“扩散互惠性”[①]的事项。

另一方面，就中国司法作为落实国家法秩序的角色承担而言，司法对于社会的回应能力也代表了法律规范对于社会的回应能力，这时二者其实已经捆绑在一起，共同完成回应社会的使命。但是，司法在这个过程中并不只是简单地复述法律的规定，而是发挥出一定的“规则建构”作用，以简约的法律规定智慧地回应复杂的现实社会。正如有学者所言，法律规范性预期功能在现代社会中实现的稳定化，归根结底并非由于立法的全面性，而是因为司法裁判一切纠纷的可能性。[②]换言之，司法在社会问题法律化的过程中，在法律和社会之间起到了

---

① 杨力：《司法多边主义：以中国社会阶层化发展趋势为主线》，法律出版社 2010 年版，第 129 页。

② 陆宇峰：《走向“社会司法化”——一个“自创生”系统论的视角》，载《华东政法大学学报》2012 年第 3 期；〔德〕尼可拉斯·卢曼：《法院在法律系统中的地位》，陆宇峰译，载高鸿钧、於兴中主编：《清华法治论衡（第 12 辑）》，清华大学出版社 2009 年版，第 128—145 页。

转介和桥梁的作用。从这个意义上讲,司法对于社会的回应能力并不完全等同于法律本身所包含的社会回应能力。从司法实践上看,司法作为落实国家法秩序的组织结构,也从未与社会完全割裂,而是不断地通过各种方式回应、调整、覆盖相应的社会事实。在这个过程中,司法和社会实现了双向互动、理解和形塑。其实,回溯中国司法发展史,自陕甘宁边区法治建设以来,就特别注重"群众路线"和"人民司法",关注人民群众对公平正义的感受。也正如上书所述,就目前的司法实践效果而言,中国司法对于社会诉求不仅具有现实的回应属性,还具备一定的社会回应力,完成了从回应性到回应力的飞跃。中国当下的司法改革强调去行政化、去地方化,但是并未提及去社会化。这反而从一个侧面说明了我们现在的认知倾向于在实现司法系统内部依法独立审判的同时,不过分地隔绝司法与社会的互动,追求法律效果和社会效果(审判效果)的相统一。① 司法裁判可接受性理论的提出,②也恰恰证明了这一点。

因此,现实运行中的中国司法其实具有双重面向:既意识到了司法回应社会之封闭性建设的重要性,又重点关照了司法回应社会的开放性。这种封闭性和开放性在一定程度上的结合,不仅实现了法律系统、司法系统本身的自我关照,而且实现了司法与社会的沟通,关注了社会的环境刺激和大众观念。在此基础上,一方面司法裁决的合法性和合理性得以衍生或建构,另一方面司法裁决也回应了社会的变迁诉求,提升了司法自主适应社会环境变迁的能力。

但是,包括"山东于欢杀人案""天津大妈摆摊射击案""大学生掏鸟窝案""内蒙古农民无证收购玉米案"以及"电梯内劝勿吸烟猝死案"

---

① 方乐:《司法参与公共治理的方式、风险与规避——以公共政策司法为例》,载《浙江社会科学》2018 年第 1 期;宋亚辉:《追求裁判的社会效果:1983—2012》,载《法学研究》2017 年第 5 期;孙笑侠:《基于规则与事实的司法哲学范畴》,载《中国社会科学》2016 年第 7 期;陈林林、许杨勇:《论法律效果与社会效果的"有机统一"》,载《求是学刊》2012 年第 2 期。

② 陈金钊、杨铜铜:《重视裁判的可接受性——对甘露案再审理由的方法论剖析》,载《法制与社会发展》2014 年第 6 期;孙光宁:《可接受性:法律方法的一个分析视角》,北京大学出版社 2012 年版,第 69—93 页。

等在内的诸多热点案件表明，中国司法在处理封闭性和开放性之关系的能力方面和制度建设方面仍有很大提升空间。[①] 因此，如果中国司法欲求真正迈向反思性司法模式，亟待解决的是如何从理念塑造、组织结构和机制建设等维度进一步处理好封闭性和开放性之间的关系。对此，未来的司法改革实践可以从以下三个宏观层面持续推进：

第一，在坚持司法职业化、专业化的主要改革方向和司法理念不变的前提下，继续调试与司法的人民性、大众化之间的边界关系，避免出现因司法过分能动而突破司法规律、法律规定和法治原则的现象。尤其是在法律系统尚未完全分出的背景下，处于诉讼权力结构之弱势地位、自治性不足[②]以及特殊政法体制语境下[③]的当代中国司法更不能过分强调认知的社会开放，甚至是借由反复的考量和交涉而迟迟不让法律系统封闭运作，因为这反而可能进一步弱化司法的自主性。[④] 在未来司法回应社会的过程中，应该坚持封闭优先，兼顾开放，而不是开放优先，兼顾封闭。让司法行为不仅接受正当目的的引领，还拥有坚实的形式理性基础。在遵守"封闭优先，兼顾开放"之原则的基础上，在极力保障司法运行的自治性、法律论证能力得以充分体现的前提下，再发挥司法认知开放情境下的反思能力，并将其相对完美地呈现于司法决策当中，使司法的社会回应能力和回应力度、司法的自治

---

① 侯明明：《司法正义与社会正义的错位：类型、因素与启示——以热点案例为例证的分析》，载《学术论坛》2017 年第 6 期；刘艳红：《"司法无良知"抑或"刑法无底线"？——以"摆摊打气球案"入刑为视角的分析》，载《东南大学学报(哲学社会科学版)》2017 年第 1 期；李拥军：《合法律还是合情理："掏鸟窝案"背后的司法冲突与调和》，载《法学》2017 年第 11 期；孙良国：《语境约束条件下的结果妥当性——法律经济学视角中的"郑州电梯劝烟案"》，载《法治现代化研究》2018 年第 4 期。

② 陈瑞华：《司法体制改革导论》，法律出版社 2018 年版，第 400—444 页。

③ 李拥军：《司法改革中的体制性冲突及其解决路径》，载《法商研究》2017 年第 2 期；左卫民：《审判如何成为中心：误区与正道》，载《法学》2016 年第 6 期；郑智航：《最高人民法院政治话语的变迁及双向调适策略——以 1980—2010 年〈最高人民法院工作报告〉的话语分析为主线》，载《甘肃社会科学》2013 年第 5 期。

④ 这一点也得到了学界的肯定，见周永坤：《能动司法有违司法常识》，载《北京日报》2017 年 2 月 27 日第 18 版；张榕：《对地方法院司法创新之初步反思——以"能动司法"为叙事背景》，载《法学评论》2014 年第 4 期；孟欣然：《双重结构化视域下的能动司法与审判独立》，载《求索》2014 年第 12 期。

性和社会回应性处于融洽的状态。

第二,在坚持以司法裁判为司法权核心运行方式的前提下,进一步提升中国司法的可协商性,通过司法内部可交往结构的丰富性来促成和优化司法与社会主体间达成共识。具体而言:一是优化以司法调解为核心的多元化纠纷解决机制,在遵循"无强制的同意"原则下,坚决摒弃强制性调解,尤其是杜绝隐性强制调解技术的进入,同时时刻保持法律系统介入的可能性,使人与人的主体间性交往和法律的封闭运作处于互补的状态。二是提升热点个案以调解方式结案的社会示范效应,同时避免过分冲击公众对调解结果的认知预期。三是继续发挥庭前会议、认罪认罚、法庭辩论、裁判说理、陪审合议等环节的可协商作用。在弥补纯粹法律形式逻辑正当性困境的同时,确保司法程序内的协商结果不至于与法律封闭运作的结果出现重大偏离。司法裁判不能违背社会集体在长期日常生活基础上所形成的基本价值观念和行为习惯,更不能致使整个社会的基本价值共识出现撕裂。

第三,在坚持依法独立裁判是维系司法自主性的重要依托的基础上,强化制度化建设,以提升中国司法通过裁判提供更稳定规范性预期的能力,进而在有效回应社会、化解矛盾的同时,塑造出司法公正的社会形象。具体而言:一是强化类案同判和避免类案不同判现象的制度建设,彻底消除因城乡差异、区域差异、法官差异等因素而带来的在社会公众之间长期存在的审判不公平感;二是司法要为社会的司法化提供更加便利的制度化进入渠道,去除现实司法实践运作中立案登记制隐性存在的阻碍门槛,以实现司法对超越社会自治能力范围的救济,进而通过第三方支持的方式巩固社会规范性预期的稳定性。

结　语

本书通过运用司法回应社会的话语试图调和各种涉及司法与社会互动关系的理论和模式，不局限于一种理论进路，切实地将司法与社会文化的嵌入性结构关系[①]作为思考的基本内容，并尝试性地阐释其中的基本原理，进而总结出当代中国司法回应社会的理论架构，并基于此讨论了司法回应社会的实践开展。本书并不着重于对司法政策进行详细解读，而是试图在涉及司法实践的基础上，注重对其中规律和原理进行提炼、总结、概括和阐释。此外，本书意在从司法与社会之“诉求—回应”的互动关系视角，探求司法的社会嵌入性，审视司法权运行的社会语境和社会面向。司法活动不是纯粹的智识活动，它具有高度的社会属性，也必然受到各种社会结构的影响和制约。[②] 来自“生活世界”的社会诉求，必然是司法行为的重要衡量因素。司法通过社会问题的司法化与社会建立起“诉求—回应”式的联系，将司法与社会的关系纳入“诉求—回应”的话语下，同时以司法的社会回应性和司法的自治性之关系处理为中心进行考察，但是对二者的关系研究不同于以往“独立—非独立”的模式，而是从司法与社会各个维度进行互动的视角来进行审视。作为司法回应社会之过程性实质的社会问题司法化的程度，在一定意义上也表征着司法介入公众社会生活的界限。社会问题司法化的程度越高，司法的可接近性就越强，司法介入公众社会生活的程度也就越高。

当代中国司法回应社会问题的提出让我们重新审视和厘清了司法与社会之间的关系——司法到底可以为社会带来什么？如何带来？社会在司法场域中到底居于何种地位？如何通过价值和制度的双重

① 高冠宇：《法院如何沟通文化——基于法院与文化的结构关系》，载《河北法学》2014年第2期。

② 梁迎修：《寻求一种温和的司法能动主义——论疑难案件中法官的司法哲学》，载《河北法学》2008年第2期。

作用来实现和保持这种地位？总之，不管是提升司法效率还是输出司法公正的能力，司法都是通过改善社会在司法场域中的总体境遇和行为效益来回应社会的。同时，当代中国司法回应社会的过程也包含了对法治目的的不断追问，即司法回应社会的法治目的是什么？社会为何值得司法回应？透过这一系列问题可以促使法治目的得以不断地澄清、理解和深化，进而将其作为规范司法回应社会过程的行动指南和范围边界。此外，司法回应社会的过程不免受到社会的评价，正面的社会评价反而会激励司法回应社会的功利性结构。社会对司法行为(核心是司法裁决行为)之合理性的追问，促使司法将社会的诉求作为司法决策的重要衡量因素。司法对社会的回应在一定程度上也提升了司法产品或司法行为的公共性，因为它不仅思考了不同受众、不同素材下的差异化诉求，而且这种差异化诉求背后又有不特定的各类群体支撑，这种群体性力量的支持使得司法产品或司法行为的外部性和公共性大幅提升。总之，当代中国司法回应社会的过程是一个社会形态与司法运行相互影响、互相形塑的过程。这时，司法权的运行不再只表现为既往带有合法性(legitimacy)危机的"单向度"的权力，而是在司法对社会的回应中评价司法，在社会对司法的诉求中看待社会，实现司法与社会之间的视域融合、司法正义与社会正义的互惠。

除却司法现代化和法治中国建设的需要，司法改革本身亦是社会对于司法的诉求，甚至是要求。如果说晚清的司法改革是"冲击—被动"回应模式，那么21世纪新时代下的司法改革则是"激扰—主动"回应模式。前者是在外力的冲击下不得已而采取的外生型司法改革，而后者则是在政法系统内部根据情势的变化而自主作出的回应。如果用更加精确的视角审视二者，则会发现在外界环境的"激扰"下通过司法改革对时代的主动回应更具专业化、职业化和科学化，其背后的政治动力更加强劲、社会需求更加急迫、法治目的更加纯粹。如果从历史流变视角加以审视，这体现出司法在社会公众生活当中的地位逐步提高，社会大众对于诉讼的观念也发生着与传统截然相反的扭转态势,司法正日益进入社会体系当中,逐步由诉求的边缘移向核心地带。中国当下司法改革推进司法的职业化和专业化固然可喜,但也正是推进这一进程的过程,加剧了社会对改革后司法职业群体的过分期待和依赖,而这一期待和依赖很可能会通过强化职权主义来实现,进而为法官自由裁量留出更多的机会空间。这在结构性诉讼和司法回应社会受到结构性因素制约的情形中体现得尤其明显。

但是,意识到司法回应社会的必要性并不意味着司法对于社会的回应和社会问题的司法化都必须是无限度的。法院依法独立行使审判权意味着司法与社会需要适度隔离,以保持对社会非理性诉求的谨慎,不能片面夸大司法的作用,也不能过分渲染社会对于司法的依赖。同时,司法回应社会还涉及司法权力的角色扮演以及司法权力在社会结构中的延伸边界。指出司法之社会回应力的有限性并不是过度强调其能力有限下的“司法无为”,而是在认知识别与理性判断的前提下,认识到司法的局限性以及司法回应社会的“力所不及”与“力所能及”。司法之于社会的回应相较于司法自身的绝对封闭而言,有时恰恰不是法教义学所批判的随时“超越法律”,而是更显示出司法的社会责任承担。但是这种社会责任的承担是有限度的,不是随心所欲的,要以司法的社会回应力为思考、行动的主线,既要作出尝试性的行动努力,又要清醒地认识到司法自身的结构性缺陷。就此而言,司法对于社会的回应既是一种主动接受,也是一种有选择的主动放弃。在此基础上才能实现司法的社会回应力之提升和控制,最终达至司法与社会的融洽相处。至此可以明显地看出本书的立场,即司法应该有限地回应社会诉求,并非全部回应,也并非不加回应。如果全部回应,司法没有足够的回应能力,而且社会诉求也并非全部合理,需要加以甄别、剔除;如果不加回应,则不能彰显司法之价值及目的,所以取其中段,为有限回应理论。这种司法有限主义的原则或理念可以弱化目前司法功能泛化的弊端,有利于集中司法能力回应社会诉求,而不是使司法能力处于弥散化的状态。

同时,司法在回应社会的过程中,由于策略选择所衍生的司法自主性缺失与机会主义行为风险、当事人司法产品诉求与法院司法产品供给不匹配风险、法院司法判决与社会公众判意的错位风险,以及回应能力不足与回应力度缺乏控制的双重风险,其实都可以归结为司法回应能力与回应力度之间的关系处理不当。因此,一方面需要通过自治型司法建设、实质正义的供给能力建设以及司法的社会回应力与社会的参与力协同推进等路径来提升司法的社会回应能力,适当微调法院在整个诉讼权力结构中的位置,使司法权的运行更加有利;另一方面,又需要通过司法的公共理性与司法场域的适度社会开放、回应型判决理由与判决的可接受性,以及司法有限主义与复合型司法构造来控制司法的社会回应力度,智识性地运用司法的社会回应能力,拿捏好回应社会的力度。

此外,还需要积极寻求司法回应社会之模式的转型升级。反思性司法是在综合自治型司法、回应型司法以及系统论等理论资源的基础上被凝练的模式,它对回应型司法具有一定的超越性。这种模式设想重申了程序互动以及理性商谈的价值,觉察到了司法与社会的互惠性关系。其实,从塞尔兹尼克的"回应型法",到卢曼(鲁曼)的"法律系统的自我指涉"①,再到托依布纳的"法律自创生理论"②,这些法的理论与模式几乎都或深或浅地刻印上了法的反思属性。法律系统通过认知上的开放,不断进行自我反思,不断实现自身的修复,进而实现与其他系统的和谐相处。作为决断社会主体行为合法与否之核心机构的司法,也应该在与变革的社会环境互动的过程中树立反思的意识,逐步完成形式正义、实质正义与程序正义的有机结合,打造形式理性、实质理性与程序理性"三位一体"的回应范式。通过反思能力的提升,司法既能在认知相对开放的状态下吸收外界社会资源实现自身的修复,又能在规范封闭的场域中完成回应社会的使命,并且逐步提升回应的

① 〔德〕尼可拉斯·鲁曼:《社会中的法》,李君韬译,五南图书出版公司2009年版。

② 〔德〕贡塔·托依布纳:《法律:一个自创生系统》,张骐译,北京大学出版社2004年版。

水平，最终拉近与社会现代化之间的距离，同社会一起实现功能分化基础上的相对独立与互补。但是，在司法自治性不足以及“体制性捆绑”[①]的背景下，中国司法要想迈向反思性司法模式，还必须在坚持“封闭优先，兼顾开放”的前提下，走一条渐进之路。

① 马长山：《新一轮司法改革的可能与限度》，载《政法论坛》2015年第5期。

参考文献

一、中文图书

(一) 译著

〔美〕P. 诺内特、〔美〕P. 塞尔兹尼克:《转变中的法律与社会:迈向回应型法》,张志铭译,中国政法大学出版社 2004 年版。

〔美〕R. M. 昂格尔:《现代社会中的法律》,吴玉章、周汉华译,译林出版社 2001 年版。

〔美〕埃里克·A. 波斯纳:《法律与社会规范》,沈明译,中国政法大学出版社 2004 年版。

〔以〕巴拉克:《民主国家的法官》,毕洪海译,法律出版社 2011 年版。

〔美〕本杰明·卡多佐:《司法过程的性质》,苏力译,商务印书馆 1998 年版。

〔美〕德沃金:《法律帝国》,李常青译,中国大百科全书出版社 1996 年版。

〔英〕弗里德利希·冯·哈耶克:《法律、立法与自由(第一卷)》,邓正来等译,中国大百科全书出版社 2000 年版。

〔英〕弗里德利希·冯·哈耶克:《自由秩序原理》,邓正来译,生活·读书·新知三联书店 1997 年版。

〔法〕福柯:《规训与惩罚》,刘北成、杨远婴译,生活·读书·新知三联书店 2012 年版。

〔美〕富勒:《法律的道德性》,郑戈译,商务印书馆 2005 年版。

〔德〕贡塔·托依布纳:《法律:一个自创生系统》,张骐译,北京大学出版社 2004 年版。

〔日〕谷口安平:《程序的正义与诉讼》,王亚新、刘荣军译,中国政法大学出版社1996年版。

〔德〕哈贝马斯:《公共领域的结构转型》,曹卫东等译,学林出版社1999年版。

〔德〕哈贝马斯:《在事实与规范之间——关于法律和民主法治国的商谈理论(修订译本)》,童世骏译,生活·读书·新知三联书店2014年版。

〔美〕杰罗姆·弗兰克:《初审法院——美国司法中的神话与现实》,赵承寿译,中国政法大学出版社2007年版。

〔美〕克里斯托弗·沃尔夫:《司法能动主义——自由的保障还是安全的威胁?(修订版)》,黄金荣译,中国政法大学出版社2004年版。

〔美〕理查德·A.波斯纳:《正义/司法的经济学》,苏力译,中国政法大学出版社2002年版。

〔美〕理查德·波斯纳,《法官如何思考》,苏力译,北京大学出版社2009年版。

〔美〕卢埃林:《荆棘丛:关于法律与法学院的经典演讲》,明辉译,北京大学出版社2017年版。

〔德〕卢曼:《社会的法律》,郑伊倩译,人民出版社2009年版。

〔美〕罗伯特·K.默顿:《社会研究与社会政策》,林聚任等译,生活·读书·新知三联书店2001年版。

〔英〕罗杰·科特威尔:《法律社会学导论》,潘大松等译,华夏出版社1989年版。

〔美〕罗斯科·庞德:《通过法律的社会控制》,沈宗灵译,商务印书馆1984年版。

〔美〕络德睦:《法律东方主义——中国、美国与现代法》,魏磊杰译,中国政法大学出版社2016年版。

〔美〕马丁·夏皮罗:《法院:比较法上和政治学上的分析》,张生、李彤译,中国政法大学出版社2005年版。

〔德〕马克斯·韦伯:《论经济与社会中的法律》,张乃根译,中国大百科全书出版社1998年版。

〔德〕马克斯·韦伯:《法律社会学》,康乐、简惠美译,广西师范大学出版社2005年版。

〔美〕米尔伊安·R.达玛什卡:《司法和国家权力的多种面孔——比较视野下的法律程序(修订版)》,郑戈译,中国政法大学出版社2015年版。

〔意〕莫诺·卡佩莱蒂:《比较法视野中的司法程序》,徐昕、王奕译,清华大学出版社 2005 年版。

〔德〕尼克拉斯·卢曼:《法社会学》,宾凯、赵春燕译,上海人民出版社 2013 年版。

〔德〕尼可拉斯·鲁曼:《社会中的法》,李君韬译,五南图书出版公司 2009 年版。

〔美〕欧文·费斯:《如法所能》,师帅译,中国政法大学出版社 2008 年版。

〔日〕棚濑孝雄:《纠纷的解决与审判制度》,王亚新译,中国政法大学出版社 2004 年版。

〔美〕乔纳森·H. 特纳:《社会学理论的结构(第 7 版)》,邱泽奇等译,华夏出版社 2006 年版。

〔美〕史蒂文·瓦戈:《法律与社会(第 9 版)》,梁坤、邢朝国译,中国人民大学出版社 2011 年版。

〔日〕田中成明:《现代社会与审判——民事诉讼的地位与作用》,郝振江译,北京大学出版社 2016 年版。

〔美〕约翰·罗尔斯:《正义论》,何怀宏等译,中国社会科学出版社 2001 年版。

〔美〕詹姆士·Q. 惠特曼:《合理怀疑的起源——刑事审判的神学根基》,佀化强、李伟译,中国政法大学出版社 2012 年版。

（二）著作

陈瑞华:《程序性制裁理论(第三版)》,中国法制出版社 2017 年版。

陈瑞华:《司法体制改革导论》,法律出版社 2018 年版。

戴志鹏:《司法判决是如何生产出来的》,人民出版社 2011 年版。

方乐:《转型中国司法知识的理论与诠释》,人民出版社 2013 年版。

顾培东:《社会冲突与诉讼机制(修订版)》,法律出版社 2004 年版。

韩德明:《司法现代性及其超越》,人民出版社 2011 年版。

侯猛:《中国最高人民法院研究——以司法的影响力切入》,法律出版社 2007 年版。

胡水君:《法律的政治分析》,中国社会科学出版社 2015 年版。

季卫东:《法治秩序的建构(增补版)》,商务印书馆 2015 年版。

季卫东:《通往法治的道路:社会的多元化与权威体系》,法律出版社 2014 年版。

江国华:《常识与理性:走向实践主义的司法哲学》,生活·读书·新知三联书店 2017 年版。

孔祥俊:《法官如何裁判》,中国法制出版社 2017 年版。

李拥军:《司法的普遍原理与中国经验》,北京大学出版社 2019 年版。

梁治平:《寻求自然秩序中的和谐》,上海人民出版社 1991 年版。

刘作翔:《法律文化理论》,商务印书馆 1999 年版。

马长山:《公共领域的兴起与法治变革》,人民出版社 2016 年版。

莫良元:《转型社会司法热点案件的法社会学研究》,人民出版社 2014 年版。

泮伟江:《当代中国法治的分析与建构(修订版)》,中国法制出版社 2017 年版。

秦策、张镭:《司法方法与法学流派》,人民出版社 2011 年版。

桑本谦:《理论法学的迷雾——以轰动案例为素材》,法律出版社 2008 年版。

苏力:《是非与曲直——个案中的法理》,北京大学出版社 2019 年版。

苏力:《制度是如何形成的(增订版)》,北京大学出版社 2007 年版。

孙万胜:《司法制度的理性之径》,人民法院出版社 2004 年版。

孙笑侠:《司法的特性》,法律出版社 2016 年版。

汪庆华:《政治中的司法:中国行政诉讼的法律社会学考察》,清华大学出版社 2011 年版。

王启梁:《迈向深嵌在社会与文化中的法律》,中国法制出版社 2010 年版。

王申:《法官的实践理性论》,中国政法大学出版社 2013 年版。

王亚新:《社会变革中的民事诉讼》,北京大学出版社 2014 年版。

吴建国:《中国回应型司法的理论逻辑与制度建构》,厦门大学出版社 2016 年版。

吴英姿:《法官角色与司法行为》,中国大百科全书出版社 2008 年版。

徐钝:《国家治理语境下司法能力嵌入与生成原理》,武汉大学出版社 2017 年版。

杨建军:《裁判的经验与方法——〈最高人民法院公报〉民事案例研究》,山东人民出版社 2010 年版。

杨建军:《司法能动主义与中国司法发展》,法律出版社 2016 年版。

杨力:《司法多边主义:以中国社会阶层化发展趋势为主线》,法律出版社 2010 年版。

张爱球:《现代社会中的诉讼功能》,中国人民公安大学出版社 2008 年版。

周赟:《司法决策的过程——现实主义进路的解说》,清华大学出版社 2015 年版。

二、中文文章

(一) 文集中的文章

〔美〕保罗·卡恩:《欧文·费斯:法律界的英雄主义》,邓云成、潘修文译,载周永坤主编:《东吴法学(2012年春季卷)》,中国法制出版社2012年版。

陈辉:《规范正义与个案正义冲突的解决方法——以天津摆射击摊获刑案为例》,载陈金钊、谢晖主编:《法律方法(第23卷)》,中国法制出版社2018年版。

郭春镇:《自发秩序的制度逻辑与分配正义——对×大学法学院研究生奖学金再分配事例的深度分析》,载谢晖、蒋传光、陈金钊主编:《民间法(第十八卷)》,厦门大学出版社2017年版。

贺欣:《为什么法院不接受外嫁女纠纷——司法过程中的法律、权力和政治》,载苏力主编:《法律和社会科学(第3卷)》,法律出版社2008年版。

〔美〕赫伯特·L.帕克:《刑事诉讼的两种模式》,梁根林译,载〔美〕虞平、郭志媛编译:《争鸣与思辨——刑事诉讼模式经典论文选译》,北京大学出版社2013年版。

〔美〕霍姆斯:《法律的道路》,载〔美〕霍姆斯:《法律的生命在于经验——霍姆斯法学文集》,明辉译,清华大学出版社2007年版。

李杰:《法官"机械司法"的博弈分析》,载苏力主编:《法律和社会科学(2012年第9卷)》,法律出版社2012年版。

刘斌:《"自治"与"回应":中国法院司法风格调整的评估与反思》,载贺荣主编:《公正司法与行政法实施问题研究——全国法院第25届学术讨论会获奖论文集(上)》,人民法院出版社2014年版。

刘练军:《司法判决的公共产品属性》,载吴康宁主编:《金陵法律评论(秋季卷)》,法律出版社2012年版。

泮伟江:《托依布纳法的系统理论评述》,载《清华法律评论》编委会编:《清华法律评论(第五卷·第一辑)》,清华大学出版社2011年版。

泮伟江:《作为法律系统核心的司法——卢曼的法律系统论及其启示》,载高鸿钧、於兴中主编:《清华法治论衡(第12辑)》,清华大学出版社2009年版。

邱昭继:《法律问题有唯一正确答案吗?——论德沃金的正确答案论题》,载陈金钊、谢晖主编:《法律方法(第9卷)》,山东人民出版社2009年版。

〔德〕图依布纳:《现代法中的实质要素和反思要素》,矫波译,载《北大法律评论》编委会编:《北大法律评论(第2卷·第2辑)》,法律出版社2000年版。

万毅:《中国司法改革三大悖论之批判》,载蒋剑鸣等:《转型社会的司法:方法、制度与技术》,中国人民公安大学出版社 2008 年版。

汪庆华:《通过司法的社会控制:涉诉信访与行政诉讼》,载姜明安主编:《行政法论丛(第 13 卷)》,法律出版社 2011 年版。

王国龙:《“调解思维”支配下的自由裁量及其困境》,载陈锐主编:《重庆大学法律评论(第 1 辑)》,社会科学文献出版社 2019 年版。

谢小瑶、赵冬:《裁判可接受性的“理想”与“现实”——源于听众理论的启示》,张仁善主编:《南京大学法律评论(2013 年春季卷)》,法律出版社 2013 年版。

〔德〕尤尔根·哈贝马斯:《通过理性的公共运用所作的调和:评罗尔斯的政治自由主义》,谭安奎译,载谭安奎主编:《公共理性》,浙江大学出版社 2011 年版。

〔美〕约翰·罗尔斯:《公共理性理念新探》,谭安奎译,载谭安奎主编:《公共理性》,浙江大学出版社 2011 年版。

张玉洁:《原旨主义解释的规范性反思及其后果规制——以“赵春华非法持枪案”为例》,载陈金钊、谢晖主编:《法律方法(第 23 卷)》,中国法制出版社 2018 年版。

〔日〕滋贺秀三:《中国法文化的考察——以诉讼的形态为素材》,载〔日〕滋贺秀三等:《明清时期的民事审判与民间契约》,王亚新等译,法律出版社 1998 年版。

(二)期刊文章

艾佳慧:《现代化进程中的中国司法改革(1978—2018)——从法官管理制度切入》,载《法治现代化研究》2019 年第 1 期。

宾凯:《从决策的观点看司法裁判活动》,载《清华法学》2011 年第 6 期。

曹云吉:《审判风险与法院调解》,载《国家检察官学院学报》2015 年第 5 期。

陈洪杰:《转型社会的司法功能建构——从卡理斯玛权威到法理型权威》,载《华东政法大学学报》2017 年第 6 期。

陈辉:《后果主义在司法裁判中的价值和定位》,载《法学家》2018 年第 4 期。

陈杰:《“民意审判”及其法治应对》,载《甘肃政法学院学报》2018 年第 5 期。

陈杰:《基于裁判理由的民意判决的正当性探析》,载《河北法学》2018 年第 4 期。

陈金钊:《法律如何调整变化的社会——对“持法达变”思维模式的诠释》,载《清华法学》2018 年第 6 期。

陈景辉:《裁判可接受性概念之反省》,载《法学研究》2009 年第 4 期。

陈林林:《公众意见在裁判结构中的地位》,载《法学研究》2012 年第 1 期。

陈林林、王云清:《论情理裁判的可普遍化证成》,载《现代法学》2014 年第 1 期。

陈林林、许杨勇:《论法律效果与社会效果的“有机统一”》,载《求是学刊》2012 年第 2 期。

陈瑞华:《论侦查中心主义》,载《中国检察官》2017 年第 7 期。

陈绍松:《司法裁判的评价与认同》,载《法学杂志》2018 年第 1 期。

陈慰星:《法院调解悖论及其化解——一种历时性大数据的分析进路》,载《法律科学(西北政法大学学报)》2018 年第 2 期。

程竹汝:《社会控制:关于司法与社会最一般关系的理论分析》,载《文史哲》2003 年第 5 期。

褚国建:《法院如何回应民意:一种法学方法论上的解决方案》,载《浙江社会科学》2010 年第 3 期。

崔永东、葛天博:《司法改革范式与司法学研究》,载《现代法学》2018 年第 5 期。

戴治勇、杨晓维:《间接执法成本、间接损害与选择性执法》,载《经济研究》2006 年第 9 期。

邓矜婷:《新法律现实主义的最新发展与启示》,载《法学家》2014 年第 4 期。

杜健荣:《论司法回应民意的模式转换》,载《理论导刊》2014 年第 6 期。

杜健荣:《民意影响司法的机制与效果——基于中美差异的比较分析》,载《河北法学》2014 年第 6 期。

杜宴林:《司法公正与同理心正义》,载《中国社会科学》2017 年第 6 期。

樊崇义:《“以审判为中心”与“分工负责、互相配合、互相制约”关系论》,载《法学杂志》2015 年第 1 期。

范愉:《诉讼社会与无讼社会的辨析和启示——纠纷解决机制中的国家与社会》,载《法学家》2013 年第 1 期。

范愉:《新法律现实主义的勃兴与当代中国法学反思》,载《中国法学》2006 年第 4 期。

方乐:《能动司法的模式与方法》,载《法学》2011 年第 1 期。

方乐:《司法参与公共治理的方式、风险与规避——以公共政策司法为例》,载《浙江社会科学》2018 年第 1 期。

方乐:《司法供给侧改革与需求侧管理——从司法的供需结构切入》,载《法制与社会发展》2017 年第 5 期。

方乐:《司法如何面对道德》,载《中外法学》2010年第2期。

方乐:《司法行为及其选择的文化注释——以转型司法中的中国法官为例》,载《法律科学(西北政法学院学报)》2007年第5期。

方乐:《转型中国的司法策略》,载《法制与社会发展》2007年第2期。

冯洁:《人工智能对司法裁判理论的挑战:回应及其限度》,载《华东政法大学学报》2018年第2期。

高冠宇:《法院如何沟通文化——基于法院与文化的结构关系》,载《河北法学》2014年第2期。

高童非:《我国刑事司法制度中的卸责机制——以法院和法官为中心》,载《浙江工商大学学报》2019年第5期。

高志刚:《回应型司法制度的现实演进与理性构建——一个实践合理性的分析》,载《法律科学(西北政法大学学报)》2013年第4期。

顾培东:《当代中国司法生态及其改善》,载《法学研究》2016年第2期。

顾培东:《法官个体本位抑或法院整体本位——我国法院建构与运行的基本模式选择》,载《法学研究》2019年第1期。

顾培东:《公众判意的法理解析——对许霆案的延伸思考》,载《中国法学》2008年第4期。

顾培东:《能动司法若干问题研究》,载《中国法学》2010年第4期。

顾培东:《人民法院内部审判运行机制的构建》,载《法学研究》2011年第4期。

顾培东:《再论人民法院审判权运行机制的构建》,载《中国法学》2014年第5期。

郭晓红:《影响性刑事案件中的权利诉求及其实现——以〈南方周末〉评选的78个影响性刑事案件为例》,载《政法论坛》2019年第4期。

韩德明:《风险社会中的司法权能——司法改革的现代化向度》,载《现代法学》2005年第5期。

何家弘:《从侦查中心转向审判中心——中国刑事诉讼制度的改良》,载《中国高校社会科学》2015年第2期。

何荣功:《社会治理"过度刑法化"的法哲学批判》,载《中外法学》2015年第2期。

侯猛:《当代中国政法体制的形成及意义》,载《法学研究》2016年第6期。

侯瑞雪:《整合进路中的发展策略:伯克利学派的理论纲领——兼评〈转变中

的法律与社会:迈向回应型法〉》,载《河北法学》2006年第10期。

侯学宾:《司法批复衰落的制度竞争逻辑》,载《法商研究》2016年第3期。

胡铭:《司法公信力的理性解释与建构》,载《中国社会科学》2015年第4期。

黄文艺:《新时代政法改革论纲》,载《中国法学》2019年4期。

季金华:《司法的法律发展功能及其价值机理》,载《政法论丛》2019年第1期。

季卫东:《互惠的正义——法理学的视角转换及其实践意义》,载《中国法律评论》2018年第3期。

季卫东:《人工智能时代的司法权之变》,载《东方法学》2018年第1期。

季卫东:《中国式法律议论与相互承认的原理》,载《法学家》2018年第6期。

江国华:《论司法的道德能力》,载《武汉大学学报(哲学社会科学版)》2019年第3期。

江国华:《审判的社会效果寓于其法律效果之中》,载《湖南社会科学》2011年第4期。

江国华:《转型中国的司法价值观》,载《法学研究》2014年第1期。

江国华:《走向能动的司法——审判权本质再审视》,载《当代法学》2012年第3期。

姜涛:《道德话语系统与压力型司法的路径选择》,载《法律科学(西北政法大学学报)》2014年第6期。

瞿郑龙:《我国司法模式的历史变迁与当代重构——政治视野的考察》,载《法学评论》2016年第4期。

孔祥俊:《从司法的属性看审判与民意的关系》,载《法律适用》2010年第12期。

劳东燕:《法条主义与刑法解释中的实质判断——以赵春华持枪案为例的分析》,载《华东政法大学学报》2017年第6期。

劳东燕:《能动司法与功能主义的刑法解释论》,载《法学家》2016年第6期。

李奋飞:《从“顺承模式”到“层控模式”——“以审判为中心”的诉讼制度改革评析》,载《中外法学》2016年第3期。

李奋飞:《论司法决策的社会期望模式——以“于欢案”为实证切入点》,载《法学》2019年第8期。

李学尧:《非道德性:现代法律职业伦理的困境》,载《中国法学》2010年第1期。

李拥军:《“亲亲相隐”与“大义灭亲”的博弈:亲属豁免权的中国面相》,载《中国法学》2014 年第 6 期。

李拥军:《合法律还是合情理:“掏鸟窝案”背后的司法冲突与调和》,载《法学》2017 年第 11 期。

李拥军:《司法改革中的体制性冲突及其解决路径》,载《法商研究》2017 年第 2 期。

李瑜青、邢路:《司法公正的社会认同问题研究》,载《上海大学学报(社会科学版)》2019 年第 5 期。

栗峥:《国家治理中的司法策略:以转型乡村为背景》,载《中国法学》2012 年第 1 期。

梁迎修:《论民意的司法考量——基于方法论的分析》,载《法学杂志》2014 年第 3 期。

梁迎修:《寻求一种温和的司法能动主义——论疑难案件中法官的司法哲学》,载《河北法学》2008 年第 2 期。

廖奕:《转型中国司法改革顶层设计的均衡模型》,载《法制与社会发展》2014 年第 4 期。

凌斌:《“法民关系”影响下的法律思维及其完善》,载《法商研究》2015 年第 5 期。

凌斌:《当代中国法治实践中的“法民关系”》,载《中国社会科学》2013 年第 1 期。

凌斌:《法官如何说理:中国经验与普遍原理》,载《中国法学》2015 年第 5 期。

凌斌:《法律与情理:法治进程的情法矛盾与伦理选择》,载《中外法学》2012 年第 1 期。

刘风景:《关系思维的法学意义》,载《法商研究》2019 年第 5 期。

刘静坤:《以审判为中心的诉讼制度改革之立法思考》,载《中国刑事法杂志》2019 年第 1 期。

刘涛、蔡道通:《作为组织的法院及其决策运作:司法职业保障的系统论考察》,载《政治与法律》2017 年第 6 期。

刘艳红:《“司法无良知”抑或“刑法无底线”?——以“摆摊打气球案”入刑为视角的分析》,载《东南大学学报(哲学社会科学版)》2017 年第 1 期。

刘忠:《中国法院改革的内部治理转向——基于法官辞职原因的再评析》,载《法商研究》2019 年第 6 期。

龙宗智:《"以审判为中心"的改革及其限度》,载《中外法学》2015 年第 4 期。

鲁篱、凌潇:《论法院的非司法化社会治理》,载《现代法学》2014 年第 1 期。

陆永棣:《从立案审查到立案登记:法院在社会转型中的司法角色》,载《中国法学》2016 年第 2 期。

陆宇峰:《社会理论法学:定位、功能与前景》,载《清华法学》2017 年第 2 期。

陆宇峰:《走向"社会司法化"——一个"自创生"系统论的视角》,载《华东政法大学学报》2012 年第 3 期。

马长山:《法外"政治合法性"对司法过程的影响及其消除——以"李国和案"为例》,载《法商研究》2013 年第 5 期。

马长山:《新一轮司法改革的可能与限度》,载《政法论坛》2015 年第 5 期。

马荣春、蔡道通:《能动司法语境下的刑事审判模式》,载《南京社会科学》2014 年第 12 期。

苗炎:《司法解释制度之法理反思与结构优化》,载《法制与社会发展》2019 年第 2 期。

聂长建:《"说者"与"听者"角色转换——司法判决可接受性的程序性思考》,载《政法论坛》2011 年第 2 期。

彭小龙:《现代社会中司法的力量——兼论转型中国司法的两难困境及应对》,载《现代法学》2009 年第 6 期。

钱大军、刘明奎:《论司法调解制度的功能超负》,载《学术交流》2017 年第 2 期。

秦策、夏锦文:《司法的道德性与法律方法》,载《法学研究》2011 年第 4 期。

桑本谦、李秀霞:《"向前看":一种真正负责任的司法态度》,载《中国法律评论》2014 年第 3 期。

申伟:《政治—社会语境中的司法》,载《理论月刊》2015 年第 1 期。

申伟:《中国司法供给的效应局限——以产品性供给与符号性供给的区分为基础》,载《北方法学》2016 年第 5 期。

申伟:《中国司法的"系统—功能"定位》,载《环球法律评论》2021 年第 5 期。

石茂生:《司法权力泛化及其制度校正——以司法权力运行为中心》,载《法学》2015 年第 5 期。

〔美〕斯图尔特·麦考利:《新老法律现实主义:"今非昔比"》,范愉译,载《政法论坛》2006 年第 4 期。

宋亚辉:《追求裁判的社会效果:1983—2012》,载《法学研究》2017 年第 5 期。

苏力:《法条主义、民意与难办案件》,载《中外法学》2009年第1期。

苏力:《关于司法能动与大调解》,载《中国法学》2010年第1期。

孙国祥:《构成要素行政性标准的过罪化风险与防范》,载《法学》2017年第9期。

孙海波:《司法义务理论之构造》,载《清华法学》2017年第3期。

孙海波:《指导性案例的隐性适用及其矫正》,载《环球法律评论》2018年第2期。

孙树光:《行政犯裁判结构的功能性研究——以法律结构与社会结构互动机制为视角》,载《政治与法律》2019年第6期。

孙笑侠:《公案的民意、主题与信息对称》,载《中国法学》2010年第3期。

孙笑侠:《基于规则与事实的司法哲学范畴》,载《中国社会科学》2016年第7期。

孙笑侠:《论司法多元功能的逻辑关系——兼论司法功能有限主义》,载《清华法学》2016年第6期。

孙笑侠:《司法的政治力学——民众、媒体、为政者、当事人与司法官的关系分析》,载《中国法学》2011年第2期。

孙笑侠:《司法职业性与平民性的双重标准——兼论司法改革与司法评估的逻辑起点》,载《浙江社会科学》2019年第2期。

孙笑侠、熊静波:《判决与民意——兼比较考察中美法官如何对待民意》,载《政法论坛》2005年第5期。

汪庆华:《通过司法的社会治理:信访终结与寻衅滋事》,载《浙江社会科学》2018年第1期。

王国龙:《从难办案件透视当下中国司法权的运行逻辑》,载《法学》2013年第7期。

王启梁:《法律世界观紊乱时代的司法、民意和政治——以李昌奎案为中心》,载《法学家》2012年第3期。

王启梁:《网络时代的民意与法律应有之品性——从"躲猫猫"事件切入》,载《法商研究》2009年第4期。

王亚新:《立案登记制改革:成效、问题及对策——基于对三地法院调研的思考》,载《法治研究》2017年第5期。

王志远:《公众意见与司法决策:以美国联邦最高法院为例》,载《交大法学》2016年第4期。

魏治勋:《司法判决与社会认知的冲突与弥合——对理解“天津老太非法持枪案”两种范式冲突的反思》,载《东方法学》2017 年第 3 期。

吴建国、汪进元:《回应型司法的理论逻辑与制度平台》,载《东疆学刊》2014 年第 1 期。

吴良志:《司法需求之中国情境:发现与回应——以最高人民法院历年工作报告为样本》,载《法律适用》2009 年第 1 期。

吴英姿:《论司法认同:危机与重建》,载《中国法学》2016 年第 3 期。

吴英姿:《司法的公共理性:超越政治理性与技艺理性》,载《中国法学》2013 年第 3 期。

吴英姿:《司法的限度:在司法能动与司法克制之间》,载《法学研究》2009 年第 5 期。

吴元元:《规则是如何形成的——从哈耶克的“自发演化”论开始》,载《西南政法大学学报》2006 年第 4 期。

吴泽勇:《从程序本位到程序自治——以卢曼的法律自治理论为基础》,载《法律科学(西北政法学院学报)》2004 年第 4 期。

伍德志:《文盲、法盲与司法权威的社会效力范围变迁》,载《法学家》2019 年第 3 期。

夏锦文、徐英荣:《现实与理想的偏差:论司法的限度》,载《中外法学》2004 年第 1 期。

肖建国:《回应型司法下的程序选择与程序分类——民事诉讼程序建构与立法的理论反思》,载《中国人民大学学报》2012 年第 4 期。

肖仕卫:《刑事法治实践中的回应型司法——从中国暂缓起诉、刑事和解实践出发的分析》,载《法制与社会发展》2008 年第 4 期。

谢鸿飞:《论创设法律关系的意图:法律介入社会生活的限度》,载《环球法律评论》2012 年第 3 期。

谢小瑶:《司法裁判中的民主追求——对美国现实主义法学的另一种解读》,载《南京大学学报(哲学·人文科学·社会科学)》2014 年第 3 期。

徐钝:《论司法能动的道德风险——道德权利语境下的比较性诠释》,载《法律科学(西北政法大学学报)》2011 年第 2 期。

徐光华:《个案类型特征视阈下的刑事司法与民意——以 2005 年至 2014 年 130 个影响性刑事案件为研究范本》,载《法律科学(西北政法大学学报)》2015 年第 5 期。

徐汉明:《习近平司法改革理论的核心要义及时代价值》,载《法商研究》2019年第6期。

徐清:《刑事诉讼中公检法三机关间的“共议格局”——一种组织社会学解读》,载《山东大学学报(哲学社会科学版)》2017年第3期。

徐霄飞:《司法治理中的决策模型研究》,载《浙江社会科学》2018年第1期。

徐阳:《“舆情再审”:司法决策的困境与出路》,载《中国法学》2012年第2期。

徐忠明:《清代中国司法类型的再思与重构——以韦伯“卡迪司法”为进路》,载《政法论坛》2019年第2期。

杨建军:《法律的系统性危机与司法难题的化解——从赵春华案谈起》,载《东方法学》2017年第3期。

杨建军:《通过司法的社会治理》,载《法学论坛》2014年第2期。

杨建军:《重访司法能动主义》,载《比较法研究》2015年第2期。

姚建宗:《新兴权利论纲》,载《法制与社会发展》2010年第2期。

殷勤:《论法官的公共理性》,载《人民司法(应用)》2016年第22期。

于浩:《迈向回应型法:转型社会与中国观点》,载《东北大学学报(社会科学版)》2015年第2版。

于龙刚:《人民法院立案环节的压力化解策略及其改革》,载《现代法学》2019年第5期。

喻怀峰:《调解自愿如何可能?——基于结构理论视角的分析》,载《河北法学》2016年第5期。

喻中:《论中国最高人民法院实际承担的政治功能——以最高人民法院历年“工作报告”为素材》,载《清华法学》2006年第1期。

张洪涛:《调解的技术合理性——一种中观的组织结构—功能论的解读》,载《法律科学(西北政法大学学报)》2013年第2期。

张洪涛:《司法之所以为司法的组织结构依据——论中国法院改革的核心问题之所在》,载《现代法学》2010年第1期。

张洪涛:《中国法院压力之消解——一种法律组织学解读》,载《法学家》2014年第1期。

张嘉军:《立案登记背景下立案庭的定位及其未来走向》,载《中国法学》2018年第4期。

张建伟:《理性立法模式的司法解释——以刑事诉讼法解释为视角的观察》,载《中国刑事法杂志》2018年第1期。

张明楷:《自然犯与法定犯一体化立法体例下的实质解释》,载《法商研究》2013 年第 4 期。

张心向:《论场域资本运作对刑事司法的影响——以布迪厄资本理论为分析视角》,载《南开学报(哲学社会科学版)》2009 年第 2 期。

张心向:《死刑案件裁判中非刑法规范因素考量》,载《中外法学》2012 年第 5 期。

章剑生:《"选择性执法"与平等原则的可适用性》,载《苏州大学学报(法学版)》2014 年第 4 期。

赵贵龙:《迈向司法结构主义:以审判为中心诉讼结构的形成》,载《中国应用法学》2019 年第 3 期。

郑智航:《法院如何参与社会管理创新——以法院司法建议为分析对象》,载《法商研究》2017 年第 2 期。

郑智航:《最高人民法院政治话语的变迁及双向调适策略——以 1980—2010 年〈最高人民法院工作报告〉的话语分析为主线》,载《甘肃社会科学》2013 年第 5 期。

周安平:《涉诉舆论的面相与本相:十大经典案例分析》,载《中国法学》2013 年第 1 期。

周光权:《论刑法的公众认同》,载《中国法学》2003 年第 1 期。

周国兴:《审判如何回应民意——基于卢埃林情景感理论的考察》,载《法商研究》2013 年第 3 期。

周少华:《刑事案件的差异化判决及其合理性》,载《中国法学》2019 年第 4 期。

左卫民:《地方法院庭审实质化改革实证研究》,载《中国社会科学》2018 年第 6 期。

左卫民:《审判如何成为中心:误区与正道》,载《法学》2016 年第 6 期。

左卫民:《中国法院院长角色的实证研究》,载《中国法学》2014 年第 1 期。

二、外文文献

(一) 图书

Benjamin Cardozo, *The Nature of the Judicial Process*, Yale University Press, 1921.

Brian Z. Tamanaha, *Beyond the Formalist-Realist Divide: The Role of*

Politics in Judging, Princeton University Press, 2010.

Carlo Guarnieri, Patrizia Pederzoli, *The Power of Judges: A Comparative Study of Courts and Democracy*, Oxford University Press, 2002.

Edward Shils, *The Torment of Secrecy: The Background & Consequences of American Security Policies*, The Free Press, 1956.

Frank B. Cross, *Decision-making in the U. S. Circuit Courts of Appeals*, Stanford University Press, 2007.

Jürgen Habermas, *The Theory of Communicative Action: Lifeworld and System, a Critique of Functionalist Reason* (Vol. 2), Thomas McCarthy(trans.), Beacon Press, 1987.

Jürgen Habermas, *Between Facts and Norms: Contributions to a Discourse Theory of Law and Democracy*, William Rehg (trans.), The MIT Press, 1996.

Karl. N. Llewellyn, *Jurisprudence: Realism in Theory and Practice*, The University of Chicago Press, 1962.

Lee Epstein, Jack Knight, *The Choices Justices Make*, Congressional Quarterly Press, 1998.

Marisa Iglesias Vila, *Facing Judicial Discretion: Legal Knowledge and Right Answers Revisited*, Kluwer Academic Publishers, 2001.

Max Weber, *The Religion of China*, Hans H. Gerth (trans.), The Free Press, 1951.

Niklas Luhmann, *Observation on Modernity*, William Whobrey (trans.), Stanford University Press, 1998.

Philippe Nonet, Philip Selznick, *Law and Society in Transition: Toward Responsive Law*, Harper and Row, 1978.

Richard A. Posner, *Overcoming Law*, Harvard University Press, 1995.

Richard A. Posner, *Breaking the Deadlock: The 2000 Election, the Constitution, and the Courts*, Princeton University Press, 2001.

Richard Rorty, *Philosophy as Cultural Politics: Philosophical Papers*, Cambridge University Press, 2007.

Ronald Dworkin, *Taking Rights Seriously*, Harvard University Press, 1978.

Roy L. Brooks, *Structures of Judicial Decision Making from Legal For-*

malism to Critical Theory, Carolina Academic Press, 2005.

Walter Murphy, *Elements of Judicial Strategy*, The University of Chicago Press, 1964.

（二）文集中的文章

Martin P. Golding, A Note On Discovery and Justification in Science and Law, in Martin P. Golding(ed.), *Legal Reasoning, Legal Theory and Rights*, Routledge, 2007.

N. Komesar, The Essence of Economics: Law, Participation and Institutional Choice (Two Ways), in S. Batie, N. Mercuro(ed.), *Alternative Institutional Structures: Evolution and Impact*, Taylor & Francis, 2008.

Niklas Luhmann, The Unity of Legal System, in Gunther Teubner (ed.), *Autopoietic Law—A New Approach to Law and Society*, Walter de Gruyter, 1987.

（三）期刊文章

Arthur Dyevre, Unifying the Field of Comparative Judicial Politics: Towards a General Theory of Judicial Behavior, *European Political Science Review*, Vol. 2, 2010.

D. A. Farber, Toward a New Legal Realism: Reviewing Behavioral Law and Economics, *University of Chicago Law Review*, Vol. 68, 2001.

David B. Rottman, Alan J. Tomkins, Public Trust and Confidence in the Courts: What Public Opinion Surveys Means to Judge, *American Judges Association Court Review*, Vol. 36, 1999.

Epstein Lee, et al., The Role of Constitutional Courts in the Establishment and Maintenance of Democratic Systems of Government, *Law & Society Review*, Vol. 35, 2011.

Frank B. Cross, Political Science and the New Legal Realism: A Case of Unfortunate Interdisciplinary Ignorance, *School of Law Northwestern University Law Review*, Vol. 92, 1997.

G. Teubner, Substantive and Reflexive Elements in Modern Law, *Law and Society Review*, Vol. 2, 1983.

Gregory F. Intoccia, Reassessing Judicial Capacity to Resolve Complex Questions of Social Policy, *Journal of Legal Studies*, Vol. 11, 2002.

Gregory Shaffer, Comparative Institutional Analysis and a New Legal Realism, *Wisconsin Law Review*, Vol. 1, 2013.

Hanoch Dagan, Roy Kreitner, The New Legal Realism and the Realist View of Law, *Law & Social Inquiry*, Vol. 43, 2018.

Harlan F. Stone, Book Review: The Nature of the Judicial Process, *Columbia Law Review*, Vol. 22, 1922.

L. Fuller, The Forms and Limits of Adjudication, *Harvard law Review*, Vol. 92, 1978.

M. Stephenson, Legislative Allocation of Delegated Power: Uncertainty, Risk, and the Choice Between Agencies and Courts, *Harvard Law Review*, Vol. 119, 2006.

Mark C. Suchman, Elizabeth Mertz, Toward a New Legal Empiricism: Empirical Legal Studies and New Legal Realism, *Annual Review of Law and Social Science*, Vol. 6, 2010.

Neil MacCormick, On Legal Decisions and Their Consequences: From Dewey to Dworkin, *New York University Law Review*, Vol. 58, 1983.

Oliver Wendell Holmes, The Path of the Law, *Harvard Law Review*, Vol. 10, 1897.

Owen M. Fiss, Foreword: The Forms of Justice, *Harvard Law Review*, Vol. 93, 1979.

Stewart Macaulay, The New Versus the Old Legal Realism: Things Aren't What They Used To Be, *Wisconsin Law Review*, Vol. 1, 2005.

T. C. Halliday, B. G. Carruther, The Recursivity of Law: Global Norm Making and National Lawmaking in the Globalization of Corporate Insolvency Regimes, *American Journal of Sociology*, Vol. 112, 2007.

Victoria Nourse, Gregory Shaffert, Empiricism, Experimentalism, and Conditional Theory, *Southern Methodist University Law Review*, Vol. 67, 2014.

Victoria Nourse, Gregory Shaffert, Varieties of New Legal Realism: Can a New World Order Prompt a New Legal Theory, *Cornell Law Review*, Vol. 95, 2009.

后记　努力做一名具有独立研究能力的学人

本书是我主持的2022年度教育部人文社会科学研究青年基金项目“中国司法回应社会诉求的理论架构与优化路径研究”的最终成果，也是在我博士学位论文的基础上修改而成。这也就意味着本书的思考、写作、修改跨越了近六年的时间。尤其是在立项之后这两年的修改、补充、完善过程中，读博期间写作的画面时常浮现在我的脑海中，久久不能褪去。曾记得，不知何时，窗台的夹缝中开出了一朵小花，令我又惊又喜。花瓣虽小，却喜气洋洋。端详后竟不知是何植物。转念一想，相逢何必要相识！就这样，她，一个独立的个体，盛开着，成为窗台上一道亮丽的风景。我也偶尔放下笔，与她相望，虽平平淡淡，却满怀期待。有一天，我竟然看到一只蜜蜂飞来采蜜，蜜蜂偌大的身体把花枝压弯了腰，但盛开的小花朵却依然坚韧有力。蜜蜂飞走了，花枝恢复了原来的状态，但生长得似乎更加茁壮……这一情境陪我度过了博士学位论文最为核心部分的写作时光。

读博期间的学术训练和知识积累对于一个致力于从事学术研究的研究者而言，影响之深、作用之大，我想每一位博士毕业的研究者都深有体会。平心而论，正如开在窗台水泥夹缝中的小花一样，学术生涯也是一场冒险之旅，更是拥抱不确定性的过程。博士毕业之后，是否能够成为一名独立的学术研究者，主要取决于他是否具有独立从事学术研究的能力。在这一点上，我很欣慰。因为不管是读博期间还是工作以后,我很少向导师或导师以外的师友"要"题目,而是根据自身的知识积累、学术兴趣、问题嗅觉以及能力限度来决定自己某一时间段内所要研究的具体问题,然后再交给学术市场来检验,达成一个良性的循环。就此而言,本书的大部分内容已在《法商研究》《环球法律评论》《甘肃政法学院学报》《北京理工大学学报(社会科学版)》《学术论坛》《民间法》等期刊公开发表,部分内容被人大复印报刊资料、《高等学校文科学术文摘》全文转载、转摘。非常感谢各位编辑老师、外审专家以及各位师友的赏识、批评和建议。没有你们的推动和激励,也就没有本书目前的样态,也正是各位师友的鼓励和帮助,让我对学术之路有了信心。

回想起来,本书的写作既是一个谋篇布局的过程,也是一个"解剖麻雀"的过程。前者在于写作框架的形成,后者在于对框架的拆解。即使二者在一开始还是比较模糊的、不成熟的、需要不断完善的,但是仍需有这种意识。框架的形成在于塑造一种整体的意识,它可以让我们对自己所要写的内容大体有数,远眺山形;框架的拆解相当于破局,它可以让我们一步一步地完成论文的各个部分,近看山里。二者的结合,让我对本书的写作更加游刃有余,既能进得了庐山识其构造,又能出得了庐山观其轮廓;既把部分的章节放到整体中思考,又在整体的布局中筹划部分章节的安排。而着手写作则是在理论与理论之间、理论与现实之间运用想象力建立某种关系的过程。完成它既需要扎实的文献综述和理论基础,又需要运用丰富的想象力,这样才能展现出自己的理论抱负和对现实的关怀性超越。这大概是我在写作本书的过程中获得的最大心得。

本书虽大部分篇幅都在讨论司法的社会维度,但是其实司法的社会维度和国家维度是紧密相连的,二者不可能绝对分开进行讨论。或者说,任何一种试图纯化二者的讨论,都是一种考虑不周全、不完整的研究。就我自己而言,对"司法回应社会诉求"这一问题思考得愈深入,这一体会就愈加深刻。因此,读者在阅读的过程中,自然也会感觉到司法研究的社会维度和国家维度交织在一起。

感谢我的博士生导师李拥军教授欣然答应为本书撰序以及对本书写作的指导。在李老师面前，我从未感觉自己是一个胆战心惊、在研究上如履薄冰的学生。可以说，我的想法可以赤裸裸地呈现在李老师面前，几乎什么样的想法都可以表达，李老师不会讥讽我幼稚，也不会站在道德制高点数落我的急功近利，他往往是该摆事实就摆事实，该讲道理就讲道理，与我分析时势，权衡利弊，既坚持学人的风骨，又懂得张弛有度。

感谢北京大学出版社姚沁钰编辑的辛苦付出，她认真负责的态度让我对本书有了更多的期待。但不管如何完善，本书仍是我对"司法回应社会问题"的一个阶段性、初步性的思考，仍有许多不完善的地方，期盼各位学界师友、同仁不吝赐教，多多批评指正。

看到自己的博士学位论文能够成书本是一件令人高兴的事情，但是真到付梓的这一刻，我却有点惶恐，因为苏格拉底的名言"我知道自己一无所知"一直盘旋在我的心头。但愿此书能够贡献一点不一样的可能。

一个阶段暂时画下句号，下一阶段正在路上，祝福各位朋友。

最后，引用一首纪伯伦的诗歌作为结尾，也许在读者看来稍显冗余，但于我而言，它已经深刻印在了骨子里，同时这首诗也算作我对文学——哪怕与法学只有一线之隔——的致歉、致谢与致敬。

我曾七次鄙视自己的灵魂[①]

——〔黎巴嫩〕纪伯伦

第一次，当它本可进取时，却故作谦卑；

第二次，当它灵魂空虚时，却用纵欲来填充；

第三次，在困难和容易之间，它选择了容易，却同情地告诫自己下

---

① 此中文翻译为笔者根据不同翻译版本整合而成。

一次一定选择前者；

第四次，它犯了错，却借由别人也会犯错来宽慰自己；

第五次，它容忍软弱，却把它视为是生命的坚韧；

第六次，当它鄙夷一张丑恶的嘴脸时，殊不知那正是自己诸多面具中的一副；

第七次，它寄身于生活的污泥之中，虽不甘心，却又畏首畏尾。

侯明明

2024 年 5 月 24 日于吉林大学匡亚明楼